KB096842

한에서
The 정섭

세계 1등 주식과 함께
우리 모두 부자 됩시다!!

부의 체인저

바뀐 세상에서 어떻게 투자할 것인가?

부의 체인저

조던 김장섭 지음

2
전2권

게임 체인저 역할을 해줄 마법의 도구들!

MONEY
CHANGER

트러스트북스

리밸런싱과 말뚝박기

자산 증가에 가속도를 붙여줄 양날개 역할을 할 것이다!

이 책을 읽어주실 고마운 분들에게

이전 책『내일의 부』(전2권)는 독자들로부터 과분한 사랑을 받았습니다. 2020년 3월 코로나 위기로 전세계 증시가 폭락세를 연출하면서 독자들의 관심이 증폭되었고, 종합베스트셀러 2위까지 오르는 기염을 토했습니다. 저는 이 책에서 나스닥지수에서 한 달에 -3% 이상의 급락이 4번 이상 나오는 상황을 공황으로 규정하고, 이때 투자자들이 어떻게 대처해야 하는지 다루었습니다. 바로 2020년 3월 코로나 위기 때 나스닥지수 -3% 이상이 4번 발생하면서 공황에 들어갔고, 책의 출간 시기와 절묘하게 맞아떨어지며, 많은 독자들의 호응과 관심을 받았고, 어려운 상황에서 올바른 대처법에 도움을 받을 수 있었을 것입니다.

그러나 이 책의 단점은 투자자들이 포모(Fomo, 내가 주식을 판 후 올라가면 어쩌지?) 현상에 시달린다는 점이었습니다. 공황이 발생하면 보유중인 주식을 전량 처분한 후 2달을 기다린다는 게 -3%룰의 원칙이었습니다. 4번이 아닌 -3%가 한 번 발생하면 한 달을 기다린다는 원칙도 있습니다. 그러다보니 주식을 팔고 투자하지 않는 기간이 길어지면서 많은 투자자들이 답답함을 느꼈고, 포모에 시달리는 경우가 많았습니다. -3%가 또 다시 뜨면 한 달 혹은 2달을 기다리는 기간이 그만큼 연장되므로 기약 없는 기다림이 힘들다는 호소가 많았습니다.

그리하여 시행착오를 바탕으로 더 많은 연구에 매진했고, 더 많은 데이터를 수집했습니다. 그 결과 이 책이 나오게 되었습니다. 이 책에서는 -3% 이상이 4번 발생하는 공황이 발생하거나, 단순히 -3%가 한 번 뜨거나, 혹은 주가가 전고점 대비 하락하는 상황에서 어떻게 대처하는 게 좋을지를 중심으로 다루었습니다.

대표적인 원칙은 리밸런싱과 말뚝박기입니다. 이 책에서 새롭게 추가된 대원칙으로, 임상결과 이 두 개의 법칙을 활용하면 어떤 상황에서도 수익을 극대화할 수 있고, 포모에 시달릴 필요도 없습니다. 주가가 오르거나 떨어지거나 크게 상관없이 주가 관리가 가능합니다.

지금 시장은 코로나 이후 테이퍼링 실시와 금리 인상을 앞두고 심하게 요동치는 경우가 잦아지고, 투심이 흔들리고 있습니다. 금융위기가 언제 다시 올지 모르는 상황에서 이 책에서 제시하는 여러 방법은 투자자들이 밤잠을 편히 잘 수 있게 할 것으로 확신합니다.

2권으로 구성된 이 책에서 1권에서는 '세상은 어떻게 바뀌는가?'라는 제목으로 코로나를 거치면서 세상이 어떻게 바뀌었는지, 그리고 향후 세상은 어떻게 바뀌어 갈 것인지를 다룹니다. 다양한 경제요소들의 변화상황과 미국과 중국 간 첨예하게 펼쳐지고 있는 미중전쟁의 양상을 연구하였습니다. 이전 트럼프 정부 시기에는 관세를 중심으로 한 무역전쟁이 핵심이었다면, 민주당으로 정권이 바뀐 바이든 정부 시기에는 금융전쟁, 반도체전쟁, 디지털화폐전쟁으로 전쟁의 양상이 확산되면서 더욱 사활을 건 양국 간 패권다툼으로 뜨거워지고 있습니다. 그 와중에 세상의 수레바퀴는 어떤 식으로 굴러갈지 다양한 분야를 다루었고, 우리에게 미칠 영향도 포함하였습니다.

또한 세상을 바꿀 전기차와 자율주행차의 미래, ESG, 애플카, 메타버스와 AR, VR, 인플레이션의 향후 전망까지, 미래에 대한 조망을 담았습니다.

2권 '바뀐 세상에서 어떻게 투자할 것인가?'에서는 구체적인 투자 실행법을 담았습니다. 이번 책에서 가장 특징적인 변화와 원칙은 '리밸런싱'과 '말뚝박기', '업그레이드 -3%룰'입니다.

리밸런싱은 평상시에 주가가 떨어질 때 대응법입니다. 다양한 임상 결과와 데이터를 통해 리밸런싱이 왜 투자자들에게 큰 이익을 주고 마음을 편하게 하는지 증거를 제시했습니다. 말뚝박기는 나스닥에 -3% 뜨는 위기 상황 대처법입니다. 포모에 시달리지 않고 증시가 급락하는 상황에서도 위험을 회피하고 기회를 극대화하는 비법입니다.

또한 기존 -3%룰도 수정하여 업그레이드하였습니다. 기존 -3%룰로 투자하는 분들이라면 더 발전된 방식으로 투자가 가능할 것입니다.

새롭게 추가된 이 두 가지 원칙과 업그레이드된 -3%룰은 투자자들이 위기를 기회로 살릴 수 있는 제갈량의 주머니 역할을 할 것이라 확신합니다. 위기를 기회로 살리는 차원을 넘어, 위기의 시기에 부자행 급행열차에 올라탈 수 있는 티켓을 거머쥐게 하는 것이 목표입니다.

최근 많은 분들이 해외투자에 관심을 갖기 시작했습니다. 특히 미국주식에 대한 관심이 뜨겁습니다. 과거 데이터를 비교하면 한국주식과 미국주식의 결과는 하늘과 땅 차이입니다. 한국주식에 투자하면 20년 전이나 지금이나 똑같거나 소규모의 이익을 얻을 수 있었다면, 미국주식의 수익률은 상상을 초월합니다. 이전 책 『내일의 부』에서 데이터를 제시하며 자세히 다루었던 것처럼 미국주식의 지난 23년간 수익률은 158배였습니다. 그것도 세계 1등이라는 가장 안전한 주식에 투자하면서 거둔 결과입니다. 세상에서 가장 안전하고 우량한 주식에 마음편히 투자하면서도 그 어떤 자산에서도 얻을 수 없는 놀라운 결과가 세계 1등 주식 투자입니다.

이 책도 세계 1등 주식 투자법과 다름 아닙니다. '세계 1등 주식은 우상향한다'는 대전제 하에 여러 가지 전략을 수립하였습니다. 상황변화로 세계 1등 주식의 주인이 바뀐다면 바뀐 주식으로 바꿔타면 됩니다. 투자자는 계속하여 1등 주식만 들고 가면 됩니다. 따라서 세상이 바뀌어 1등 주식이 바뀌어도 투자원칙에는 변함이 없습니다. 평생 은퇴 없이 투자할 수 있고, 원칙에서 벗어나지 않고 성실히 따라하신다면 반드시 부자의 반열에 오를 수 있습니다. 목표는 99.9% 부자가 되는 것이지만, 원칙에서 벗어나지만 않는다면 100% 부자가 될 수 있는 세상에 단 하나뿐인 비법입니다.

이 내용은 그 어디에서도 비슷한 것조차 찾을 수 없습니다. 제가 누구도 다루지 않았던 지난 수십 년간의 수많은 데이터를 모아 연구하고, 현실에 맞게 재조정하면서 창조해낸 비책이기 때문입니다.

부자의 꿈을 꿈으로만 끝내지 않고, 살아 있는 동안 현실로 바꾸고 싶다면, 감히 말씀드립니다. 이 책이 이해될 때까지 몇 번이고 정독하고, 실제 투자에 성실히, 정확히 활용하십시오. 그러면 됩니다.

투자에 어려움을 겪고 있거나 더 많은 정보를 원하시면 제가 운영하는 아래의 공간에 방문하시기 바랍니다.

- 다음카페 : JD 부자연구소

  http://cafe.daum.net/jordan777

- JD부자연구소 인강(인터넷강의) 사이트(구글에서 제이디 부자연구소 검색)

  PC URL : htps://www.jordan777.com/main/index.jsp

- 유튜브 : JD부자연구소(유튜브에서 JD부자연구소 검색)

  https://www.youtube.com/channel/UCJN8yfW2p6Gd8-wZ04pGAkg

5부 ············ 새로운 세상 새로운 투자법-업그레이드 투자전략

3

새로운
부가 온다
2

MONEY
CHANGER

주식의 조울증에 휘둘리지 않고, 이익만 쌓아가는 법

주식시장은 흔히 조울증 환자에 비유되곤 한다. 급하게 오르면 조증, 급하게 떨어지면 울증이다. 주식의 오르내림이 심한 장세를 변동성 장세라 하는데 주식은 변동성 장세가 아니어도 그 오르내림이 심한 편이다. 하물며 변동성이 높아지는 시기에는 투자자 입장에서 심리적인 안정을 찾기가 매우 어렵다. 부화뇌동하고 휩쓸리면서 계좌가 녹는 일이 다반사다. 부자가 되려면 무엇보다 이런 장세를 잘 버텨야 한다. 조울증 환자처럼 오르내리는 장세를 대하는 법은 다음과 같다.

존버

존버란 비속어이긴 하지만 '막연하게 끝까지 버틴다'는 의미다. 투자에서는 그냥 놔두는 방법이다. 흘러가는대로 시장에 맡긴다. 올라도 떨어져도 신경쓰지 않는다. 그러다 보면 변동성 장세가 제풀에 꺾여 어느새 안정기에 접어들고 본격적인 상승기를 맞이한다. 이때 돈을 벌

수 있다.

① **장점**

사고파는 타이밍을 고민하지 않으니 신경을 덜 쓸 수 있다. 사고파
느라 세금을 낼 필요도 없다. 열심히 사고파는 경우보다 게으르게
행동했으나 이익은 더 클 수 있다.

② **단점**

신경이 안 쓰인다고 하지만 실시간으로 시세를 보다 보면 사실 또
신경이 안 쓰일 수는 없다. 오를 때야 문제가 없지만 떨어질 때 아
무 대응을 하지 않기 때문에 스트레스가 너무 심하다. 금액이 커질
수록 스트레스 지수도 덩달아 올라간다. 1천만 원을 투자해서 20%
가 빠지면 그나마 잠은 잘 수 있다. 그러나 10억 원을 투자해서
20%가 빠지면 잠은 고사하고 밥도 안 넘어간다.

인생은 짧다. 주식에 너무 많은 시간과 신경을 쓰다보면 거기에 들어
가는 노력이 아깝다는 생각이 든다. 따라서 손실을 감내하지 못하는
성향, 스트레스를 너무 많이 받는 성격이라면 이런 투자는 피해야 한
다. 주식으로 인해 삶이 파괴될 수 있다.

투자를 하다 보면 원치 않는 비자발적 장기투자 상황에 놓일 수 있
다. 존버가 그런 경우다. 우리나라 조선주를 2000년대 중반에 샀다면
어떻게 되는가? 종목이 대우조선해양이라면 30만 원대에 있던 주가
가 2021년 8월 현재는 2만 원대에 형성되어 있다. 두말없이 망하는
경우다.

장기투자는 안정적인 우량주에만 해당하는 투자법이다. 세계 1등 주식과 같이 기다리면 언젠가는 오르는 주식 말이다. 그러나 세계 1등도 모두 안전하지는 않다. 2000년대 중반부터 엑손모빌에 장기투자했다면 지금은 반토막이다. 우량주도 잘 골라야 우량주지 잘못 고르면 패가망신주다.

아무리 좋아보이는 주식도 떨어질 것 같으면 팔아야 한다. 장기투자가 아니다. 하나의 종목은 언제나 위험성을 내포하고 있다. 그래도 장기투자를 하고 싶다면 종목이 아니라 S&P500, 나스닥100과 같은 지수에 투자하는 것이 바람직하다.

지수도 다 같은 지수가 아니다. 미국지수만 안전하다. 그외 나라의 지수는 오히려 떨어진 경우도 많다. 따라서 미국지수에만 투자하되 이마저도 영원하지 않다는 가정하에 투자해야 한다.

◇ 돌고 돌아 아무리 돌아도, 결국은 세계 1등 주식

결국 세계 1등 주식으로 귀결된다. 세계 1등이 바뀌면 바뀐 종목으로 갈아타면서 1등 주식투자를 지속한다. 지수도 못 믿고, 세계 1등도 믿지 못한다. 하지만 세계 1등에만 투자하는 방법은 믿을 수 있다. 장기투자도 아니다. 1등이 바뀌면 사고파는 행위를 해야 하기 때문에 장기투자가 아니다. 이런 투자는 세계 1등 주식이 추락하여 10등, 100등으로 밀려나도 상관없다. 투자자는 이미 새로운 세계 1등 주식으로 갈아탔기 때문이다.

존버 투자는 특히 공황을 만나면 공든 탑이 와르르 무너져내린다.

1929년 대공황의 꼭대기에서 주식을 샀다면 원금을 회복하는 데 무려 23년이 걸렸다. 2000년 닷컴버블의 꼭대기에서 주식을 샀다면 원금을 회복하는 데 12년이 걸렸다. 따라서 조증이 극에 달할 때 주식을 샀고, 갑자기 극도의 우울감이 왔다면 투자는커녕 이번 생은 망한 것이다.

그런데 지금이 꼭대기일지 누가 아는가? 한참 지난 후에나 알게 된다. 내일 일도 모르는 인간이 헤지 수단 하나 없이 투자를 한다는 것은 섶을 지고 불속으로 뛰어드는 행위나 마찬가지다.

매뉴얼 투자

내가 이전 책(『내일의 부』)과 이번 책에서 강조하는 투자법이 바로 매뉴얼 투자법이다. 자신의 얕은 판단을 버리고 수많은 데이터로 검증하면서 만들어 놓은 매뉴얼에 기계적으로 따르는 투자다. 조울증 환자가 조증을 보일 때는 그대로 놔두며 조증을 즐기면 된다. 그러나 아주 기분이 나빠 우울감이 극에 달할 때 즉 나스닥 지수가 -3%가 떴을 때는 뒤도 돌아보지 않고 탈출이다. 그리고 한 달 간 떠났다가 다시 기분이 좋아지면 돌아와서 조증을 즐기면 된다. 물론 한 달이 지나기도 전에 다시 극심한 우울감을 보인다면 한 달을 더 기다리면 된다.

그러나 갑자기 조증으로 바뀔 수도 있으니 그에 대비해서 자산의 일부를 세계 1등 주식에 말뚝을 박아 두거나 채권, 금 등으로 헤지를 해 놓는다. 그러나 한 달이 되기 전까지는 환자의 기분을 맞춰주면 안 된다. 그러다가 되레 투자자가 심한 우울증에 걸릴 수 있다. 손실로 시

퍼렇게 질려버린 계좌를 보느라 말이다.

① **장점**

마음 편한 투자가 가능해진다. 떨어지면 말뚝을 박으면서 기다리면 되고 오르면 말뚝 박은 만큼만이지만 수익을 즐기면 된다. 주식시장이 폭락할 때 비교적 일찍 나와 있을 수 있으니 스트레스가 거의 없다. 당연히 크게 손해 볼 일도 없다. 특히 공황과 같은 장에서 비교적 일찍 빠져 나올 수 있다.

매뉴얼에 따라 나스닥지수에 -3%가 뜨면 그 즉시 가지고 있는 모든 종목을 전량 매도한 후에 시장을 지켜본다. 우울해진 시장에 굳이 대답하지 않는다. 모두 팔고 연락 없이 냉담하게 지내면 된다.

매뉴얼 투자의 가장 큰 장점은 스트레스가 없다는 점이다. 인생을 투자에 빼앗기지 않고 투자를 투자답게 할 수 있는 길이다. 우리의 소중한 자유를 투자라는 손님에게 볼모로 잡혀서는 안 된다.

② **단점**

오를 때 소외될 가능성이 있다. 소위 FOMO(포모, Fear Of Missing Out)다. 포모는 '놓치거나 제외되는 것에 대한 두려움'이다. 나스닥지수에 -3%가 뜨면 주식 없이 한 달을 기다려야 하고, 혹은 공황이 발생하면(한 달 동안 나스닥지수에 -3%가 4번 발생할 경우) 주식을 팔고 두 달을 기다려야 한다.

이때 갑자기 주식이 오르면 금전적으로 손해를 보지 않았어도 '지금 시장에 들어가 있었다면 얼마를 벌었는데' 하면서 힘들어질 수 있다. 그래서 떨어질 때마다 자산의 일부를 말뚝으로 박아놓으면서 주식의 조증에 대비하는 것이다. 그리고 양적완화 전에는 미국 채를 사고 양적완화 이후에는 금을 사면서 헤지도 병행한다.

그래도 갑작스런 상승기에는 수익률이 떨어질 수 있다. 따라서 이 방법은 수익률 극대화 방법이 아닌 주식시장에서 편안하고 안전 하게 살아남아 장기투자를 할 수 있도록 해준다. 그리고 이 방법이 결국은 투자자를 최종승자로 만들어준다. 승리는 한때 많이 벌었 던 투자자가 아니라 잃지 않고 꾸준히 오랫동안 벌기만 하는 투자 자의 몫이라 생각한다.

존버와 매뉴얼 투자에는 공통점이 있다. 조울증 환자에게 되도록 이면 대응을 하지 않는다는 원칙이다.

조울증 환자에 일일이 대응하는 투자

그렇다면 조울증 환자에게 대응하는 투자는 어떨까? 그야말로 최악의 투자다.

주식시장은 언제 오르고 떨어질지 아무도 모른다. 홀짝게임과 같다. 운이 좋아 몇 번 맞출 수는 있지만 모두 맞출 수는 없다. 게다가 욕심 은 많아서 항상 풀매수 상태다. 그러니 떨어질 때 분할매수 할 여력이 없고 올라갈 때 분할로 살 여력이 없어 항상 불안하다.

게다가 크게 떨어질 때 손절하는 경우가 많고 크게 오를 때 추격매 수를 하다가 꼭대기에 사서 바닥에 파는 실수를 할 가능성이 높다. 그 러니 투자에 실패할 확률이 크다. 애초부터 언제가 조증이고 언제가

울증인지 맞춰야 하는데, 인간의 능력으로 주식의 조울증 시기를 맞춘다는 건 불가능하다.

⚖ 결론

조울증 환자는 되도록이면 대응하지 않는 것이 좋다. 그러나 우울증이 왔을 때는 대응하는 것이 좋다. 비록 다시 조증이 와서 크게 올라도 적게 먹는 것뿐이지 손해를 보는 것은 아니다. 그러니 실패한 투자는 아니다. 1년에 25%만 건지면 21년이 지나면 자산이 100배로 늘어난다. 대성공이다. 그러나 대부분은 1년 투자하면 플러스는커녕 마이너스가 대부분이다. 투자에서 가장 중요한 목표는 손해를 사전에 철저히 차단하고 이익을 쌓아가는 것이다.

소비자의 '욕망'을 알아내는 데이터?

☑ "당신이 뭘 먹는지 배민만 안다"…100조원 외식업계가 떠는 이유

이달 초 외식업계를 달군 이슈는 '배달의민족 수수료'였다. 동네 외식업소 사장들이 내야 하는 수수료가 늘어났다는 게 쟁점이었다. 공공 배달앱을 만든다는 이야기도 나왔고, 배민에서 탈퇴한다는 자영업자도 늘었다. 배민은 들끓는 여론을 의식해 수수료 체계를 도입 10일 만에 원점으로 돌렸다.

최근 만난 외식업 관계자들은 "배민의 수수료가 한두 푼 오르는 건 문제의 본질이 아니다"고 입을 모았다. 핵심은 정보라는 지적이다. 40년 넘게 외식업 생태계를 이끌어온 주요 기업들은 "신제품 개발도, 상권 분석도 앞으로 모두 독일 기업에 컨설팅을 받게 될 것"이라고 주장한다.

2020년 4월 16일자 한국경제

'배달의민족(이하 배민)'이 수수료를 올리자 자영업자와 정치권이 들고 일어났고 결국 없던 일이 되었다. 그런데 문제는 수수료가 아니다. 문제의 핵심은 빅데이터다. 빅데이터를 이용해 배민이 앞으로 상권을 장악할 것이란 이야기다. 어떻게 장악하는지는 위 기사의 후반부에 잘

나와 있다.

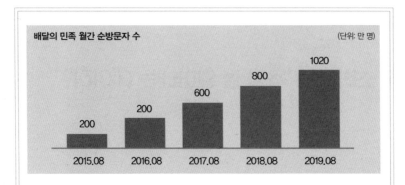

배달의 민족 월간 순방문자 수 (단위: 만 명)

200 2015.08
200 2016.08
600 2017.08
800 2018.08
1020 2019.08

주장의 근거는 배달앱 주문 시스템이다. 예를 들어 '한경치킨'이라는 브랜드가 있다고 치자. 한경동 인근에 4개 가맹점을 두고 있다. 배민이나 요기요로 주문이 들어오면 매장 내 주문결제 단말기에는 '세 마리 포장, 한경동 한경아파트 OO호로 배달'이라는 메시지만 뜬다. 배달원에게는 주소와 안심번호만 뜬다. 배달이 끝나면 2시간 후 그 주소와 번호는 삭제된다. 한경치킨 본사에는 누가 뭘 시켜먹었는지 어떤 데이터도 남지 않는다. 한 프랜차이즈 대표는 "몇 시에 어떤 제품이 잘 팔리고, 어느 가맹점에 어떤 문제가 있는지 전혀 파악할 수 없다"고 했다. 신제품 개발이나 가맹점의 경쟁력 향상을 위해 본사가 할 수 있는 일이 없어진다는 얘기다.

요약하자면 배달앱 주문시스템이 배민의 손에 있고 배민은 치킨 프랜차이즈에게 어떠한 정보도 제공하지 않기 때문에 정작 치킨 프랜차이즈는 자신의 치킨을 누가, 어떤 형태로 먹는지 알 수 없다. 따라서 향후 치킨을 개발하려면 배민과 같은 딜리버리 히어로에 의뢰를 해야 한다. 코로나로 인해 배달이 늘어나면서 배민이 가진 독점 폐해가 더욱 심각해질 것이란 내용으로 기사는 끝난다.

오늘날의 사회는 빅데이터 시대다. 승자와 패자는 빅데이터를 가졌느냐 갖지 못했느냐로 나뉜다. 승패를 가르는 데이터는 두 가지다.

① **순수데이터**
② **욕망데이터**

① 순수데이터는 자율주행차가 전방에 유치원차가 있는지 이삿짐센터차가 있는지 인지하는 데이터다. 드론, 무인비행기 등도 마찬가지다. 데이터는 맞지만 돈이 되지는 않는다. 그렇다면 돈이 되는 데이터는 무엇인가?

② 바로 욕망데이터다.

기아차의 K5, K7 개발 과정을 보면 어떻게 돈이 되는지 알 수 있다. 유럽에 처음으로 자동차를 수출하려는 기아차는 난감했다. 어떻게 해야 유럽의 젊은이들에게 어필할 수 있을까? 설문조사를 할까? 아니면 시승회를 할까?

그러다가 아이디어를 하나 생각해 냈다. 바로 아이트래킹 기술이다. 아이트래킹 기술이란 네이버에서 처음 인터넷 배너 광고 페이지를 만들 때 쓰던 기법이다. 사람의 눈을 추적해서 그 사람의 욕망을 측정하는 방식이다. 편의점에서 고객의 시선을 아이트래킹 했더니 점원과 탁자를 많이 본다는 사실을 알아냈다. 카드와 돈을 꺼내기 위해 고개를 아래로 떨어뜨리는 경우가 많았기 때문이다. 그래서 담배광고는 계산대 바로 옆에 위치하게 되었다.

기아차는 이 기술을 쓰기로 하고 유럽에서 온 젊은이 수십 명을 밀실에 한 명씩 집어 넣었다. 밀실에서는 기아차의 컨셉트카 이미지를 보여 주었다. 아무 얘기도 아무 질문도 하지 않았다. 다만 그들의 눈이 반짝하는 곳만을 아이트레킹 기술로 추적했다. 굳이 묻지 않아도 매끈한 차의 디자인은 사람의 욕망을 깨운다.

K5, K7은 유럽에서 성공을 거두었다. 욕망데이터를 얻는 데 성공했기 때문이다.

다시 배민으로 돌아가, 이들과 같은 딜리버리 히어로로 본사가 데이터를 독점하게 될 것인가? 지금과 같은 상태라면 그럴 수 있다.

그러나 지금과 같은 상태란 무엇인가? 바로 플랫폼을 딜리버리 히어로가 잡고 있을 때를 말한다. 지금의 플랫폼은 무엇인가? 스마트폰이다. 스마트폰으로 치킨을 주문했을 때는 딜리버리 히어로가 모든 욕망데이터를 독점한다. 그러나 만약 플랫폼이 바뀐다면 상황은 완전히 뒤바뀐다. 딜리버리 히어로 역시 치킨 프랜차이즈처럼 아무런 데이터도 얻지 못한다.

플랫폼은 어떻게 바뀔까? 바로 음성비서다. 아마존의 '알렉사', 구글의 '구글홈', SKT의 '누구' 등과 같은 음성비서 말이다.

한번 가정해 보자. 스마트폰으로 앱을 켜고 치킨을 고르고 배달할 곳을 누르는 것이 편한가? 아니면 하던 일을 계속 하면서 음성비서에게 "치킨 시켜줘"라고 말하는 것이 편한가? 두 말 하면 잔소리다. 손 하나 까닥 않고 무심코 내뱉는 말이 더 편하다.

그러나 음성비서도 단점이 있다. 너무 많은 선택지를 주지 않는다는 점이다. 3개 이내로 압축되지 않을까 생각된다. 그리고 치킨 프랜차이즈와 단독으로 붙을 가능성이 크다. 즉 치킨 프랜차이즈에 아마존과 같은 기업이 다이렉트로 연결할 가능성이 크다는 것이다. 그러면 이러한 데이터는 누가 갖게 되는가? 바로 음성비서라는 플랫폼을 가지고 있는 기업이다. 배달은 그냥 배달만 하게 된다.

 **결론**

플랫폼이 바뀌면 욕망데이터 주인도 바뀐다.

애플카의 미래

☑ **무르익는 애플카 생산설…기아 '전기차의 TSMC' 되나**

전용 플랫폼 'E-GMP'로 주도권

소프트웨어 경쟁력 올릴 기회로

일부선 "하청업체 될 수도" 우려

현대자동차그룹과 애플의 자율주행 전기차 공동 개발·생산 협상에 대한 국내외 관심이 높아지고 있다. 두 회사의 협업 내용과 생산 주체, 시기에 따라 미래차 시장의 판도에도 영향을 미칠 전망이다.

2021년 2월 4일자 한국경제

애플과 기아차 간 자율주행 전기차 개발 뉴스가 터지면서 현대차와 기아차 주가가 펄펄 날았다. 결국 없던 일로 굳어지면서 조정 구간에 접어들었지만 말이다. 이 뉴스로 애플 주가도 뛰었다.

애플이 전기 자율주행차에 뛰어드는 이유는 스마트폰으로 한정되어 있는 자신의 생태계를 확장하기 위해서다. 만약 애플이 모빌리티 쪽까지 생태계를 늘리면 자사주 매입 없이도 성장동력이 생기며 주가가 올라갈 수 있다.

새로운 시장이 열리면 항상 기회가 있기 마련이다. 기존의 강자는 이점이 없으며 새로 뛰어든 기업이 시장을 장악할 수도 있다. 따라서 애플은 전기 자율주행차 시장에 무조건 뛰어들어야 한다고 본다.

> ☑ 2023년산 포드 자동차 '두뇌'에 구글 실린다
>
> 안드로이드 운영체제 탑재
>
> 6년간 통신·클라우드 제공
>
> 포드와 포드의 프리미엄 브랜드 링컨 차량은 2023년부터 구글 인공지능(AI) 비서 '구글 어시스턴트'와 모바일 운영체제(OS) 안드로이드, 구글 지도, 구글 플레이 등을 탑재한다.
>
> 2021년 2월 2일자 매일경제

포드는 커넥티비티 서비스에 수억 달러를 쏟아 부었다. 그러나 결과는 어땠을까? 포드자동차를 구매한 사람들 대부분이 차량에 내장된 시스템을 사용하지 않고 구글, MS 등이 개발한 시스템을 설치해 사용한다는 사실을 확인한 뒤 노선을 바꿨다.

돈을 써서 시스템을 개발해도 소비자가 쓰지 않으면 무용지물이다. 결국 포드는 헛수고를 한 셈이 되었다. 소비자들이 구글이나 MS가 개발한 시스템을 썼기 때문이다.

기존 자동차회사는 기계시스템은 잘 만든다. 하지만 소프트웨어는 젬병이다. 게다가 자동차회사만의 플랫폼은 소용이 없다. 기존 스마트폰과 연동되어야 은행, 증권, 검색, 지도, 게임, 노래 등 수많은 앱을 쓸

수 있는데 연결고리가 없기 때문이다. 개발하려면 돈도 돈이지만 개발에 성공한다는 보장이 없다.

삼성이 왜 타이젠, 바다OS를 포기했는가? 개발해 봐야 앱이 없어서 쓸 수 없기 때문이다. 앱개발 경진대회까지 열었지만 앱 부족을 해결하지 못했다.

지금 앱이 넘쳐나는 앱부자는 애플과 구글이다. 구글은 이미 웨이모를 통해 자율주행차 개발에 나섰고 게다가 포드와 같은 플랫폼이 없는 자동차기업에 앱을 판매하고 있다. 아마도 구글은 이후 안드로이드를 자율주행차로 넓히면 더 큰 생태계가 생길 것이다.

무슨 말인가 하면, 자율주행차는 목적지까지 가는 동안 운전을 하는 사람이 없다. 운전을 하지 않으면 차 안에서 무엇을 하는가? 영화, 게임, 음악, 전자책 등을 접할 것이다. 그런데 안드로이드를 통해 접속을 한다면 모빌리티 생태계가 만들어진다.

모빌리티 생태계의 핵심은 바로 결제시스템이다. 앱을 통해 결제한 것들은 모두 30%씩 수수료를 뗀다. 그러니 엄청난 시장이 열리는 셈이다.

이런 플랫폼을 가지고 있는 또 다른 기업은 애플이다. 구글의 안드로이드보다 훨씬 더 매니아층이 많고 브랜드 가치가 높다. 나는 애플이 자율주행차를 꼭 개발하지 않아도 된다고 생각한다. 이미 자율주행차를 개발해도 그것은 자율주행차일뿐이지 새로운 앱생태계를 만드는 것은 아니기 때문이다. 자율주행차 개발과 앱생태계 구축은 다른 문제다.

예를 들어 자율주행차를 타고 가고 있다고 하자. 소비자가 자율주행차에 내장된 플랫폼을 쓸까? 아니면 차는 자율주행차를 이용하되 플랫폼은 스마트폰으로 연결하여 안드로이드 오토나 애플 카플레이를 이용할까? 즉, 자율주행차를 만들었다고 하여 소비자가 내장된 플랫폼을 사용한다는 보장이 없다는 말이다.

최고의 차로 인정 받는 벤츠나 BMW 등을 타면 내비게이션이 엉망이다. 최근 신차는 그나마 터치스크린이 되지만 1년 전 모델만 하더라도 터치 기능이 없었다. 그렇게 비싼 외제차가 말이다.

그리고 천지인이 되지 않아 지명을 치기도 어렵다. 터치도 안 되고 천지인으로 한글 입력도 안 되는 엉망인 플랫폼을 만들어 놓고 누가 쓰기를 바랄 수 있을까? 그래서 벤츠, BMW등의 외제차 내비를 쓸 때 안드로이드 오토(구글), 애플 카플레이(애플)를 깔아서 쓰는 경우가 많다.

◆ 자율주행차도 결국은 소프트웨어가 핵심이다

자율주행차를 타면 무조건 자율주행차 플랫폼을 쓴다고 착각하기 쉽다. 그러나 그렇지 않을 수 있다. 구글, 애플의 플랫폼을 깔아서 쓰는 것이 훨씬 간편할 수 있다.

영화 하나만 봐도 많은 앱이 필요하다. 넷플릭스, 디즈니플러스, 티빙, 웨이브 등의 앱을 자율주행차 플랫폼에 맞춰서 만들 수 있을까? 앱 개발자들은 이미 기존 플랫폼인 애플의 iOS, 구글의 안드로이드 플랫폼에 맞춰 개발한 앱이 있는데 말이다.

그러니 새로운 자율주행차 플랫폼이 있다고 하더라도 자율주행만

할 뿐, 실제로 돈을 벌어가는 기업은 구글, 애플이 될 가능성이 크다.

애플이 제시한 애플카의 출시 연도는 2024년이다. 너무 늦지 않느냐는 시각이 있지만, 사실 너무 늦지 않을 수 있다. 언제나 소프트웨어의 개발은 빠르고, 하드웨어의 개발은 훨씬 느리기 때문이다.

배민 앱은 몇 년 전에는 말도 안 되는 소프트웨어였지만 지금은 누구나 쓰는 앱이 되었다. 반면 드론 배송 이야기는 몇 년 전에도 있었지만 아직도 그대로다. 로봇배달도 말만 무성하고 현실이 언제 될지는 오리무중이다. 그러니 자율주행차도 아마 꽤나 느리게 진행이 될 것이다.

그렇다면 애플은 어떤 전략을 가지고 전기 자율주행차로 가는 것이 좋은가? 구글보다는 테슬라의 전략이 맞다고 생각한다. 구글의 웨이모는 완전자율주행을 목표로 하고 있다. 그런데 완전자율주행이 과연 될까? 빠르면 몇 년 안에 된다는 얘기도 있지만 수십 년이 지나도 안 된다는 얘기도 있다. 가장 큰 문제는 사고발생이다. 자율주행차는 만약 사고가 난다면 모든 책임을 자율주행차를 만든 기업이 져야 한다. 따라서 오류가 하나라도 남아 있으면 안 된다. 구글을 보라. 완전자율주행을 꿈꾸지만 웨이모는 아직도 돈을 쓰면서 시험주행만 하고 있다.

반면 테슬라를 보자. 자율주행으로 보면 테슬라의 자율주행은 순위에도 들지 못한다. 아직 레벨 2를 업그레이드 하는 수준이기 때문이다. 참고로 완전자율주행은 레벨 5가 최종단계다.

그런데 완전자율주행까지 가기에는 너무 많은 시간이 필요할 수도 있다. 그리고 차를 만든 쪽에서 모든 사고책임을 져야 하기 때문에 만약 차가 나온다고 하더라도 보험료는 엄청날 것이다.

현재 테슬라는 부분자율주행을 하면서 차를 판매하고 있다. 겨우 레벨 2의 단계에서 말이다. 테슬라의 오토파일럿은 자율주행차가 아니다. ADAS와 같은 운전자 보조시스템이 업그레이드 된 버전이다. 따라서 사고가 나면 누구의 책임인가? 바로 운전자 책임이다. 그러니 보험료도 운전자가 내고 자율주행이 완벽하지 않아도 된다.

테슬라의 강점은 자동차 판매로 돈을 벌면서 동시에 수많은 운전자의 빅데이터가 모여 테슬라의 자율주행 기능이 업데이트 되고 있다는 점이다. 따라서 애플도 전기차를 만들고 부분자율주행을 한다면 2024년 출시도 그리 어렵지 않다.

애플은 기아차처럼 이미 전기차를 만들고 있는 자동차업체와 협업을 시도하고 있다. 그리고 누구라도 애플과 협업을 한다고 해도 자동차업체의 마진은 생각보다 적을 것이다.

☑ '조지아 테마주' 뭐길래…나흘 동안 100% 넘게 폭등한 종목

기아 '애플카 생산설'로 관심

브레이크 패드업체 KB오토시스 납품 기대감…주가 29% 올라

시트 부품 생산하는 구영테크 이달들어 4일만에 100% 폭등

동원금속·화승알앤에이 등도 들썩

벤츠의 최고급 스포츠유틸리티차량(SUV)인 G바겐은 LG전자와 최근 협업을 시작한 캐나다 부품업체 마그나가 생산한다. 기아와 애플이 구상하는 생산 방식과 비슷하다. 하지만 이 과정에서 마그나가 얻는 영업이익률은 1~2% 수준으로 알려졌다.

2021년 2월 4일자 한국경제

기사를 보면 벤츠도 마그나에게 겨우 1~2%의 마진만을 준다. 지금 자동차업체가 얼마나 많은가? 그리고 전기차를 개발한다는 곳은 또 얼마나 많은가? 그러니 전기차 개발업체 여러 곳을 경쟁시킨다면 애플은 얼마든지 저렴한 비용으로 전기차를 만들 수 있다. 애플은 벤츠보다 훨씬 뛰어난 브랜드 가치를 지녔다는 사실을 잊지 말아야 한다.

결론

자율주행차가 아니라 플랫폼이 중요하다. 플랫폼 강자는 애플과 구글이다. 따라서 전기 자율주행차의 강자는 테슬라와 함께 의외로 애플, 구글이 될 수도 있다.

앞으로 10년 주가 전망

우라가미 구니오의 책 『주식시장 흐름 읽는 법』을 보면 주식시장의 4
가지 국면이 나온다. 그 4가지는 ①금융장세, ②실적장세, ③역금융장
세, ④역실적장세다.

◇ 금융장세

금융장세란 금리가 떨어지고 기업실적은 안 좋은데 주가는 올라가는
구간이다. 예를 들어 2020년 코로나 위기가 터지고 연준은 금리를 제
로까지 떨어뜨리면서 양적완화를 실행하였다. 이에 기업실적이 악화
되고 경기가 바닥을 찍었지만, 주가는 오히려 크게 상승했다. 2020년
이 대표적인 금융장세였다.

◇ 실적장세

실적장세란 금리가 올라가고, 기업실적도 올라가고, 주가도 같이 올라

가는 구간이다. 연준은 금리를 2023년에나 올린다고 했으니 실적장세의 시작은 2023년 이후로 볼 수도 있지만, 사실은 그렇지 않다. 나는 이미 실적장세로 돌입했다고 본다.

연준이 단기금리를 올리는 시기는 2023년경이겠지만 시장 참여자들이 채권을 던지고 주식에 뛰어들면서 미국의 10년물 금리가 1%를 넘어섰다. 시장금리가 벌써 올라가고 있기 때문이다. 그리고 2021년 1월의 주식시장을 보면 빅테크 주식들은 실적이 받쳐주면서 본격적으로 상승을 하고 있으나 가치주들은 실적이 안 좋아 실적발표 때 하락하는 현상이 나타난다. 기업실적에 따라 주가가 K자로 양극화하는 현상이 나타나고 있는 것이다.

그러나 이러한 현상도 잠시, 2분기부터는 미국에서 코로나 집단면역이 형성되면서 본격적으로 가치주인 여행, 항공, 호텔, 크루즈, 음식료, 생활 등의 주식들도 실적이 올라가면서 주가가 상승하는 구간에 접어들 것으로 보인다.

따라서 2021년 한해는 전체적으로 초반에는 성장주가 올라가고 후반에는 가치주가 상승하면서 전체적으로 상승하는 패턴이 나타날 것으로 보이며, 이후에도 한참 동안 실적장세가 펼쳐질 전망이다.

2008년 금융위기를 볼 때 미국은 2015년 12월 16일이 되어서야 정책금리를 인상하면서 무려 7년이 걸렸다. 반면 이번 코로나 위기는 그보다 훨씬 빠른 시간 안에 실적장세가 끝날 것이다. 왜냐하면 코로나는 집단면역이 형성되면 바로 경기하락의 원인이 제거되면서 경기과열이 될 수 있기 때문이다.

그리고 전세계적으로 온도차가 심하게 날 수 있다. 선진국은 빠르게 집단면역으로 돌입하면서 경기과열국면이 펼쳐지겠지만 후진국은 백신보급이 느려 경기침체가 지속될 것이기 때문이다. 게다가 선진국인 미국은 가장 빠른 집단면역을 보이며 2023년에 기습적으로 금리를 올릴 수 있다. 그러니 최소한 2023년까지는 실적장세가 펼쳐질 것으로 보인다(물론 금리인상 시기에 따라 상황이 바뀔 여지는 있다).

2022년 이후에는 레버리지드론을 이용한 기업의 M&A가 활발해질 것으로 보인다. 은행은 저금리로 인해 예대마진 수입이 축소되었다. 따라서 은행은 기업에 돈을 대출해 주고, 기업은 M&A를 통해서 덩치를 키운다. 그리고 인수합병한 기업의 인력구조조정을 통해 조직을 슬림화 하면서 실적을 높이는 전략을 짠다. 은행은 주로 우량한 기업에 돈을 빌려줌으로써 안정적인 수수료 수입을 거둔다. 은행과 기업 둘 다 원원인 전략이다. 이렇게 두 집단이 모두 원원이 될 수 있는 이유는 기준금리가 제로이기 때문이다.

따라서 2022년 이후부터 연준이 금리를 올리기 전까지는 신문에 기업인수합병과 같은 소식이 나오면 호재로 반응하며 주가가 올라가게 된다. 물론 은행이 돈을 빌려주는 기업은 우량한 기업이니 미국의 빅테크나 그에 준하는 재무상황이 우량한 기업이 될 것이다.

◇ 역금융장세

문제는 역금융장세다. 역금융장세란 금리가 올라가고 기업실적도 올라가는데 주가는 떨어지는 구간이다.

왜 이런 현상이 일어날까? 경기 과열 현상과 인플레이션 조짐이 일어나면 연준은 금리를 올릴 수밖에 없다. 기업실적은 좋아지나 그때부터 주가는 오히려 하락이 일어난다. 대부분의 기업은 실적이 좋아도 주가는 떨어지는 일이 비일비재 하다. 과거를 보더라도 이 구간에서 대부분의 기업은 주가가 횡보하거나 오히려 하락하는 경향을 보였다.

그러나 우리가 주목하고 살펴봐야 할 주식이 있다. 소위 미국의 빅테크 주식이다. 2008년 이후 빅테크 주식은 2020년 3월 코로나가 터지기 전까지 주가가 상승했다. 애플, 아마존, 마이크로소프트, 페이스북, 구글 등이다. 이들 주식이 역금융장세를 뚫고 왜 상승했을까? 이유는 크게 두 가지다.

① 미래 성장성

빅테크 기업이 역금융장세를 뚫고 상승한 첫 번째 이유는 미래에 대한 성장성 때문이다.

애플은 스마트폰의 성장이 거의 멈췄지만 iOS 플랫폼 생태계가 넓어졌고 맥북, 에어팟, 애플워치 등이 성장했다. 마이크로소프트는 클라우드 서비스인 애저가 성공하면서 오피스, 윈도우 등의 캐시카우와 어우러지며 성장했다. 아마존은 클라우드, 전자상거래, 아마존 프라임, ebook, 물류자동화 등을 통해 성장했다. 페이스북은 왓츠앱, 인스타그램 등을 통해 20억 명이 넘은 SNS제국을 건설하며 광고시장을 구글과 함께 양분했다. 구글도 유튜브, 검색 등을 통해 광고에서 압도적이었다.

〔부의 체인저〕 바뀐 세상에서 어떻게 투자할 것인가?

② 자사주 매입을 통한 ROE 높이기

빅테크 기업이 역금융장세를 뚫었던 두 번째 원동력은 자사주 매입을 통한 ROE 높이기다.

자기자본이익률(Return On Equity, ROE), 즉 ROE란 한마디로 기업이 자본을 이용하여 얼마만큼의 이익을 냈는지를 나타내는 지표다. ROE를 높이는 방법은 두 가지다.

① 당기순이익을 높인다.
② 자기자본을 줄인다.

그러나 현실적으로 당기순이익을 높이는 데는 한계가 있다. 반면 현금이 많은 기업이라면 자기자본을 줄임으로써 ROE를 높일 수 있다. 바로 가지고 있는 현금으로 자기주식을 시장에서 사서 태워버리면 자기자본이 작아져 당기순이익이 그대로임에도 불구하고 ROE가 높아질 수 있다.

자사주 매입은 주로 성장이 끝난 가치주 기업이 실행한다. 대표적으로 은행, 항공, 생활 관련 기업들이다. 한때 보잉은 자사주를 사서 태우면서 ROE를 높여 주가를 올렸다.

그런데 만약 성장주가 자사주 매입을 통해 ROE를 높인다면 어떻게 될까? 빅테크 기업인 애플, 마이크로소프트, 페이스북 등은 모두 역실적장세에서도 자사주 매입을 통해 ROE를 높여왔다. 2015년 12월 16일에 연준이 금리를 올렸음에도 이들 기업은 성장성과 자사주 매입을 통해 주가가 모두 사상최고치를 경신하며 올랐다.

빅테크 기업 중 후발주자에 해당하는 넷플릭스도 2021년부터 자사주 매입을 검토하면서 주가가 하루에 13% 폭등했다.

따라서 금리가 본격적으로 올라가면서 실적이 좋아도 주가가 떨어지는 역금융장세가 펼쳐지면 현금 많은 기업이 자사주 매입을 한다면 이는 무조건 호재다. 신문에서 혹시 자사주 매입을 한다는 기사가 나오면 주가는 폭등할 확률이 높다. 결국 역금융장세에서는 현금 많고 자사주 매입을 할 수 있는 기업만 오르게 된다. 물론 성장성마저 좋다면 금상첨화다.

역금융장세는 나라별로도 차이가 있는데 2008년 금융위기 이후 미국, 멕시코 정도만 올랐다. 한국은 1,800선에서 2,200선의 박스피에 갇혀 있었고 유럽 대부분의 국가들도 박스권 흐름을 보였다. 그리고 스페인, 이탈리아, 프랑스, 벨기에 등은 오히려 주가가 심하게는 50% 이상 빠지기도 했다.

이런 차이가 발생한 이유는, 미국은 주식시장에서 자사주 매입을 통해 거의 모든 기업이 ROE를 높였기 때문이다. 멕시코는 성장성이 있었고 나머지 나라들은 성장도 없고 자사주 매입을 통한 ROE 높이기도 없었다. 오히려 주가가 올라가면 유상증자를 하기에 바빴다.

앞서도 설명했지만 미국 기업이 자사주 매입을 하는 이유는 주로 전문경영인이 CEO를 맡고 있기 때문이다. 전문경영인 CEO의 특징은 주주친화적이라는 데 있다. 이들에겐 주가를 올리는 것이 사명이다. 주가를 올리지 못하면 목이 날아갈 수 있다. 따라서 이익이 나건 안 나건 아니 빚을 내서라도 자사주 매입에 혈안이다.

그러나 미국을 제외한 대부분의 나라는 오너가 CEO인 경우가 많다. 오너는 자사주 매입을 통해 거둘 이익이 없다. 오히려 자신의 돈이 줄어든다고 생각한다. 그래서 배당에도 소극적이다. 어차피 자신의 지분도 별로 크지 않다. 배당을 해봐야 다른 사람 좋은 일 시키는 꼴이라고 생각하니 배당을 할 이유가 없다.

그리고 유상증자를 통해 설비증설에 힘을 쏟는다. 대부분 압도적인 시장지배자가 아니기 때문이다.

애플은 압도적인 시장지배자이기 때문에 자사주 매입을 해도 괜찮다. 그러나 애플에 납품하는 기업은 애플이 최소한 2개 이상의 기업을 경쟁시키기 때문에 최신의 설비를 갖춰서 원가절감을 해야 한다. 그러니 자사주 매입은 꿈도 못꾸고 이익의 상당 부분을 재투자에 쏟는 것이다. 따라서 지속적인 주가 상승은 없고 싸이클에 걸리면 그때서야 반짝 오르고 유상증자하면 떨어지는 일이 반복된다.

💎 역실적장세

역실적장세는 금리가 내려가고 실적이 곤두박질치며 주가마저 떨어지는 시기다. 마지막인 역실적장세는 -3%로 대응하면 된다.

2020년 코로나 위기는 2020년 2월 24일 나스닥에 -3.71%가 뜨면서 시작되었고, 2008년 금융위기는 2008년 9월 4일 -3.20%가 뜨면서 시작되었다. 즉 공황 매뉴얼에 따라 행동한다면 역실적장세에서 역으로 큰돈을 벌 수 있다.

⚖ 결론

- 금융장세 - 어떤 주식을 사도 오르는 시기
- 실적장세 - 실적이 좋고 M&A를 통해 덩치를 키우는 기업이 오르는 시기
- 역금융장세 - 성장성이 좋고 자사주 매입을 통해 ROE를 높이는 기업이 오르는 시기
- 역실적장세 - 나스닥 -3%룰을 통해 매뉴얼대로 행동해야 할 시기

테슬라는 왜 갑자기 대량의 비트코인을 샀는가

> ☑ **코로나19 부양책 기대…주가↑ 국채↑ 달러↓**
>
> 한편 이날 테슬라 주가가 1.3%가량 올랐다. 테슬라는 비트코인을 15억 달러
> 어치 사들였다면서, 자사 제품의 판매 대금도 비트코인으로 결제할 수 있도록
> 할 예정이라고 발표했다. 테슬라 발표에 비트코인 가격도 4만4천 달러를 넘
> 어 사상 최고치를 경신하는 등 급등했다.
>
> 2021년 2월 9일자 연합인포맥스

테슬라가 비트코인을 15억 달러어치나 사들였다. 이유는 중국 때문이
다. 테슬라의 성장은 거의 중국에서 일어난다. 바이든 정부가 친환경
정책의 일환으로 정부차량을 친환경차로 바꾼다고 하니 미국에서도
테슬라차가 많이 팔리겠지만, 그보다는 중국이 테슬라의 성장 키를 쥐
고 있다.

바이든이 대통령이 되면서 멀어졌던 중국과 다시 가까워질 것이라는 일부 예상이 있었으나 서로 이해가 다른 두 적이 수장이 바뀌었다고 갑자기 친해질 수는 없는 노릇이다. 기사를 보면 바이든 대통령은 "충돌할 필요는 없지만 극한의 경쟁이 있을 것이다"는 멘트로 향후 전개될 미중 간 신냉전을 예고하고 있다.

1980년대 달러블록, 루블화블록으로 나뉘어 민주진영과 사회주의 진영이 대립했듯이 이제는 미국진영과 중국진영으로 나뉘어 서로 싸우게 될 것이라는 이야기다.

싸움의 양상을 예측하기 위해서는 민주당과 글로벌리스트, 빅머니, 빅테크, 빅미디어의 싸움이 어떻게 진행되어 왔는지 살펴봐야 한다. 이들은 현재 누구와 싸우고 있는가? 과거에도 그랬지만 앞으로도 마찬가지로 민족주의, 즉 내셔널리스트와 싸우고 있다.

1991년 소련이 해체되기 전까지는 글로벌리스트가 반공이었다는 사실을 알고 있는가? 사회주의와 싸웠으나 1991년 사회주의가 해체되고 1995년 WTO를 앞세워 세계의 자유무역을 시작하면서 적이 바

꿰었다. 그들의 적은 내셔널리스트 즉 민족주의자들이 되었다.

2020년까지만 해도 글로벌리스트는 미국에서 트럼프와 싸웠다. 트럼프가 아메리카 퍼스트를 앞세워 미국을 민족주의국가로 만들었기 때문이다. 그러나 바이든 행정부가 되고 나서는 다시 민족주의국가 쳐부수기에 나섰다.

사실 트럼프 행정부 이전에도 그 맥이 상통하는 아들 부시의 공화당 정권이 있었다. 하지만 아들 부시도 내셔널리스트라기보다는 글로벌리스트였다. 왜냐하면 2001년 중국이 WTO에 가입했을 때 정부가 부시 정부였기 때문이다.

중국이 WTO에 가입하면 중국이 세계의 공장이 되면서 인건비가 싼 중국으로 일자리가 넘어간다는 사실을 부시도 잘 알고 있었다. 그럼에도 불구하고 중국을 WTO에 가입시켜준 이유는 부시 정부가 글로벌리스트 정권이었기 때문이다. 트럼프 이전의 정부는 1991년 이후 모두 글로벌리스트 정권이었다는 결론에 이르게 된다.

2021년 바이든 행정부가 들어서면서 그들의 눈은 세계를 향하게 된다. 글로벌리스트의 목표는 국가를 무력화 시키고 소수 엘리트가 패권을 좌지우지 하는 것이다. 그런데 이미 미국 GDP의 70%까지 따라온 중국이 눈엣가시다. 게다가 중국은 인권을 무시하고 노예노동을 앞세운 반인륜적 정권인데다가 중화민족주의 정권이기까지 하다.

다만 바이든 정부의 중국 압박은 트럼프 행정부와는 다른 방향일 것이다. 바이든은 대중(對中) 압박 방식에 대해 "도널드 트럼프 전 대통령이 했던 방식으론 하지 않을 것이며, 우리는 국제적 규칙에 초점을 맞출 것"이라고 말했다.

아마도 주변나라들과 연합하여 중국을 압박하는 방식일 것이다. 그리고 국제적 규칙에 초점을 맞춘다고 언급했다. 이는 아마도 중국이 약한 지식재산권과 금융전쟁을 동시에 하지 않을까라는 생각이 들게 한다. 그 중에서도 트럼프 행정부가 쓰지 않았던 금융전쟁을 시작할 것으로 보인다.

트럼프 행정부가 중국과 금융전쟁을 하지 않았던 이유는, 금융은 월가가 움직여야 하는데 월가는 기본적으로 글로벌리스트와 합이 맞는다. 그러니 트럼프 편이 될 수 없었다.

금융압박은 바젤3 등을 통해 가해질 것이다. 바젤3의 핵심 내용은 '미래의 부채를 모두 부실로 기록하라'는 것이다.

이러면 중국은 매우 불리한 입장에 놓이게 된다. 중국은 기업부채가 300%가 넘는다. 중국은 2008년 금융위기에 대처하면서 적극적인 내수부양 정책을 구사했고 기업의 부채를 늘려 부동산 개발, 원자재 개발 등으로 금융위기를 극복했다. 그 와중에 부채가 엄청나게 올라갔다.

현재 중국의 부채는 IMF 때 한국과 거의 비슷한 수준이다. 만약 바젤3로 중국을 압박한다면 중국은 1990년 일본의 버블이 꺼질 때처럼 당할 수 있다. 예를 들어 부채 부실을 내세워 중국은행을 국제결제은행에서 빼버린다는 경고를 하면 된다. 그러면 중국은행은 재무재표 건전화를 위해 자금회수에 나설 수밖에 없고, 은행이 자금을 회수할 경우 자산의 상당 부분을 부동산으로 들고 있는 기업들이 부동산을 처분할 수밖에 없게 된다. 기업의 부동산 매도는 부동산 가격의 하락을 부추기면서 결국 중국 자산 전체의 부실로 연결된다. 버블이 빠른 속도로 꺼지면서 폭락이 올 수 있다는 이야기다.

> ☑ **中, 춘제 앞두고 2주간 55조원 유동성 흡수**
>
> 중국이 춘제(중국의 설) 연휴를 앞두고 약 2주 동안 3천200억위안(약 55조
> 원)의 유동성을 흡수했다고 닛케이아시아가 8일 보도했다.
>
> 부동산과 자산 가격 상승을 막고자 과도한 유동성 제거에 나선 것이다.
>
> 그러나 춘제 연휴를 앞두고 중국이 유동성을 억제하는 것은 다소 이례적이다.
>
> 그러나 인민은행이 유동성을 줄이는 진짜 동기는 "부동산과 주가의 과도한 상
> 승을 막아 향후 신용 위험을 낮추려는 것"이라고 파운더증권의 치성 애널리스
> 트는 진단했다.
>
> 2021년 2월 8일자 연합인포맥스

바이든 정부가 들어서고 중국은 긴장하고 있다. 중국이 2021년 춘제
를 앞두고 오히려 유동성을 억제하는 정책에 나섰다. 이유는 은행의
건전성을 잡기 위해서다. 중국정부의 유동성 억제 정책은 지속될 가
능성이 크다. 이를 통해 부동산과 주식이 과도하게 오르는 현상을 막
는다.

따라서 개인투자자가 중국에 투자하는 것은 위험한 일이다. 유동성
이 풀려야 주식도 부동산도 오르는데 미중전쟁을 앞두고 중국정부가
저렇게 잔뜩 웅크리고 있으니 부동산, 주식이 올라갈 리가 없다.

아마도 미국은 코로나 위기가 지나가면 본격적으로 미중전쟁을 시
작할 것이다. 즉 본격적인 유동성 회수 타이밍이 오고 있다는 것이다.

중국 부유층의 입장에서 생각해 보자. 중국에서 부유층이란 공산당, 권력층, 기업가 등이다. 이들은 아마도 굉장한 압박을 느낄 것이다. 따라서 평소에 자산을 해외로 빼돌려 놓았다가 여차하면 해외로 도피할 생각을 할 것이다. 최근에 말 한 마디 잘못했다가 팽 당한 알리바바의 마윈이나 부도처리된 안방보험, 하이난 항공의 사태를 보더라도 중국에서 안전한 곳은 없다.

중국 부유층이 자금을 해외로 빼돌릴 때 쓰는 루트가 바로 비트코인이다. 당국이 달러의 해외반출을 엄격히 막고 있기 때문에 비트코인이라는 우회로를 선택하는 것이다.

일론 머스크는 테슬라가 15억 달러어치의 비트코인을 샀다고 발표했다. 무엇을 의미하는가? 중국 부유층의 돈을 노린다는 의미다. 테슬라 정도의 차를 중국에서 사려면 부유층이어야 한다. 테슬라는 비트코인에 15억 달러를 투자함으로써 비트코인으로 테슬라 자동차를 살수 있게 만들었다. 만약 비트코인에 투자도 하지 않고 비트코인으로 테슬라 자동차를 살 수 있다고 말한다면 미국 연준의 의심을 살 수도 있다.

테슬라의 비트코인 투자는 테슬라 자동차의 결제를 자연스럽게 만들었다. 결국 중국 부유층이 많이 가지고 있는 비트코인으로 테슬라 자동차를 손쉽게 살 수 있도록 만든 것이다.

이런 식이면 화성으로 가는 스페이스X의 탑승권도 비트코인으로 결제가 가능하게 함으로써 중국인 부자들을 끌어들일 수도 있겠다는 생각이 든다. 비트코인의 결제 선점은 비주류권인 마약조직, 범죄조직의 자금까지도 끌어들이는 효과가 있을 것이다.

결론

일론 머스크는 비트코인에 투자함으로써 중국 내 테슬라자동차 성장성을 높였다 할 수 있다.

ESG, 누구를 겨냥한 월가의 작품인가

요즘 언론에서 'ESG투자'라는 말이 나오고 있다. ESG 투자는 투자 결정 과정에서 재무적 요소와 더불어 환경(Environment), 사회(Social) 및 지배구조(Governance)를 고려한다.

여기서 환경이란 기후변화, 온실가스 배출, 자원고갈, 폐기 및 오염, 삼림파괴 등을 뜻한다. 사회란 노동환경(노예 및 아동노동) 분쟁지역, 노사관계, 건강 및 안전 등이다. 지배구조는 뇌물 및 부패, 정치적 로비 및 기부, 이사회의 다양성 및 구조, 세무전략 등이다.

ESG를 만들어낸 곳은 월가이다. 월가가 이전에 유행어로 만들었던 단어는 FAANG(페이스북, 애플, 아마존, 넷플릭스, 구글)이었고, 마이크로소프트가 뜨자 MAGA(마이크로소프트, 애플, 구글, 아마존)를 만들었다. 월가가 이런 유행어를 만드는 이유는 돈을 몰아주기 위해서다. 월가가 이번에 유행시키고 있는 ESG는 단순히 오르는 주식만을 의미하지 않고, 상당히 정치적인 메시지까지 담고 있다. 그 의미를 살펴보자.

여기서 바이든 행정부의 색깔이 나온다. 그 색깔은 ESG로 요약된다.
파리기후협약에 재가입함으로써 환경에, 유엔인권이사회 복귀를 통해
사회에 신경을 쓰겠다는 의지다. 원래 민주당이 끌고왔던 과거의 정책
으로 돌아가고 있는 것이다. 그렇다면 바이든 행정부와 월가의 메시지
가 동일하다. 바로 ESG로 귀결된다.

① 환경, 중국을 겨냥한다

ESG는 중국을 노리고 만든 구호다. 파리기후협약의 배경은 이산화탄
소로 인한 지구 온난화를 방지하여 환경을 보호하자는 내용이다. 그
런데 기존 환경을 파괴했던 나라들은 어디인가? 산업혁명을 주도했던
영국과 EU 그리고 미국 등이다. 그런 그들이 이제 와서 환경을 보호하
자고 하니 선진국에 들기 위해 한창 개발에 열중하고 있는 개발도상국
입장에선 어이없는 상황일 수밖에 없다.

그렇다. 대표적인 개발도상국은 중국이다. 따라서 ESG는 중국을 겨

냥하고 있다. 앞서 언급한 바 있지만 미국이 중국을 때리는 이유는 중국이 미국의 턱밑까지 쫓아왔기 때문이다. 중국은 이미 미국 GDP 대비 70% 수준까지 접근한 상태다. 미국은 1970년대 소련, 1980년대 일본, 독일이 미국GDP의 40%선까지만 접근했음에도 불구하고 경제적으로 막대한 타격을 가해 재기불능 상태로 넉다운을 시킨 바 있다. 따라서 70%까지 접근한 중국은 매우 예외적인 경우다.

중국이 40%를 넘어 70%까지 따라붙을 수 있었던 이유는 50% 수준까지 따라왔던 2008년에 미국에서 금융위기가 터졌기 때문이다. 미국은 중국을 압박해야 했으나 자국 사정이 어려워 오히려 중국에게 도움을 청해야 하는 입장이었다. 중국이 넘지 못하도록 바리케이드를 칠 경황이 없었다는 의미다.

본래 ESG는 제조업에 굉장히 불리한 요건이다. 제조업은 제품을 생산하려면 석유를 기반으로 삼아야 한다. 제조업의 기본인 전기는 석유와 석탄을 통해 화력발전에서 나온다. 대부분의 플라스틱제품도 석유가 원재료다.

그러니 제조업을 하는 기업은 E(환경)이라는 테마부터 맞지 않는다. 그런데 중국의 닉네임이 무엇인가? 바로 세계의 공장이다.

☑ 中정치 비판 늘어나던 SNS '클럽하우스'에…中, 결국 접속차단

최근 국내에서도 폭발적인 관심을 끈 음성 채팅 애플리케이션 클럽하우스(Clubhouse)가 중국에서 차단됐다. 서비스 내에서 중국 정치 현안에 비판적인 목소리가 나오기 시작하자 중국 당국이 조치를 취한 것이라는 분석이 나온다.

2021년 2월 9일자 조선일보

② 사회, 중국을 겨냥한다

채팅앱인 클럽하우스가 중국에서 차단되었다. 2020년 3월 등장한 음성 기반 SNS인 클럽하우스는 중국에서 홍콩 시위나 신장 위구르 인권 문제 등 민감한 주제로 토론을 하는 음성채팅 플랫폼으로 급격히 부상했다.

차단된 이유가 바로 여기에 있다. 중국이 민감하게 생각하는 문제를 토론하는 플랫폼이라는 사실이다.

중국의 제조업은 중국인민의 노예노동을 근거로 값싸게 물건을 만들어 세계에 제품을 공급하는 구조다. 이러니 노사관계나 노동자의 안전 등은 생각할 수도 없다. 따라서 S(사회)에서 가장 큰 이슈인 인권문제에서 중국은 자유롭지 못하다.

③ 지배구조, 중국을 겨냥한다

마지막으로 G(지배구조)는 중국에 있어서 가장 큰 약점이다. 뇌물, 부패 스캔들이나 이중장부, 분식회계 등은 중국기업이 흔히 저지르는 관행이다.

◆ 왜 미국은 '중국제조2025'를 두려워 했나?

보다시피 월가가 만들어낸 ESG라는 테마는 그 화살 끝이 모두 중국을 향해 있다. 중국을 겨냥하는 월가의 구체적인 전략을 파악하기 위해서는 먼저 중국의 발전전략을 따져 봐야 한다. 중국의 리커창 총리는 '중국제조2025'라는 계획을 발표했다.

중국제조 2025의 핵심은 세계를 선도할 10대 핵심산업을 키우겠다는 의지의 천명이다. 결국 중국이 경제력에서 미국을 넘어서겠다는 전략이다. 이전까지 주를 이루었던 노동집약적 산업으로는 도저히 미국을 앞설 수 없다. 그러나 고부가가치 산업으로 경제의 체질을 바꾼다면 이야기는 완전히 달라진다. 중국 정부가 각종 보조금을 퍼부어 관련산업을 키운다면 미국에게는 크고 분명한 위협이 될 수밖에 없다.

중국이 야심을 드러내자 당시 트럼프 행정부는 곧바로 제재에 들어갔다.

을 만들던 화웨이는 직격탄을 맞았다. 미·중 반도체 전쟁의 도화선이다. 그로부터 넉달 후 미국은 중국의 파운드리인 SMIC를 블랙리스트(거래제한 기업 명단)에 올리고 반도체 관련 첨단 장비 공급을 차단했다.

2021년 1월 30일자 중앙SUNDAY

미국은 중국제조2025 핵심기업인 화웨이와 SMIC에 대해 미국향 장비공급을 막아버렸다. 이 여파로 칭화유니그룹 등이 부도가 났고, 화웨이는 프리미엄 스마트폰을 접었으며, SMIC등은 주가가 크게 떨어졌다.

💎 그리고 중국이 들고나온 쌍순환 전략과 미국의 ESG

미국의 저항이 크다고 생각하자 중국제조2025를 접은 중국은 대신 '쌍순환 전략'을 들고 나왔다. 쌍순환 전략이란 중국의 내수와 수출을 동시에 갖고 간다는 뜻이다. 즉 중국의 내수시장이 크니 내수시장을 열어 달러를 벌어들이고 그 돈으로 첨단산업을 키운다는 것이 핵심이다.

그러자 월가에서 가지고 나온 것이 바로 ESG다. ESG는 바이든의 다자주의 전략에서 나온 개념이다. ESG에 맞지 않는 기업은 투자하지 말자는 논리다.

미국만으로는 중국을 상대하기 힘들다. 당연히 미국은 동맹국을 이용해서 중국을 고립시켜야 한다. 동맹국을 통한 군사적 고립도 있지만 현대는 경제전쟁이다. 중국으로 들어가는 세계의 돈줄을 막아버리면 중국의 쌍순환 전략은 실패하고 만다.

세계는 1945년 이후 베이비붐 세대가 태어났다. 이들의 노령연금 규모는 상상을 초월한다. 미국은 물론이고 노르웨이 국부펀드, 싱가폴의 테마섹, 캐나다 연금펀드 등에 ESG에 투자하라는 가이드를 내려주면 이들 돈은 중국에 투자될 수 없다. 중국에 세계의 돈이 투자되지 못하면 중국은 첨단산업에 투자할 동력이 사라진다.

 **결론**

미국의 바이든 행정부는 월가를 통해 ESG라는 투자지침을 만들어 중국을 압박하고 있는 것이다.

바이든 정부의 ESG를 통한 중국 견제

> ☑ 현대차 주가 들썩이게 한 애플 '중대발표' 뚜껑 열어보니…
>
> **"인종 형평성 제고 이니셔티브 출범"**
>
> 애플은 이날 1억달러 규모 인종차별 반대 이니셔티브를 출범한다고 밝혔다.
> 인종차별 방지를 위한 허브 격인 프로펠센터를 세워 소수인종에게 교육, 인턴
> 십, 멘토링 등을 제공할 계획이다.
>
> 2021년 1월 13일자 한국경제

현대차, 기아차와 애플이 전기차 협업문제로 한창 떠들썩 하던 무렵
애플이 중대발표를 한다고 했다. 대부분의 사람들은 애플카를 만들겠
다는 발표를 기다렸다. 그런데 뜬금없이 인종차별 이니셔티브를 들고
나왔다.

> ☑ "삼성, 11조원 투자해 美 텍사스 반도체공장 증설… TSMC와 맞대결"
>
> 삼성전자가 미국 텍사스주(州) 오스틴에 100억달러(약 11조원) 이상을 투입
> 해 반도체 공장을 짓는 방안을 검토 중이라고 블룸버그가 22일(현지시각) 보

도했다.

이번 미국 공장 건설 계획 역시 TSMC를 견제하기 위한 차원이라고 블룸버그는 분석했다. 이미 TSMC는 지난해 2024년까지 미국 애리조나주에 120억달러(약 13조원)를 투자해 5나노 파운드리 팹을 건설하겠다고 밝힌 데 이어 3나노 반도체 생산 계획도 밝힌 바 있다.

2021년 1월 22일자 조선일보

TSMC가 먼저 애리조나에 반도체공장을 짓겠다고 발표하자, 뒤이어 삼성전자도 미국에 반도체공장을 짓겠다는 선언을 한다. TSMC가 신규 반도체공장을 발표하면서 표면적으로는 화웨이와의 관계를 끊고 미국에 올인하기 위해서라는 전략을 내세웠지만 속뜻은 이와 다르다.

뒤에는 애플이 있었다. 애플은 오바마 정부 시절 환경장관을 지낸 리사 잭슨을 부사장으로 영입하고 환경정책에 신경쓰기 시작했다. 그러면서 100% 재생에너지를 쓸 수 있어야 애플의 부품사가 될 수 있다는 압력을 넣었다.

TSMC는 아무리 생각해도 대만에서는 100% 재생에너지를 쓸 수 없었다. 따라서 미국의 애리조나에서 태양광 등 친환경 에너지를 통한 반도체공장을 구상했고 실천에 옮긴 것이다. 마찬가지로 삼성전자도 TSMC의 뒤를 이어 친환경 에너지를 통한 반도체공장을 지으려고 한 것이다.

미국의 빅테크 기업뿐 아니라 스타벅스, 월마트 등도 모두 환경, 인종, 인권 등에 신경을 쓰기 시작했다.

중국의 오필름은 왜 애플의 공급망에서 제외되었을까? 바로 앞 기사를 보면 이런 내용이 나온다.

"2020년 7월, 미국 상무부는 오필름을 비롯한 중국 11개 기업을 신장웨이우얼자치구 소수민족 탄압, 강제노동, 집단구금, 생체정보 무단수집, 유전자분석 등에 연루됐다며 제재 대상에 올렸다. 이들 기업은 미국 정부 승인을 얻어야 미국 업체와 거래할 수 있다. 앞서 호주 전략정책연구소(ASPI) 보고서를 보면 중국 정부는 위구르족 8만여 명을 각지 공장으로 보내 강제 노동을 시켰다."

중국이라는 나라의 특성상 인권문제에서 자유로울 수 없었기 때문이다. 요즘 한창 ESG경영에 대한 이야기가 자주 나온다. 환경, 사회, 지배구조다.

⚖ 결론

민주당, 미국의 빅테크, 빅미디어, 월가 등은 한 몸이다. 바이든 행정부는 트럼프와 달리 ESG를 통해 은근히 중국을 봉쇄해 죽이고 있다.

인플레이션 시대
미국, 중국 두 개의 시장이 온다

인플레이션, 일시적인가? 상시적인가?

> ☑ "철근이 없다"…멈춰선 건설현장
>
> 13년 만에 '철근 대란' 공포 경기회복에 원재료 가격 뛰고 中은 내수확보 위해 수출금지 봉강 가격 5개월새 50% 급등 건설사들 "공기 연장 불가피"
>
> 건축 공사를 위한 핵심 자재인 철근이 극심한 품귀현상을 빚으면서 전국 건설현장에 초비상이 걸렸다. 필요한 철근을 제때 구하지 못해 공사가 곳곳에서 중단되는 등 막대한 차질이 빚어지고 있다.
>
> 2021년 5월 16일자 한국경제

철근 가격이 오르고 있다. 철근뿐 아니다. 원자재가 모두 오르고 있다. 원인은 코로나19로 인한 자재 부족 때문이다. 미연준은 물가 상승을 일시적인 현상으로 진단했으나 그렇다면 과연 앞으로도 일시적일까?

인플레이션이 일시적일까 아닐까? 실은 꽤나 큰 패러다임의 전환이 일어나지 않을까 생각한다. 일단 인플레이션이 일시적이라는 근거는 무엇인가? 지금 물가가 오르는 이유는 2020년 코로나 팬데믹으로 인한 기저효과라는 얘기다. 즉 2020년 4, 5, 6월의 경기가 나빴기 때문에 2021년에 들어오면서 경기가 일시적으로 올라갔다는 분석이다.

코로나로 인해 집안에 갇혀 있던 사람들이 밖으로 나오면서 보복소비의 행태를 보였고 그것이 일시적인 물가의 상승을 불러왔다는 것이다. 따라서 물가상승은 일시적이라는 논리다.

그렇다면 왜 물가가 오르지 않는 것이 일반화 되었을까? 인터넷쇼핑으로 인해 가격비교가 일반화 되었다. 아마존을 비롯한 온라인쇼핑 강자가 오프라인과 경쟁하면서 원가를 낮췄다. 2001년에 WTO에 들어온 중국이 저렴한 인건비를 바탕으로 공산품을 세계에 공급하면서 가격이 획기적으로 낮아졌다.

그러나 물가가 오르지 않은 근본적인 이유는 따로 있다. 2001년 소련이 망하고 미국이 세계 유일의 패권국이 되면서 가장 강력한 소비자가 되었기 때문이 아닌가 생각한다. 미국은 기축통화인 달러를 기반으로 세계에서 가장 큰 소비시장이다. 이로 인해 천문학적인 무역적자를 기록하고 있다. 중국에게만 매년 5,000억 달러 이상의 무역적자를 기록하고 있다. 중국은 미국의 무역적자를 바탕으로 지난 20년간 GDP 2자리 수의 경제발전을 이룩해 왔다.

그러나 미국GDP의 70%까지 따라온 중국은 이제 내수시장을 바탕으로 새로운 소비시장으로 떠오르고 있다. 중국이 원해서가 아닌 미국에 의한 것이다. 중국은 내수경기 활성화를 통해 들여온 외화를 기반으로 새로운 기술발전을 하려는 쌍순환의 시작이다.

물가가 언제 올랐을까? 주로 1970년대와 80년대다. 원인은 스태그플레이션이었다. 중동전쟁 이후 이스라엘의 우방국에 대한 중동의 보복으로 유가가 올랐다. 유가가 오르니 물가도 덩달아 올랐고, 이로 인해 경제발전 없는 스태그플레이션이 온 세계를 뒤덮었다. 1980년대 초반 미국 연준의장 폴 볼커는 스태그플레이션에 맞서 미국의 기준금리를 20%까지 올렸다. 당시 미국의 물가상승률은 16%에 달했다.

💎 돈의 이동

1980년대 시대적인 전환이 있었다. 시대적인 전환은 자본의 이동을 두고 한 말이다. 자본의 이동은 닉슨의 핑퐁외교에서 시작되었다. 소련과의 체제경쟁에서 이기려면 중국을 소련에서 떼어 놔야 한다고 생각한 미국은 1979년 중국과 수교를 맺으면서 소련 고립전략을 폈다.

이때부터 미국의 자본은 이전까지는 체제경쟁으로 인해 물건이 좀 비싸더라도 미국에서 공장을 짓고 미국에서 파는 전략을 쓰고 있었다. 그러나 중국과의 수교 이후 체제경쟁은 체제경쟁이고 체제경쟁보다는 극단적으로 이윤을 추구하는 전략을 편다.

자본은 인건비가 비싼 미국에서 공장을 빼서 인건비가 싼 동아시아로 움직였고 이곳에서 물건을 만들어 미국으로 수출하는 전략으로 바뀌었다. 공장이 빠져나간 미국의 공장지역은 몰락하여 러스트벨트가 되었고 동아시아는 미국으로의 수출허브가 되었다.

1985년 일본과의 플라자합의 이후 엔고로 인해 일본제품은 경쟁력을 잃었고 한국, 대만, 홍콩, 싱가포르라는 아시아 4마리 용의 GDP가 올라가기 시작한다.

〔부의 체인저〕 바뀐 세상에서 어떻게 투자할 것인가?

요약하자면 자본은 미국을 배신하고 인건비가 싼 아시아로 옮겨와 이윤을 추구했으며, 미국의 제조업은 경쟁력을 잃고 몰락했고, 제조업에서 서비스업으로 체질을 바꿨고, 소비중심으로 발전해 왔다.

◈ 분화된 2개의 소비시장

1985년 이후 저금리, 저달러, 저물가의 3저 현상이 벌어진다. 왜 그랬을까? 노르웨이 등에서 새로운 유전이 개발되었고 사우디가 새로운 유전의 시장점유율을 줄이고자 원유의 가격을 대폭 내렸기 때문이다.

그러나 실제 원인은 미국이 소련을 견제하기 위해서였다. 당시 냉전 상황에서 미국은 소련을 견제하기 위해 소련의 약점이 무엇인지를 파악했다. 소련은 비효율적인 사회주의 시스템에서 석유가격이 대폭 올라가자 석유를 판매한 대금으로 복지를 방만하게 시행하고 있었다.

따라서 미국은 스테그플레이션을 잡자마자 일본과 플라자합의를 통해 일본의 엔화를 대폭 올리고 금리를 낮추기 시작했다. 그리고 사우디를 시켜 석유가격을 떨어뜨렸다. 석유가격이 떨어지자 높은 석유 가격에 의존하던 소련은 방만한 사회주의 시스템이 무너지며 1991년 결국 해체되고야 말았다.

1991년 소련이 해체되자 미국은 잇속을 차리기 시작한다. 1995년 WTO(세계무역기구) 출범을 알린다. 그전에 우루과이 라운드가 시작되었고 미국은 자신의 강점인 지식재산권 청구를 하기 시작한다. 이때부터 윈도우를 비롯한 소프트웨어 등의 불법복제 행위 규제, 세계적인 제약사들의 특허권이 광범위하게 인정되었고 미국에 흑자를 보고 있는 나라들에 대한 농산물 수입이 활성화 되었다.

아프리카를 비롯한 제3국은 찬밥 신세가 되었다. 소련이 존재했을 때, 미국은 국제적인 표대결에서 앞서기 위해 원조를 아끼지 않았다. 그렇지만 소련의 해체 이후 미국은 이들의 표가 필요 없어졌다. 원조가 끊긴 아프리카 나라들은 쿠테타와 내전이 벌어지기 시작했고 대규모 난민이 발생했다.

WTO의 출범과 함께 미국, 브라질, 호주 등의 저렴한 농산물이 세계 전역으로 퍼졌고 물가는 떨어졌다. 미국이 군사용도로 쓰던 인터넷을 민간에 개방하자 닷컴버블이 일어났으며 결국 인터넷 혁명으로 이어졌다. 쿠팡, 네이버 등을 비롯한 가격비교 사이트가 우리들이 물건을 싸게 사는 데 기여했으며 물류혁명으로 집까지 배달이 쉽게 되었다. 게다가 2001년부터 WTO에 들어온 중국이 노예노동을 통해 세계의 공장 노릇을 하면서 공산품 가격마저 싸졌다.

요약하자면 자본은 좀 더 자본주의화되었다. 이윤이 생기는 곳이면 이제는 체제경쟁 따위는 신경쓸 필요가 없어졌다. 인건비가 싸면 세계 어디든 달려간다. 중국 같은 사회주의 국가에서조차 공장을 짓고 물건을 생산해 소비시장인 미국으로 수출하면서 중국의 무역수지 흑자는 커졌고 그에 비례해 미국의 무역수지 적자는 늘어났다.

그러나 중국의 부상은 미중무역전쟁을 촉발했다. 그리고 현재 미국의 단일시장에서 미국시장과 중국시장으로 갈라지려 하고 있다.

◆ 미국의 새로운 편 가르기

이제 미국은 중국을 해체하기 위해 편을 가르기 시작했다. 1970년대 소련을 해체하기 위해 편을 갈랐던 것처럼 말이다. 소련을 해체하기 위해 손을 잡았던 파트너는 중국이었다. 중국에 대한 경제원조를 통해 소련과 중국을 떼어 놓았고 소련은 저유가에 무너졌다. 소련의 약점은 석유에 의존한 비효율적인 경제였기 때문에 미국은 저유가로 소련을 공격했다.

미국은 현재 중국 해체를 위해 EU와 공조를 시작했다. 그리고 쿼드(호주, 인도, 일본, 미국), 파이브 아이즈(영국, 뉴질랜드, 호주, 캐나다, 미국) 등을 가동하기 시작했다. 그리고 손절했던 대만과도 손을 잡았다.

미국은 트럼프 정부보다 바이든 정부에서 편가르기가 더 심해진다. 트럼프 정부에서는 중국에 관세를 때리면서 미국의 일자리와 무역수지 흑자만을 추구했다면 바이든 정부는 중국을 적으로 놓고 싸우고 있다. 그래서 미국은 아예 서플라이 체인을 따로 두고자 한다.

미국은 코로나 위기로 자동차가 멈춰서는 일이 벌어지자 미국에 반도체공장을 짓게 했다. 대만의 TSMC는 일찌감치 미국과 손잡고 반도체공장을 미국에 짓기로 했다. 그리고 화웨이를 손절하면서 화웨이가 스마트폰을 포기하게 만들었다.

> ☑ 美제재 승부수?…화웨이 CEO "소프트웨어 집중"
> 중국 화웨이의 런정페이 창업자 겸 최고경영자(CEO)가 미국의 제재를 넘어설 방안으로 '소프트웨어 집중'을 제시했다.

런정페이는 "소프트웨어와 하드웨어가 겹쳐지는 영역에선 소프트웨어를 최적화해 하드웨어를 보완해야 한다"면서 "소프트웨어 영역에서는 우리의 신제품에 대한 미국의 통제가 매우 적어 훨씬 자율성을 가질 수 있다"고 설명했다.

2021년 5월 25일자 한국경제TV

미국의 반도체를 비롯한 하드웨어 제재가 심해지자 스마트폰은 물론 강점을 보이는 통신기기까지 포기하고 화웨이는 소프트웨어로 집중하고 있다. 게다가 한국의 삼성전자, SK하이닉스도 미국에 반도체공장을 지으려 하고 있다.

요약하자면 미국은 선진국으로 발전할 수 있는 첨단산업에서는 중국을 철저히 배제함으로써 중국을 중진국 이하의 국가로 남게 만들려고 하고 있다. 어쩌면 소련이나 일본처럼 철저히 망가지기를 원하는지도 모른다.

물론 노예노동을 통한 중국의 저렴한 공산품 수출은 미국도 허용하지만, 동남아국가들의 서플라이 체인이 완성되면 중국에서 미국으로 공산품 수출도 쉽지 않을 것이다. 이미 미국과 중국의 전쟁은 시작되었고 바이든 정부에서 더 심각히 진행중이다.

◇ 새로운 시대, 중국은 무엇을 준비하려고 하는가?

앞으로 중국은 어떤 일이 일어나는 것이 가장 두려울까? 미국의 서플라이체인 완성이다. 저렴한 공산품은 동남아 등이 중국을 대체하고, 첨단기술제품은 비싸게 사오거나 군사용으로 전용될 수 있는 제품은 수출금지품목이 되는 것이다. 그리고 미국은 중국에서의 수입관세를 지금보다 올리거나 인권을 문제로 수출금지 나라로 지정하는 시나리오다. 이렇게 된다면 기축통화인 달러가 중국으로 들어가는 길이 막힌다. 중국으로서는 큰 문제다. 달러가 있어야 식량, 에너지, 자원 등을 살 수 있기 때문이다.

그렇다면 현재 중국은 무엇을 준비해야 할까? 식량, 에너지, 자원 등을 사올 수 있는 나라들과의 협력, 동시에 달러 통화체계에서 벗어나야 한다. 그래서 중국은 일대일로를 통해 자원부국인 아프리카와 중동에 공을 들이고 있고 위안화 결제를 유도해 달러 체인에서 벗어나려 하고 있다.

중국은 이를 위해 CBDC, 즉 디지털위안화를 시작하고 있는 것이다. 디지털위안화가 필요한 이유는 국제결제에 있다. 석유를 사오기 위해서는 산유국과 친해야 한다. 그런데 미국의 우방인 사우디는 나중에 중국을 손절할 가능성이 크다. 따라서 이란, 러시아 등에서 석유와 천연가스 등을 사와야 한다.

현재는 석유를 사오기 위해서 달러가 필요한데 이것은 달러 결제시스템인 스위프트를 써야 한다. 세계은행들은 해외 송금 시 달러 주도의 국제결제시스템인 국제은행간통신협회(SWIFT·이하 스위프트)망을 이용해 금융 거래를 하고 있다.

그러나 미국이 중국을 공급체인에서 배제하려고 하는 마당에 스위프트를 쓸 수 없다. 그러니 중국이 새로운 국제결제망을 만들어야 하는데 그것의 시작이 디지털위안화다.

디지털위안화는 어디에서 신용이 나올까? 1971년 닉슨쇼크로 미국이 브레튼우즈 체제를 깨기 전까지는 달러는 금에서 화폐의 신용이 나왔다. 달러를 미국 중앙은행에 가져다 주면 금으로 바꿔주는 방식이다.

그러나 이후 미국은 금본위제를 포기하고 미국의 파워를 바탕으로 달러를 발행하고 있다. 그리고 기축통화국인 영국, EU, 일본 등 어디에서도 금본위제를 쓰는 나라는 없다. 그러나 기축통화국이 아닌 나라들은 본국에서는 국가의 힘으로 얼마든지 화폐 발행이 가능하지만 국제결제통화에서는 가능하지 않다. 그냥 휴지일 뿐이다.

따라서 국제결제통화는 달러, 유로, 파운드, 엔화 정도만이 통용될 뿐이고 중국의 경우는 1.67% 정도밖에 쓰이지 않는다. 그래서 수출을 많이 하는 나라들은 달러나 유로화로 외환보유고를 쌓는 방식으로 국제적인 신용도를 얻고 유지한다.

예를 들어 석유수입을 하는데 중동국가에서 석유를 보내고 석유를 받으면 돈을 준다고 하자. 이때 물건을 받아야 물건값을 치르는데 그 나라의 외환보유고가 많다면 돈을 떼일까 걱정하지 않는다. 그렇지만 외환보유고가 없는 나라는 석유를 신용으로 받기 쉽지 않다.

그러니 중국은 디지털위안화를 발행하고 만약 이 디지털위안화를 바꾸려 할 때 홍콩에서 금으로 바꿔준다는 얘기가 있다. 즉 디지털위안화는 금보유량을 바탕으로 신용을 담보할 가능성이 있는 것이다.

그러기에 앞서 중국은 디지털위안화와 비슷한 알리바바의 알리페이, 텐센트의 위챗페이를 때리고 있다. 왜냐하면 아무리 디지털위안화를 발행한다 하더라도 상품결제 등에 쓰이지 않으면 죽은 통화가 되기 때문이다. 그러니 이미 디지털위안화와 같은 역할을 하고 있는 알리바

바, 텐센트를 연일 때리면서 이들이 만든 페이를 무력화 시키거나 이들 회사를 인수하려고 하고 있다.

◈ 디지털위안화의 성격

디지털위안화의 성격은 어떤 것인가? 인민은행에서 발행하는 중앙집중식 통화다. 이런 중앙집중식 통화는 장점이 있다.

① 경제대책에서 유리하다

종이화폐와 달리 돈이 발행된 양을 정확히 알고 있으므로 불황에는 통화를 늘리고 호황에는 통화를 줄일 수 있다.

② 돈의 흐름을 알 수 있다

범죄자금으로 쓰이는지 탈세를 하는지, 돈을 쓰지 않고 금고에 쌓아 놨는지 정확히 알 수 있어 제재 및 대응이 가능하다.

③ 지방정부의 통제가 가능하다

지방정부에 돈을 내려주면 이들이 쓰는 돈이 효율적으로 쓰이는지 알 수 있다.

④ 소비의 흐름을 알 수 있다

알리페이, 위챗페이는 주로 쇼핑에 쓰인다. 소비자의 소비패턴 등을 파악해 소비자의 니즈를 파악하기 쉽다. 그리고 소비가 잘되고 있으면 왜 잘되는지 아니면 왜 아닌지에 대한 내용도 전부 파악이 가능하다. 이는 경제정책을 세우고 대응을 하는 데 매우 유리한 정보다.

그런데 이와 정반대의 통화가 있다. 바로 비트코인을 비롯한 암호화폐다. 디지털위안화를 중앙에서 강요하면 할수록 암호화폐에 대한 욕구는 더 커진다. 범죄자금, 외화 불법송금 등을 비롯해 중앙정부가 몰라야 할 자금들은 지하로 더 숨어들게 되어 있다. 따라서 디지털위안화 출범과 동시에 비트코인 채굴까지 금지할 정도로 강력하게 나오고 있다. 한마디로 디지털위안화에 방해가 되는 요소들은 모두 제거하겠다는 의도다.

◆ 중국이 디지털위안화로 얻으려는 것

중국이 디지털위안화를 통해 얻으려는 목표는 미국과의 패권경쟁에서 홀로 서거나 미국을 넘어 패권국이 되는 것이다. 그러기 위해서는 중국 스스로 내세울 수 있는 것이 있어야 한다. 바로 세계단일 시장으로는 13억 명이라는 가장 많은 인구를 거느린 내수시장이다.

중국이 쌍순환 전략으로 내수시장을 개방하니 중국으로 돈이 몰려들고 있다. 중국의 위안화 가치가 높아지면서 외국인 자금들이 몰려들고 있다. 외국인 입장에서 중국 내수주식에 투자하면 주가도 오르고 위안화도 올라 1석 2조의 효과다.

중국은 위안화 가치 상승을 최근 많이 오른 원자재 수입에서 찾고 있다. 그러나 중국의 속내는 위안화 가치를 상승시켜 외국자금을 받아들이고, 이 자금으로 자신이 원하는 첨단기술제품을 만들어 기술독립을 하는 데 있다.

그러나 중국 내수시장에 들어온 돈은 단기투자자금인 핫머니일 뿐이고 장기투자자금이 아니다. 장기투자자금은 중국에 공장을 짓고 일자리를 창출하고 물건을 찍어내 수출하는 돈이다. 즉 외국인 직접투자가 있어야 중국이 원하는 장기간의 기술독립자금으로 쓸 수 있다.

◈ 향후 물가는 오를까 떨어질까?

인플레이션 이야기로 돌아가보자. 미중전쟁으로 인해 두 개의 시장이 생기려 하고 있다. 미국과 중국이다. 미국과 중국 각각 서로의 시장을 만들려 하고 있다.

두 개의 시장이 생기면 공급자 우선일까 소비자 우선일까? 미국이 지금까지 하나의 단일 시장이었을 때는 미국에 물건을 팔려면 가격이 가장 싸야 했다. 그러나 두 개의 시장이 생기면 조금 비싸더라도 미국, 중국의 서플라이 체인에서만 만든 물건을 구매해야 한다. 냉전 시기에 한국이 소련이 아닌 미국에만 물건을 팔아야 했던 것처럼 말이다. 그러나 한국을 비롯한 동아시아 국가들은 이 시기에 엄청난 경제성장을 이루었다. 미국이 체재경쟁에서 우위를 보이기 위해 동아시아 국가들을 제조업 기지로 쓰고 물건을 사주면서 경제발전을 시켜주었기 때문이다. 따라서 두 개의 시장은 결과적으로 물가를 들어올릴 여지가 크다.

게다가 지구환경 변화에 따른 ESG를 통한 친환경 트렌드도 물가상승을 부추긴다. 석탄, 석유, 원자력은 태양광이나 풍력에 비해 에너지 효율이 뛰어나다. 예를 들어 태양광 패널은 1제곱미터당 50와트 이상 전력을 생산할 수 없다. 그러나 천연가스, 원자력 발전소의 에너지 밀도는 1제곱미터당 2000~6000와트 사이를 오간다. 문제는 비싼 에너지로 만든 제품은 비싸질 수밖에 없다는 점이다.

미국은 서플라이체인이 완성되면 인구대국인 중국을 인권탄압 이슈를 내걸어 수출을 전면금지 시킬 수도 있다. 이러면 미국도 저렴한 노동력을 바탕으로 한 중국의 값싼 물건을 받아올 수 없기 때문에 물가 인상 요인으로 작용한다.

서플라이체인에서 생산된 물건은 다소 비싸더라도 사줄 수밖에 없다. 달러를 더 많이 찍을 수밖에 없다. 달러가 늘어나면 물가는 올라간다.

그러나 위의 요인 때문에 물가가 꼭 오른다고 보장할 수는 없다. 인터넷의 발달로 인해 가격비교가 수월해질수록 물가가 경쟁적으로 내려가는 효과가 상존하기 때문이다.

중국 말고도 베트남, 인도, 방글라데시 등 싼 노동력을 갖춘 나라들은 물가가 내려갈 수 있다. 그리고 중국은 첨단기술제품의 생산은 차질을 빚겠지만 그밖 대부분의 제조업 제품은 지금처럼 지속적인 생산을 할 수도 있다.

인공지능으로 인한 공장최적화, 다품종 소량생산 체제는 물가를 낮추는 요인이다.

⚖ 결론

중국은 미국이 서플라이체인을 완성하기 전에 미국의 달러경제에서 이탈해 독립할 수 있는 위안화 경제권을 만들어야 한다. 그러기 위해서 디지털위안화를 가져야 한다. 중국의 내수시장이 커질 수 있으며 중국의 위안화 가치가 높아지고 싼 원자재로 비용을 아낀 내수주는 많이 오를 수 있다. 미국, 중국 두 개의 시장이 생기면 수출하는 나라 입장에서는 나쁠 이유가 없다. 미국의 달러 패권을 위해서 달러를 찍어내 소비하면 상대적으로 주식, 부동산 등 자본시장이 올라갈 수 있다.

영상 플랫폼의 미래
동영상 이후 AR VR 홀로그램까지

> ☑ 제2 배민 나왔다…**토종 스타트업, 美 데이팅앱에 1조9000억 매각**
>
> 영상 메신저 '아자르'를 서비스하는 국내 스타트업 '하이퍼커넥트'가 세계 최
>
> 대 데이팅앱 '틴더'를 운영하는 미국 매치 그룹에 인수됐다. 인수 금액은 무려
>
> 17억2500만달러(약 1조9000억원)이다.
>
> 2021년 2월 10일자 조선일보

국내의 스타트업이 미국의 데이팅앱 기업인 매치그룹에 1조 9000억
원에 인수되었다. 인수 배경은 기존 데이팅앱의 기반인 텍스트와 사진
이 아닌 동영상 기반의 플랫폼을 적용했기 때문이다.

동영상이 처음도 아닌데 뭔가 그리 대단했기에 이렇게 높은 평가를
받았을까? 바로 시대의 흐름을 읽었기 때문이다. 소통의 플랫폼은 텍
스트→사진→동영상→AR, VR→홀로그램의 순서로 간다. 매치그룹에
인수된 한국의 스타트업 하이퍼커넥트는 이런 흐름을 읽었다는 데서
대단하다.

오늘날의 시대는 영상기반이 대세다. 과거 피처폰은 그래픽이 조악

했다. 디스플레이, AP 등의 하드웨어가 열악했고 무엇보다 통신망 자체가 고퀄리티의 영상을 전송하는 데 한계가 있었다. 따라서 텍스트가 기반이었다.

그러다가 스마트폰이 나왔고 1G-2G-3G-4G를 거치면서 통신 속도가 눈부시게 빨라졌다. 그러면서 고퀄리티 영상을 자연스럽게 전송할 수 있게 되었다. 텍스트 기반 플랫폼은 사진 기반으로, 이어서 영상 기반으로 물흐르듯 바뀌었다. 예를 들어,

텍스트 기반은 - 문자메세지, 카카오톡.

사진 기반은 - 페이스북, 왓츠앱, 인스타그램.

동영상 기반은 - 틱톡, 유튜브 등이다.

SNS도 페이스북, 인스타그램의 사진 기반 플랫폼에서 틱톡, 유튜브 등의 동영상 플랫폼으로 변하는 중이다. 사진과 텍스트 기반의 매치그룹이 동영상을 기반으로 한 한국의 하이퍼커넥트를 인수한 것은 시대의 흐름과 맞는 자연스런 현상이다. 페이스북이 왓츠앱, 인스타그램을 인수했던 것처럼 말이다.

북미에서 동영상 기반의 틱톡이 페이스북의 신규가입자를 앞서는 것은 자연스럽다. 구글의 주가가 페이스북을 앞서는 것도 자연스럽다. 구글의 유튜브가 현재 시대에 맞기 때문이다. 그래서 페이스북은 짧은 동영상 기반의 릴스라는 플랫폼을 내놨지만 SNS는 이미 동영상 기반의 틱톡이 시장을 선도하고 있다.

☑ 페북, 틱톡 그대로 배낀 영상 플랫폼 '릴스' 출시

미국이 틱톡 때리기에 열을 올리고 있는 가운데 페이스북 소유 인스타그램

이 '틱톡'을 흉내낸 짧은 동영상 제작 및 공유 서비스인 릴스(Reels)를 출시했다. 릴스는 출시 직후 논란에 휩싸였다. 일각에서 인스타그램이 중국 유명 동영상 공유 앱 '틱톡'을 베꼈다는 비판이 제기된 것. 릴스가 틱톡이 내세웠던 15초 가량의 짧은 비디오 형식, 음악 및 텍스트 편집 기능, 화려한 특수효과 등을 그대로 적용해 틱톡을 연상시킨다는 게 비판의 핵심이다.

2020년 8월 6일자 동아일보

이미 페이스북은 베끼는 전략으로 재미를 본 전과가 있다. 스냅챗이 메시지가 사라지는 기능으로 인기를 모으자 페이스북은 스냅챗 인수에 나섰고 인수제안이 거절당하자 스냅챗과 똑같은 기능을 출시해 스냅챗을 한동안 지옥에 빠지게 만들었다.

플랫폼 사업은 한번 유행에 뒤처지기 시작하면 동력을 다시 회복하지 못한 채 그대로 망할 수도 있다. 동영상 시대는 이미 와있고 한참 꽃을 피우는 와중이다. 그렇다고 모든 플랫폼이 동영상에 맞춰져 있는 것은 아니다. 분야별로는 동영상 시대에 맞지 않게 아직도 사진, 텍스트 기반의 플랫폼이 대세인 경우가 있다.

예를 들어 메신저를 보자. 아직도 주로 텍스트, 사진 기반의 카카오톡이 대세다. 요즘은 음성 기반 메신저인 클럽하우스가 떠오르고 있다.

☑ '클럽하우스' 뭐길래?…음성 SNS에 왜 열광하나

클럽하우스는 미국의 한 스타트업이 지난해 개발한 쌍방향 음성 기반 SNS입니다.

2021년 2월9일자 SBS NEWS

그렇다. 메신저는 텍스트와 사진 기반에서 음성 기반 서비스로 발전하고 있다. 물론 앞으로는 동영상 기반의 SNS로 발전할 것이다. 마치 영상통화처럼 말이다.

기존 영상통화는 가족 혹은 지인들과의 소통 방식이었다. 하지만 영상SNS 시대가 오면 불특정 다수와 영상메신저 서비스를 이용할 수 있다는 점에서 앞으로의 발전방향이라 할 수 있다. 영상SNS로 발전한 것 중에 하나가 바로 하이퍼커넥트와 같은 데이팅앱이다.

플랫폼 장악은 결제수단 장악을 의미한다. 카카오톡이 메신저 플랫폼을 장악하자 카카오 쇼핑, 게임 등으로 발전하면서 생태계를 이뤘던 것처럼, 똑똑한 영상 메신저 서비스가 대세가 된다면 아마도 새로운 생태계를 만들어 낼 수 있을 것이다.

◇ 영상 플랫폼 너머의 세계에는?

그렇다면 앞으로 영상을 넘어 다음 버전의 소통은 무엇이 될까? AR과 VR 등으로 발전할 것으로 보인다. AR을 주로 지향하는 기업은 애플이고 VR을 개발하는 기업은 페이스북이다.

AR(증강현실)과 VR(가상현실)

가상현실(VR, Virtual Reality)이 이미지, 주변 배경, 객체 모두를 가상의 이미지로 만들어 보여 주는 반면, 증강현실(AR, Augmented Reality)은 추가되는 정보만 가상으로 만들어 보여준다. 즉 증강현실은 현실 세계의 실제 모습이 주가 된다는 점에서 가상현실과 다르다.

구글이 만든 디지털 안경 구글글래스가 있었다. 구글은 한때 모토롤라를 인수하면서 스마트폰을 만들었다. 그러나 실패로 끝났다. 기존 스마트폰 경쟁자들과의 출혈경쟁 끝에 스스로 무너졌다. 이후 구글은 신규 플랫폼인 구글글래스를 만들어 새로운 생태계를 만들려고 했다. 그러나 구글글래스도 실패했다.

이유는 구글글래스에 들어갈 앱이 부족했기 때문이다. 스마트폰과 같은 메가히트 상품에는 서로 앱을 개발하려는 사람들이 줄을 섰지만 구글글래스에 들어갈 앱은 돈을 줘도 만들까 말까였다.

IT기업은 소프트웨어 플랫폼을 장악하려고 하드웨어를 개발한다. 애플이 스마트폰이라는 하드웨어를 만들어서 iOS라는 스마트폰 생태계를 만들었던 것처럼 말이다.

이미 스마트폰이라는 생태계를 만든 애플은 굳이 새로운 하드웨어를 개발할 필요가 없다. 그러니 스마트폰 기반의 AR을 만드는 방향이 애플로서는 유리하다. AR기반의 포켓몬고라는 메가히트 게임처럼 AR기반의 게임이 스스로 생기는데 굳이 새로운 영상기기를 만들 필요가 있겠는가.

그러나 페이스북은 다르다. 페이스북은 스마트폰이라는 하드웨어를 넘어 새로운 하드웨어를 런칭해야 자신의 생태계를 구축할 수 있다. 따라서 오큘러스를 인수해 AR이 아닌 VR로 가는 것이다. 그러면서 지속적으로 VR게임 기업을 인수해서 생태계를 늘려야 한다.

☑ 페북, VR 게임사 또 인수…글로벌 시장 선점 가속

페이스북이 가상현실(VR) 관련 기업을 또 인수한다. 지난해 말 VR 게임업계

페이스북은 동영상 시대 이후를 준비하고 있으며, 그 방법은 VR이라는 새로운 하드웨어에 페이스북의 플랫폼을 심는 방식이다. 과연 VR의 시대는 언제 올까? 5G시대가 본격적으로 오게 되면 시작이다.

VR을 실내가 아닌 실외에서 구동하려면 25GB이상의 파일을 실시간으로 받을 수 있어야 가능하다. 다운로드 받은 파일로 실행을 할 수는 있으나 결국은 실시간 스트리밍이 가능해야 진정한 VR의 시대가 오는 것이다. 그런 면에서 5G가 제대로 구현이 되면 VR의 시대가 온다고 볼 수 있다.

그런데 문제는 'VR이 나은가, AR이 나은가'이다. AR, 즉 증강현실은 현실 세계의 실제 모습이 주가 된다는 점에서 거리를 걷는 형태로 발전이 가능하나, VR은 불가능하다. 다만 AR은 현재의 스마트폰으로는 한계가 있다. 구글글래스처럼 쓰는 형태의 하드웨어가 기본이 될 것이다.

이후의 영상플랫폼은 어떤 형태로 발전할까? 영화 〈마이너리티 리

포트〉나 〈어벤져스〉의 자비스처럼 허공에 그려지는 홀로그램이 대세가 될 것이다. 그러나 현재의 자동차 유리에 나타나는 속도계 등과 같은 그래픽은 홀로그램이 아닌 AR이다.

결론

현재는 동영상 플랫폼이 대세인 시기다. 그리고 플랫폼은 텍스트→사진→동영상→AR, VR→홀로그램으로 발전한다.

새로운 생태계, 메타버스의 미래

◇ 새로운 공간으로의 확장

> ☑ 메타버스 경제활동, 암호화폐로 통한다
>
> **제페토, 디센트럴랜드 등 가상세계 전용 화폐 사용**
>
> 7억8000만원(약 70만4000달러). 서울에서 거래된 주택 가격이 아니다. 디센트럴랜드라는 메타버스에서 지난달 28일 팔린 가상 부동산 한 필지(EST #4186)의 값이다. 결제수단은 마나라는 디센트럴랜드의 독자적 암호화폐였다. 디센트럴랜드에선 10만달러가 넘는 가상 부동산 거래가 한 달에 수백 건 일어난다.
>
> 2021년 6월 1일자 한국경제

가상공간의 부동산이 거래되고 있다는 뉴스다. 최근 메타버스가 화두다. 메타버스란 무엇이고 메타버스로 인해 어떤 일이 벌어질까?

메타버스는 새로운 공간의 확장으로 보아야 한다. 인터넷이 생기고 인터넷 재벌이 생겨났다. 구글, 네이버, 카카오톡, 페이스북 등이다. 인터넷이 생기기 전까지는 오프라인 세상밖에 없었다. 그런데 인터넷이 생기면서 온라인 세상이 새로이 탄생하였다. 메타버스 또한 새로운 공간에 대한 확장으로 봐야 한다.

그렇다면 우주로 공간의 확장에 나서면 무엇이 되나? 일론 머스크의 화성 식민지가 건설된다. 혹은 제프 베조스의 우주 정거장이 된다. 관점을 바꾸면 새로운 세상이 열리는 것이다.

☑ 가상부동산 '어스2' 써보니…한국땅 30평에 14불?

가상 화폐에 이어 가상의 제2지구에서 전 세계 땅이 사고팔리는 곳이 있다. 가상 부동산을 사고파는 메타버스 게임 '어스2(earth2.io)'다. 온라인 공간에 구현한 가상 지구에서 가로, 세로 각 10m 크기로 나뉜 땅(타일)을 자유롭게 사고팔 수 있는데, 미국 뉴욕, 프랑스 파리, 한국 서울까지 명소는 지난해 말에 비해 가격이 수십 배나 오를 정도로 인기를 끌고 있다.

2021년 4월 7일자 매일경제

어스2라는 곳이 있는데 가상의 부동산을 사고파는 곳이다. 구글 지도를 가지고 지구를 똑같이 복제해 놨다. 서울의 강남 땅도 청와대도 사고팔 수 있다.

새로운 하드웨어를 장악하면 그 세계를 장악할 수 있다. 현재의 하드웨어는 스마트폰이고 스마트폰의 하드웨어를 장악한 기업은 애플과 구글이다. 애플은 iOS로 생태계를 장악했고 구글은 안드로이드로 구글의 생태계를 장악했다.

◈ 생태계 장악은 영원한 독점을 보장한다

생태계를 장악하면 도박장에서 수수료 떼는 일을 할 수 있다. 힘들이지 않고 안정적인 수익이 보장된다는 이야기다. 애플은 앱스토어에 올린 앱의 결제가 발생하면 30%의 수수료를 떼고 있다. 구글도 플레이스토어에 올린 게임 앱의 결제가 발생하면 30%의 수수료를 떼고 있다. 스마트폰 세상이 없어진다면 모를까 아니라면 이 사업은 영원하다.

스마트폰은 PC와 달라서 하드웨어를 온전히 장악할 수 있다. 인터넷은 결제사이트를 본인이 직접 만들 수 있지만 스마트폰은 운영체제를 독점한 구글, 애플만이 할 수 있다. 그런 면에서 PC의 OS를 장악한 마이크로소프트는 이러한 운영체제를 통한 결제 독점 모델을 미리 구축하지 않은 점이 두고두고 아쉬울 것이다.

◈ 새로운 생태계, 메타버스의 미래

그렇다면 앞으로 메타버스의 세계는 어떻게 다가올까? 새로운 하드웨어에 달려 있다. AR과 VR기기가 핵심이다. AR, VR기기는 독립적인 운영체제를 구축해 가면서, 앱스토어와 비슷한 모델의 앱마켓이 생길 것이고, 앱마켓을 통한 결제 독점 모델도 가지고 갈 것이다.

새로운 하드웨어를 기다리며 이를 갈고 있는 기업이 바로 페이스북이다.

> ☑ 구글·애플 "개인 검색 이력 못준다"… 패닉에 빠진 페북·광고업계
>
> 이번 사태는 애플이 지난해 6월 '개인 정보 보호 정책'을 새로 발표하면서 시작됐다. 그동안 아이폰과 아이패드 등에 내장해온 IDFA(ID for advertisers·키워드)를 통해 수집·제공해온 유저 트래킹 정보를 더는 기본 제공하지 않는다는 게 골자다.
>
> 2021년 3월 19일자 조선일보

애플은 이미 새로운 '개인정보 보호정책'을 시작했고 미국에서는 업데이트된 애플의 정책이 시작되자 페이스북에 개인정보 허용을 하지 않겠다는 결과가 나왔다. 이에 따라 페이스북의 유저트래킹을 이용한 광고시장은 축소될 수밖에 없다.

페이스북의 광고모델을 살펴 보자. 페이스북이 없었을 때에는 TV나 신문광고가 주를 이루었다. 그러나 이 방식은 비용이 높고 효과는 증명할 수 없다. 요즘은 온가족이 TV 앞에 모여 있는 시대가 아니다. 주말드라마 시청률이 한 자리수밖에 나오지 않는다. 스마트폰이 생기고 N스크린이 되면서 모두 각자의 스마트폰으로 드라마, 영화, 예능을 보면서 시청률은 의미가 없어졌다.

이처럼 파편화된 시장에서 절대 강자는 페이스북이다. 페이스북은 왓츠앱과 인스타그램 유저까지 합산하면 35억 명이다.

여기서 개인정보가 큰 힘을 발휘한다. 만약 내가 강남에 파스타집을 낸다고 가정해 보자. 파스타는 주로 20, 30대 여성이 주 타깃층이다. 게다가 강남에 파스타집을 냈으니 부산 해운대에 광고하는 것은 의미가 없다. 따라서 20, 30대 여성이며 파스타 등을 좋아하고 강남에 사는

사람이어야 의미 있는 타깃광고가 가능하다. 이처럼 타깃층 특정이 가능하다면 천만 원 이상을 쓰면서 광고 효과를 시험해 볼 수 있다. 이것이 페이스북의 현재를 있게 한 유저트레킹 광고의 힘이다.

그런데 애플이 개인정보 보호정책을 이유로 페이스북을 배제시키려 하고 있는 것이다. 그러자 페이스북이 애플을 독재자라고 비난하고 있다.

반면 애플은 정말 개인정보 보호정책을 충실히 이행하고 있을까? 그렇지 않다. 애플은 이미 중국정부에 데이터를 넘겨준 것으로 보인다.

> ☑ [사설] 중국에 고객 정보 통째로 내준 애플…우리는 안전한가
>
> 애플이 중국 정부에 아이폰 고객 정보를 통째로 넘겨 사전 검열·감시에 적극 협조했다는 소식은 충격적이다.
>
> 2021년 5월 21일자 중앙일보

애플과 중국 사이 일어난 충격적인 뉴스에 이어, 애플은 에어태그라는 새로운 상품을 출시했다.

> ☑ 애플 에어태그, 도난차 추적에도 위력 발휘할까
>
> 범죄 스릴러 영화를 보면 차량 도난이 심심치 않게 등장한다. 강탈하는 경우도 있지만 주차된 차량을 불법으로 훔치는 경우도 많다. 애플의 에어태그(AirTag)는 자신의 소지품 분실을 추적하는 동전 크기의 태그다. 이 태그가 자동차의 위치를 파악해 도난 차량을 추적하는 데에도 사용될 수 있을까.
>
> 2021년 5월 25일자 IT DAILY

애플이 에어태그를 추적하는 방식은 GPS방식이 아니다. 에어태그는 사용자 자신의 아이폰뿐 아니라 주변의 다른 아이폰이나 아이패드에도 연결돼 위치정보를 보낼 수 있다. 만약 자동차 도둑이 아이폰을 갖고 있다면 정기적으로 위치정보가 업데이트된다. 즉 주변의 애플 생태계 기기를 가지고 있는 것들이 위치정보를 공유하며 에어태그를 찾는 방식이다.

그런데 애플은 여기서 사용자 정보를 익명으로 처리하겠다고는 했지만 얼마든지 추적이 가능하다. 즉, 페이스북은 사용자보호 때문에 안 된다고 했던 애플이 정작 자신은 마음대로 추적할 수 있는 시스템을 갖춘 것이다.

따라서 새로운 생태계는 새로운 하드웨어 장악에 있다고 볼 수 있다. 그러니 스마트폰에서 AR, VR로 하드웨어가 바뀌면 새로운 생태계가 생기게 된다. 페이스북은 오큘러스 퀘스트2의 VR기기에 자금을 쏟아부으며 '애플, 두고 보자'고 벼르고 있다.

AR, VR 중에서 확장성은 VR이 한 수 위다. AR은 현실세계와 연동이 되니 아무래도 반경이 좁을 수밖에 없다. 그러나 VR은 대상을 현실세계에서 가상공간으로 혹은 우주로 얼마든지 확장할 수 있다.

그러나 3D TV가 실패했던 것처럼 VR도 실패할 여지는 있다. 가상공간에 적응하지 못하는 사람들이 생각보다 많다. 어지러움, 구토 등도 하나의 이유다.

반면 AR은 현실세계에서도 얼마든지 활용이 가능하다. 게임은 물론이고 자영업에도 유용하다. 자영업에 능통한 사람의 특징 중 하나는 단골손님을 잘 기억한다는 점이다. 단골손님이 왔을 때 아는 척 하면서 그가 무엇을 좋아하는지 기억해 주면 손님은 감동을 받는다.

그런데 기억력이 나빠도 AR이 되는 안경만 쓴다면 이 모두가 해결된다. 처음 일하는 종업원도 그 손님이 몇 번 왔는지 언제 왔는지 지난번에 무슨 음식을 먹었는지를 알 수 있다.

현재 시장은 스마트폰 이후의 하드웨어로 VR을 꼽는다. 또한 VR은 메타버스를 구현할 최적의 기기로도 보고 있다. 그래서 주목 받는 기업이 페이스북, 로블록스, 유니티 등이다. 그러나 로블록스, 유니티와 같은 기업이 아무리 잘 한다고 하더라도 지금의 상황이면 하드웨어를 장악한 기업이 모든 이익을 독점할 가능성이 있다.

그래서 애플과 에픽게임즈와의 소송이 앞으로 하드웨어와 소프트웨어 업체 간 주도권을 누가 가져가는가에 대한 분수령이라 할 수 있다.

☑ "애플·페북, 가상세계서 한판 붙자"…실리콘밸리 스타트업의 반란

"절대강자 아직 없다" 美기업들 메타버스 패권 전쟁 페북, VR 게임사 연달아 인수 애플, 증강현실에 대규모 투자 중소 기업들도 속속 도전장 메타버스 게임사 '에픽게임즈' "수수료 못내" 애플에 선전포고

에픽게임즈와 애플의 싸움

애플은 에픽게임즈가 출시한 게임 '포트나이트'가 자사 앱스토어 규칙을 어겼다고 주장했고, 에픽게임즈는 애플의 이러한 처사가 불법이라며 부딪힌 사건의 재판이 진행되고 있었다.

그런데 그 과정에서 하나의 문서가 등장했다. 에픽게임즈의 한 임원이 2018년 소니의 가상현실(VR) 플랫폼에 메타버스 게임을 공급하겠다고 제안한 사실이 드러난 것이다.

당시 에픽게임즈는 애플 구글 등 플랫폼과 전쟁을 벌이기 전이었지만, 지금 이대로 양대 플랫폼의 높은 수수료(당시 30%)에 묶여버려서는 안 된다는 사실을 깨닫고 플랫폼 다변화를 노린 것이다.

2021년 5월 26일자 매일경제

VR시대의 주도권은 소프트웨어보다는 하드웨어가 잡을 것으로 보인다. 페이스북, 애플, 소니, 엔비디아 등의 각축전이 될 것이며, 어느 회사가 하드웨어를 가장 많이 팔아 시장점유율을 높이느냐에 따라 결정된다. 그리고 소프트웨어 기업은 게임이든 가상세계든 결국 하드웨어에 종속되어 30%의 수수료를 내게 될 것이다.

⚖️ 결론

차세대 플랫폼인 AR, VR기기가 나와도 하드웨어를 장악한 자가 메타버스를 장악할 것이다.

미국은 어떻게 다시 위대해졌는가?

미국은 어떻게 패권국이 되었는가?

미국이 패권국의 지위에 오르게 된 계기는 제2차 세계대전이다. 이 전쟁에서 미국은 본토에 전혀 피해를 입지 않았으나 당시 선진국이었던 유럽은 전쟁으로 인해 초토화 되었다. 그로 인해 미국은 전세계 제조품의 42%, 전력의 43%, 철강의 57%, 석유의 62%, 자동차의 80%를 생산했다. 명실상부 세계 패권국이 되었다.

전후 태어난 베이비부머 세대로 인해 미국은 거대한 소비시장으로 변한다. 1954년~1964년까지 해마다 400만 명씩 태어났고 1946년~1973년까지 미국은 연평균 3.8%씩 성장했다. 1960년대 미국은 거대한 제조대국이면서 거대한 소비대국이었다. 그야말로 황금기였다.

◈ 제조대국이던 미국의 몰락

1960년대 미국은 제조업에서 생산성 향상을 이루었는데 그 비결은 표준화였다. 주택건설의 표준화가 진행되어 롱아일랜드의 레빗타운은 하루에 30채, 1년에 4천 채의 집이 지어졌다.

물류의 표준화도 있었다. 대표적인 것이 바로 컨테이너의 표준화다. 말콤 맥린은 컨테이너의 표준화를 통해 1970년대 초반부터 선진국 사이의 교역을 약 17% 상승시켰다. 샘 월튼의 월마트는 소매업체의 표준화를 완성했고 맥도날드는 프렌차이즈의 표준화를 이뤄냈다. 이처럼 미국은 1960년대 표준화라는 생산성 향상을 통해 황금기를 구가했다.

1960년대가 황금기였다면 1970년대는 미국의 암흑기였다. 1970년대의 암흑기는 1960년대 황금기의 결점에서 비롯되었다. 결점은 다음과 같다.

① 막대한 복지비용의 상승
② 표준화를 넘어선 혁신이 없었다.
③ 일본, 독일의 제조업 능력향상을 알아채지 못했다.

외국인이나 기계를 썼다면 생산비용이 훨씬 저렴했을 터였지만, 그 대신 노동자에게 평생 높은 임금과 연금을 제공해줌으로써 1970년대 미국이 몰락의 길을 걸었다. 뿐만이 아니었다. 1970년대에 들어서면서 베트남전쟁으로 인해 국운이 기울기 시작했고, 기름값이 치솟는 오일쇼크로 인해 스태그플레이션까지 닥쳤다.

여기서 미국의 결점이 본격적으로 도드라지기 시작했다. 제3차 중동전쟁 이후 1배럴 당 2.9달러였던 원유가는 한 달 만에 12달러에 이르렀으며, 이는 현재 달러 가치로 환산하면 14.5달러에서 55달러로 폭등한 것이었다.

이때 일본의 자동차는 엔진효율이 미국자동차에 비해 뛰어났다. 왜냐하면 일본자동차는 석유를 수입해서 쓰는 나라의 특성상 석유를 효율적으로 쓰도록 엔진이 개발된 반면 석유가 충분했던 미국 자동차들의 엔진효율은 길바닥에 석유를 쏟아붓고 달릴 정도로 비효율적이었기 때문이다.

게다가 미국자동차노조는 높은 임금과 은퇴 후 연금까지 요구했기 때문에 인건비 부담이 과중했다. 미국자동차가 일본자동차에 비해 더 높은 경쟁력을 갖기가 어려웠다는 의미다. 게다가 미국 기업들은 표준화 이후 생산성 향상도 일어나지 않았다.

미국의 경제력은 1970년대를 기점으로 기울어져 갔고, 1980년대는 일본의 시대였다. 일본은 혁신을 통해 제조업 전성시대를 열었다. 소니 워크맨, 코끼리 전기밥솥, 파나소닉 TV등 가전제품은 일본이 세계 제일이었고 반도체도 일본이 세계시장의 80% 점유율을 올리며 세계를 휩쓸었다.

1989년 전 세계 기업 시가총액 순위를 보면 상위 20개사 중 14개가 일본기업이었다. 그러나 일본은 1985년 플라자 합의 이후 버블경제가 꺼지면서 1990년 몰락했다.

◆ 몰락했던 미국, 다시 기틀을 놓다

1990년대 미국은 다시 앞서는 기틀을 놓았다. 1991년 12월 8일 소련의 해체로 갑자기 공산주의가 몰락했다. 동시에 미국을 세계제일로 만들어줄 인터넷이 보급된다. 당시 소련 해체로 인해 공산주의 블록이 무너졌고 미국이 세계 유일의 최강국으로 등극하게 된다. 따라서 군사용으로 쓰던 인터넷을 민간용으로 개방할 수 있었다.

이후 부작용도 있었다. 2000년대 초반 닷컴버블 붕괴다. 그러나 2007년 나타난 애플의 스마트폰으로 인해 인터넷기업의 역사가 시작되었다. 대표적으로 애플, 아마존, 마이크로소프트, 구글, 페이스북 등 빅테크 5종목뿐 아니라 넷플릭스, 엔비디아 등 수많은 테크기업들이 미국을 다시 위대한 패권국으로 이끌었다.

2000년대 이후 나타난 인터넷기업들은 베낄 수 없는 기업이 대부분이다. 무슨 말인가? 페이스북은 SNS기업이다. 이 기업이 가지고 있는 하드웨어적인 재산목록은 책상과 컴퓨터가 전부다. 그런데 전 세계 18억 명(2020년 12월 말 기준) 이상이 접속하는 페이스북이 2020년 4분기(10~12월) 281억달러(약 31조원)의 매출을 올렸다. 전년 동기보다 33% 증가한 수치다.

그런데 잘 보면 이 기업을 베낄 수는 없다. 사진이나 동영상을 올리고 좋아요를 누르는 홈페이지는 누구나 만들 수 있다. 그러나 페이스북을 만들 수는 없다. 즉 세계는 제조업에서 소프트웨어 기업으로 패권이 이동했다는 사실을 알 수 있다.

애플도 표면상으로는 스마트폰을 파는 기업처럼 보이지만, 사실은

iOS를 통한 생태계기업이다. 구글은 유튜브와 안드로이드를 기반으로 한 생태계기업이며, 아마존은 세계 온라인쇼핑의 최강자다. 이들 기업들은 인터넷 기반으로 세계 제일이 되었다.

반면 미국을 따라가던 일본, 독일, 한국, 대만 등 제조업 강국들은 제조업에서 소프트웨어로 변화하는 시대의 흐름을 타지 못해 닭 쫓던 개 신세가 되었다. 현재 제조업은 철저히 을이 되었다. 기술이 아무리 좋아도 제조업만으로 먹고살기 힘들어졌다는 이야기다.

일본, 독일이 훨훨 날던 시절도 있었지만 한국, 대만이 붙으면서 경쟁이 심해졌고 2000년대가 되면서 중국까지 붙었다. 그러면서 제조업 기술이 엇비슷해진 상태에서 경쟁만 치열해진 것이다.

그런데 브랜드가 있는 기업은 미국기업이 유일하다. 따라서 미국기업이 갑이 되었고 나머지 국가들은 모두 을이 된 형국이다.

예를 들어 애플은 브랜드가 있는 미국기업이다. 애플의 스마트폰에는 수많은 부품이 들어간다. 스마트폰에 들어가는 카메라 모듈은 중국, 일본, 한국 기업이 경쟁한다. 애플은 최저가에 기술이 가장 좋은 기업의 카메라 모듈을 쓴다.

이런 구조에서는 제조업이 뛰어난 기업이라 해도 큰 이익을 내기 힘들다. 왜냐하면 제조설비를 최신으로 업그레이드 해야 가격 경쟁력이 생기기 때문이다. 영업이익의 대부분은 최신설비를 지속적으로 업그레이드 하는 비용으로 소모되고 있다. 그러니 제조업 기업의 주가가 오를 리가 있는가?

반면 애플은 브랜드를 앞세워 아주 비싼 아이폰을 팔아먹는다. 그러니 영업이익이 올라가고, 이렇게 올린 영업이익으로 자사주를 사서 태워버리고 배당을 높이니 당연히 주가도 올라간다. 이 모두가 인터넷으로 연결된 세상 덕분이다.

제조업은 그나마 양반이다. 그 밖의 생태계는 이런 현상이 더욱 심화된다. 아시아나 유럽은 브랜드로 성공하기 힘들기 때문이다.

유럽은 가족기업 중심의 소규모 기업이고 명품을 빼고는 전세계인이 선망하지 않는다. 아시아권은 선진국이 아니기 때문에 문화에서 미국에 밀린다. 페이스북, 구글 등이 구현한 문화컨텐츠를 그 어느 나라도 따라잡을 수 없다. 안드로이드의 구글이나 iOS의 애플, 윈도우의 마이크로소프트 OS를 누구도 따라갈 수 없다. 삼성이 바다, 타이젠 등을 만들어 스마트폰 OS를 만들어 보려고 했지만 결과는 실패였다.

결국 브랜드는 미국이 꽉잡고 있는 상태에서 아시아, 유럽 국가들은 모두 제조업의 노예로 전락할 수밖에 없었다.

💎 미래에도 결국 미국뿐인가?

향후 신산업도 상황은 비슷할 것이다. 전기차만 잘 만들어서는 안 된다. 누가 OS를 잡느냐에 따라 패권이 갈라진다. 전기차는 인터넷과 연결되면서 자율주행, OS 등이 영업이익을 올리는 핵심이 될 것이다. 테슬라가 될 수도 있고 애플의 iOS나 구글의 안드로이드가 OS가 될 수도 있다.

반면 중국, 독일, 한국의 OS가 표준 OS가 될 확률은 극히 떨어진다. 소프트웨어 경쟁력과 브랜드 파워에서 OS는 미국기업에 상대가 되지 않기 때문이다.

물론 약간의 예외는 있다. 반도체 분야에서 대만 TSMC, 한국의 삼성전자 등은 독보적인 기술력으로 갑이 되었다. 그렇지만 이들은 철저히 시크리컬(경기를 타는) 기업이므로 삼성전자는 애플 시가총액의 1/4밖에 되지 않는다. 스마트폰을 더 많이 팔고 반도체, 파운드리, 가전을 다 만드는데도 말이다. 그만큼 미래를 인정받지 못하고 있다는 의미다.

결론

인터넷 연결과 미국의 브랜드 파워가 미국기업을 갑으로 만들었고 나머지 나라들의 기업은 철저히 경쟁 당하고 기술력이 비슷해지면서 하드웨어를 조립하는 철저한 을이 되었다.

한국에서 스타트업으로 성공하려면
이런 조직으로 바꾸라

☑ 스타트업 대표 아닌 직원도 대학 '창업 휴학' 길 열린다

이번 개정안은 현재 대학들이 실행하는 창업 휴학제도가 기업 대표에게만 적

용돼 대학생 창업에 한계 요인으로 작용하고 있다는 지적에서 나왔다.

2021년 2월 17일자 매일경제

그동안 우리나라는 대표가 아닌 스타트업 직원의 휴학이 불법이었으나 창업 휴학의 길이 열리도록 법개정이 이루어질 전망이라고 한다.

우리나라의 법은 독일의 성문법에서 따왔다. 반면 미국의 법은 영미법 체계인 불문법을 따른다. 성문법과 불문법의 차이를 살펴보면, 성문법은 법조항에 있는 것은 되지만 없는 것은 그 어떤 것도 되지 않는다. 반면 불문법은 모든 것이 다 되고 법에 있는 것만 안 된다.

예를 들어 한국은 운전할 때 U턴 표시가 있는 곳에서만 U턴이 되고 미국에서는 아무곳에서나 U턴이 가능하지만 U턴 금지 표시가 있는 곳에서만 U턴이 안 된다.

이 차이는 매우 크다. 한국에서 새로운 분야에 창조적 파괴를 하러

들어가는 스타트업에게는 손발을 다 묶는 법률이다. 실제 사업을 하다 보면 이곳저곳에서 법과 부딪치는데 송금앱인 토스도 처음 사업을 시작할 때 관련 법률이 없어 사업을 접고 1년을 쉬었다.

사업을 하면서 법과 관련하여 부딪히는 대상은 바로 공무원이다. 관련 법률이 없으니 어느 누구도 책임지지 않고, 나서서 해결해 줄 사람이나 부서가 없다. 그러니 스타트업 대표는 국회의원을 쫓아다니면서 입법을 해야 한다. 토스의 경우에는 다행히 핀테크가 국제적인 이슈가 되면서 관련 법률을 개정했고 사업을 할 수 있었다.

우리나라에서 법개정이 가장 까다로운 의료분야 스타트업은 아예 시작조차 하지 않는 편이 좋다. 괜찮은 아이디어가 있다면 차라리 미국이나 일본을 추천한다.

◇ 한국에서 스타트업이 힘든 이유

우리나라가 제조업은 발달했으면서 스타트업은 잘 안 되는 이유는 무엇일까? 우리와 비슷한 이스라엘은 천문학적인 돈을 받고 실리콘밸리에 기업을 넘기는데 말이다.

> ☑ 인텔, 153억달러에 모빌아이 인수…"자율주행 분야서 급도약"
>
> 세계 최대의 반도체 기업인 인텔이 이스라엘의 첨단운전자보조시스템 (ADAS) 개발 업체인 모빌아이(Mobileye)를 153억달러(한화 17조 5567억 원)에 인수한다.
>
> 2017년 3월 13일자 조선비즈

물론 한국에서도 2조 대박을 터뜨린 배민(배달의민족)이나 하이퍼커넥트의 사례가 있었다. 그러나 이스라엘은 그 정도 대박은 항상 일어나는 일이다. 이처럼 이스라엘은 되고 한국은 안 되는 이유는 무엇일까?

첫째, 이스라엘은 사업을 시작할 때 실리콘밸리를 염두에 두는 데 반해, 한국은 정부보조금을 받는다는 데 차이가 있다. 대부분 한국의 스타트업은 청년실업 문제를 해결하려는 정부보조금에 의지하여 창업하는 것이 일반적이다. 또한 한국은 서울에 어떤 스타트업이 있는지 영문 홈페이지조차 존재하지 않는다. 그러나 이스라엘은 영문 홈페이지뿐 아니라 어떤 기업이 있는지 아주 상세한 정보를 실리콘밸리에 제공하고 있다.

예를 들어 애플이 VR 관한 사업을 하려고 신기술을 진행중인 스타트업을 찾는다고 하자. 이스라엘은 영문 홈페이지에서 관련 스타트업을 쉽게 찾을 수 있다. 그러나 한국은 스타트업이 있는지 없는지 정보 자체가 없다. 애플이 어디부터 뒤지겠는가. 당연히 일단 이스라엘이다. 먼저 이스라엘에서 관련 기업을 찾아 미팅을 시작한다. 구글이 오죽이나 답답했으면 스타트업 캠퍼스를 서울에 만들었을까.

둘째는 위계조직과 역할조직의 차이다.

☑ 대리·과장·부장님이 사라진다…SK이노베이션 직급 파괴 실험

SK이노베이션이 임원 이하 일반 직원에 대해 '단일 직급' 체계를 도입한다. 내년부터 기존 '사원-대리-과장-부장'의 직급을 없애고, 'PM(Professional Manager)' 직급으로 통일한다.

2020년 12월 15일자 중앙일보

① 위계조직

한국에서는 이런 일이 자주 일어난다. 직급을 없애고 평등한 직급을 하나 만든다거나 이름 뒤에 직급을 빼고 OO님으로 부르는 시도들이다. 그러나 이런 시도는 기업의 체계에서 위계와 역할에 관한 기본을 무시한 채 단지 겉으로 보이는 직급만 없앤 경우다.

예를 들어 한국의 한 기업에서 디자이너가 게임에 들어갈 캐릭터 디자인을 한다. 위계의 정점은 어디에 있나? 사장이다. 그러니 사장이 와서 이것저것 참견한다. "캐릭터가 마음에 안 드니 바꿔라, 옷이 이게 뭐냐?" 등의 말로 디자이너의 그림에 일일이 참견한다. 그러면 디자이너는 사장의 지시대로 그림을 수정한다.

어디서 많이 본 풍경 아닌가? 그렇다. 드라마에서 많이 봤던 풍경이고, 현실의 직장생활에서도 매일 펼쳐지는 광경이다.

한국은 위계조직이다. 결정은 사장이 한다. 사장이 모든 사항을 결정하면 아랫사람(부장, 차장, 대리, 사원 등 모두)들은 결정된 대로 따라야 한다. 왜냐하면 사장이 결과에 대한 책임을 지는 자이기 때문이다.

위계조직에서는 게임 출시 후 게임이 망했다면 그것은 전적으로 사장의 책임이다. 사장이 모든 것을 지시하고 총괄했기 때문에 당연한 결과다. 그런데 어이없게도 사장·자신이 디자인, 기획, 프로그램을 모두 참견해 놓고 결과가 망하면 해당 팀을 아예 없애 버리기도 한다.

이런 위계조직은 제조업에 딱 맞는다. 그것도 7, 80년대 개발도상국 시절 선진국 따라잡기를 할 때 말이다. 즉 롤모델이 있으면 통한다. 예를 들어 이미 있는 워크맨을 베껴서 제2의 카세트테이프 레코더를 만들 때 말이다. 그러나 1등이 되고 나면 롤모델이 없다.

위계조직은 빠르게 추격하는 데는 좋으나 새로움을 만들어내는 창조적인 직군에는 맞지 않는다. 결국 대부분의 직장이 위계조직인 한국은 제조업이 맞고 제조업은 높은 인건비에 취약하므로 공장을 인건비가 저렴한 해외로 옮기면서 청년실업 문제가 극에 달하게 된다. 현재 상황에서 도출될 수 있는 자연스러운 결과물이다.

② 역할조직

반대로 역할조직의 풍경을 보자.

게임디자이너가 게임디자인을 했다. 그런데 사장이 와서 바꾸라고 한다면 디자이너는 뭐라고 대꾸할까? "그것은 당신 의견이고 전문가인 내 의견은 이것이 맞다. 그러니 다시 생각해 보라"고 한다.

만약 출시한 게임이 망했다면? 당연히 게임디자이너를 포함해 그 팀 전체가 책임을 진다. 이것이 실리콘밸리의 스타트업이 취하는 조직이다. 전문가의 의견을 따르고 그들이 만들어내는 창조물이 세상에 나온다. 그리고 책임까지 진다.

물론 전문가가 있다고 해서 전문가에게 다 맡기고 끝은 아니다. 치열한 토론과정을 거친다.

왜 그 디자인을 했는지?

왜 그렇게 색깔을 썼는지?

왜 그곳에 뒀어야 했는지?

되는 이유와 안 되는 이유에 대해서 팀원들의 철저한 검증 과정을 거친다. 팀원을 합리적으로 설득하려면 디자이너는 데이터에 근거한 이유를 설명해야 한다. 아니면 합리적이거나 감동적인 이유를 들어 팀

원을 설득시켜야 한다.

예를 들어 911 기념탑을 설계한 버드 월츠(Bernard Woltz)에게 '왜 기념탑의 위치와 높이를 고려했는지' 묻자, "기념탑의 그림자가 희생자의 무덤에 쏟아지는 햇빛을 가리지 않게 하려고 고려했다"는 대답처럼 말이다.

단지 직급만 없앤다고 하여 창조적인 기업이 나오는 것은 아니다. 오히려 직급 없애고 칸막이까지 다 없애면 직원들이 감시 받는 느낌만 심해질 것이다.

 결론

창조적인 기업은 위계조직이 아닌 역할조직에서 나온다.

관심과 인정, 채워지지 않는 인간의 끝없는 목마름

인간은 타인의 인정을 삶의 행복으로 느낀다. 타인의 인정이 없다면 돈이 아무리 많아도 삶은 늘 외로움 속이다. 외로움은 다른 말로 불행이다. 예를 들어 생일인데 주변 아무도 축하해 주지 않는다. 그런데 돈은 많아 한강이 보이는 비싼 아파트에서 혼자서 고급와인을 따고 자기에게 명품을 선물하고 생일 축하 케이크를 혼자서 자른다.

행복할까?

그럴 리가 없다.

돈이 많아도 외로운 이유는 호모 사피엔스 자체가 타인에게 인정을 받으면서 행복을 느끼도록 설계되어 있기 때문이다. 그래서 아무리 돈이 많아도 주변에 칭찬해줄 사람이 필요하다.

부자들의 행복도 크게 다르지 않다. 자신의 별장에 다른 부자들을 초대하여 멋진 저녁식사를 대접하고, 그 대가로 "맛있게 잘 먹었습니다" 하는 간단한 인사말을 받아야 행복이 채워진다. 멋진 별장에서 나 홀로 진수성찬을 먹는다고 행복이 채워질 리 없다.

돈도 없고 사회적인 성공도 없고 주변의 관심도 받지 못하는 극도로 외로운 사람들은 어떻게 해야 하나? 아프다고 하거나 심지어 자살이라는 단어를 꺼내면서 관심을 끈다. 가족들만 보면 "아프다" 헤어지자는 애인에게 "자살하겠다"고 하는 사람이 이런 부류다. 관심을 받을 수만 있다면 자해라도 감행할 의지가 있다는 것이다.

호모 사이엔스가 무엇이기에 주변의 관심과 인정에 이토록 목말라 하는가?

생존에 유리했기 때문에 목말라 한다. 호모 사피엔스는 초원에서 창을 들고 무리를 지어 야생동물을 사냥했다. 그래서 넓은 초원을 좋아한다. 초원에서는 타깃이 잘 보일 뿐만 아니라, 여러 명이 창이나 활로 먼 거리에 있는 야생동물을 타격하기 쉽다.

그래서 초원은 인공적이다. 정글을 불태워 사냥하기 좋은 초원을 만든다. 이것이 호모 사피엔스가 쓴 불의 사용법이다.

그런데 이런 사냥법은 혼자서는 불가능하다. 호모 사피엔스가 일찍이 무리생활을 한 이유다. 무리에서 탈락한다. 이는 생사가 걸린 극도의 스트레스다.

테슬라의 일론 머스크는 심한 관종이다. 사업에 성공했고 돈도 많지만 대중의 지속적인 관심을 받고 싶어한다. 그래서인지 연준이나 정부 등 제도권에서 좋아하지 않는 일도 서슴없이 자행한다. 법인 자금으로 비트코인을 산다거나 비트코인을 가지고 테슬라 자동차를 살 수 있도록 한다거나.

제도권뿐인가. 동시에 대중의 관심도 끌려고 한다. 테슬라의 비트코인 결제를 막는다거나 TV에 출연해서 도지코인은 사기라고 말한다.

관심을 끌려는 머스크의 이러한 행위는 좋은 관심인지 나쁜 관심인지 따지지 않는다. 매번 관심을 끌기만 하면 행복하다. 뉴스의 중심에 서 있어야 비로소 행복이 채워지는 부류다.

아마도 일론 머스크의 비트코인 결제에 대한 배신은 환경론자인 지인의 압박이 있지 않았을까 생각한다. 비트코인으로 테슬라 자동차를 살 수 있도록 하자 비트코인을 소유하고 있는 투자자에게 인정을 받았다. 그러나 비트코인을 친환경적이지 않은 방법으로 캐내고 있다는 주변 지인인 환경보호론자의 추궁을 들었음에 틀림없다.

월가의 거부들은 대부분 환경론자들이다. 아마존의 제프 베조스, 마이크로소프트의 빌 게이츠 등 민주당 성향의 사람들이 많다. 일론 머스크류의 사람들은 지인들의 비난에 민감하다. 그래서 비트코인으로 테슬라 자동차의 결제를 하지 않도록 하는 결정을 내린 것이다.

백만장자의 행복도 크게 다르지 않다. 돈이 아무리 많아도 타인의 관심과 인정이 없다면 불행을 향해 급행열차를 탄다. 그래서 인정을 못 받는다면 관심이라도 받겠다고 목청을 높인다.

사람이 죽기 전에 후회하는 세 가지 행동이 있다고 한다.

① 그 곳에 갔어야 했는데
② 그 일을 했어야 했는데
③ 그 사람에게 이 말을 했어야 했는데

하고 나서 후회하는 일은 없다. 하고 나서 실패했다면 자존감을 위해 자신의 실패를 합리화한다. 비트코인으로 실패를 했다면 일론 머스크 때문에 비트코인이 떨어졌다고 생각하지 너무 꼭대기에서 산 자신을 비난하지 않는다. 그러나 우울감에 빠진 사람은 자존감이 떨어져 자신의 결정을 비난한다. 그래서 투자에 실패했다고 자살한다.

죽기 전에 후회할 행동 중 3번째가 가장 가슴에 와 닿는다. 죽기 전에 누구에게 무슨 말을 할 것인가? 죽기 전보다 외로운 순간이 또 있을까? 죽음은 누구도 대신해 줄 수 없기에 외로움의 깊이가 가중되리라 짐작한다.

그때 떠올릴 사람은 과연 누구일까? 첫사랑일까? 아닐 것이다. 아마도 "사랑합니다"라고 살아생전에 고백 한 번 해보지 못한, 이미 돌아가신 부모님이 아닐까.

4

당신을
부의 세계로
안내하는
투자 원칙 바이블

MONEY
CHANGER

부자 되는 4가지 방법

앙드레 코스톨라니는 부자가 되는 4가지 방법을 이야기했다.

① 부자로 태어날 것

② 부자와 결혼할 것

③ 사업을 할 것

④ 투자자로 살 것

이 중 개인들에게 해당하는 항목은 사업이나 투자자다. 그런데 다시 살펴보면 코스톨라니가 제시한 방법 중에 월급쟁이는 빠져 있다. 이유는 세법 때문이다.

정부는 월급쟁이로부터 의료보험, 갑근세 등 각종 명목으로 세금을 거둬간다. 그런데 사업을 하면 이자비용, 직원 급여, 감가상각비, 차량 유지비, 각종 공과금 등을 제외하고 나머지를 정부에서 거둬간다. 법인은 2억 초과 200억 미만일 때 법인세로 22%를 내는데 개인은 10억 원만 넘어도 45%를 내야 한다.

결국 결론은 무엇인가? 사업을 하라는 얘기다.

사업도 조금 더 디테일하게 분류해 볼 수 있다. 공장을 경영하면 직원을 써야 하는데 직원을 쓰면 직원급여, 각종 보험, 퇴직금 등을 줘야 한다. 그런데 공장자동화를 하게 되면 오히려 감가상각비 등을 통해 더 많은 세금 혜택을 준다. 여러 모로 이익이니 안 할 이유가 없다.

정부가 세금정책으로 어떻게 밀어주는가를 알면 부자가 되는 길이 보인다. 다만 사업은 망할 확률이 있다. 그만큼 리스크가 있다 하겠다.

그래서 코스톨라니가 뭐라고 조언했는가? 바로 투자자가 되라는 것이다. 반면 월급쟁이는 비용공제는커녕 유리지갑이다. 누가 부자 되기 쉬운가?

 결론

월급쟁이, 사업, 투자자, 부자가 되기 위해 당신은 어떤 길을 가고 싶은가?

매뉴얼 전략

매뉴얼을 보기 쉽게 그림으로 정리해 보았다. 실전투자에서 요긴하게 사용할 수 있을 것이다.

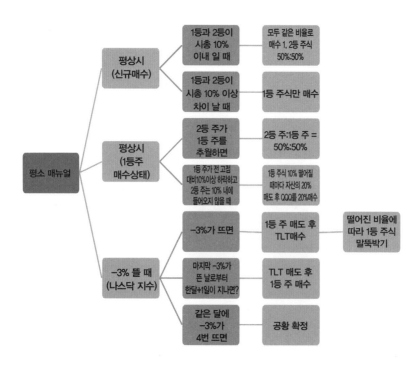

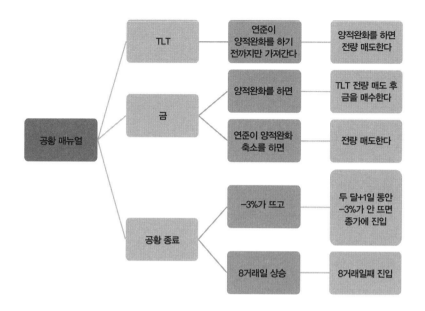

매뉴얼 간단 정리

- 리밸런싱 : 25% 구간표로만 진행
- 말뚝박기 : 25%와 50% 구간으로 진행
  - → 25% 말뚝박기 – 금리인상 이전
  - → 50% 말뚝박기 – 금리인상 이후
- 리밸런싱과 말뚝박기
  - → −3%가 아닌데 세계 1등 주식의 주가가 −2.5%(1구간) 떨어지면 10%씩 팔면서 리밸런싱 한다.
  - → 리밸런싱 도중 5%(2구간) 오르면 현금화 했던 달러 모두로 세계 1등 주식을 매수한다.
  - → 나스닥지수에 −3%가 뜨면 말뚝박기를 시작한다.
  - → 나스닥 −3% 기간 중 2구간이 올라도 추매하지 않는다.
  - → −3%가 끝나는 시점은 기존 −3%가 끝나는 시점과 동일하다.
  - → −3%가 뜨고 한 달+1일 동안 더 이상 −3%가 뜨지 않으면 위기는 끝났다고 보고 현금화한 달러 전부로 세계 1등 주식을 매수한다.
  - → −3%가 뜨고 공황이 오면(한 달에 4번 −3%가 뜨는 경우) 두 달+1일 동안 더 이상 −3%가 뜨지 않거나 8거래일 연속으로 오르면 공황은 끝났다고 보고 세계 1등 주식을 매수한다.
  - → 리밸런싱 도중 −3%가 뜨면 리밸런싱 표를 버리고 말뚝박기로 전환한다.

투자 매뉴얼이 있어서 얼마나 다행인가

매뉴얼을 만든 이유는 주식 초보자가 누구에게도 의지하지 않고 스스로 투자할 수 있는 환경을 만들기 위해서다.

정보나 말을 듣고 투자하면 혹시 성공을 했더라도 그 누군가가 없으면 실패의 길로 들어선다. 더구나 그 누구의 말이 맞아서 다행이지 항상 맞는다는 보장이 없다.

이곳저곳을 다니며 시간을 보내고 돈을 잃고 인생을 허비할 것인가? 돈을 버는 목적은 행복한 삶을 살기 위함인데 돈만 벌다가 인생이 다 가면 얼마나 허무한가? 그래서 매뉴얼대로 편하게 투자하고 남는 시간에 인생을 즐기면 된다.

매뉴얼은 철저히 데이터에 근거해 만들었다. 나스닥지수에 -3%가 수없이 뜬다고 하지만 사실 40년간의 데이터를 놓고 전체 시장을 봤을 때 확률상 약 2.14% 정도에 지나지 않는 희귀한 경우다. 이처럼 희귀한 상황이 발생하면 한 달을 기다리면 된다. 그러면 아주 위험한 일은 벗어날 수 있다. 절대 감으로 만든 것이 아니다.

매뉴얼은 손실 최소화의 방법에 바탕을 둔다. 왜냐하면 주식은 돈을 잃지 않아야 돈을 버는 구조이기 때문이다. 예를 들어 하루에 50% 가 떨어지고 다음날 50%가 올랐다면 본전일 것 같지만 결과는 손해다. 100%에서 50%가 떨어지면 50%인데 다음날 50%가 올라봐야 겨우 75%밖에 되지 않는다. 그러니 아주 위험한 손실을 줄이는 것이 돈을 지키고 불리는 길이다.

매뉴얼이 완전하지 않은 만큼 매시간, 매일 실수를 바탕으로 업데이트 하고 있다. 매뉴얼 지키기는 본인의 선택이다. 성인이라면 선택 뒤에는 책임이 따른다는 사실을 모를 리 없다고 생각한다.

⚖ 결론

매뉴얼은 누구에게도 의지하지 않고 홀로 주식시장에서 살아남도록 만들며 큰돈을 벌지는 못하지만 내 돈을 안전하게 지키는 투자방법이다. 매뉴얼을 바탕으로 자신의 투자법을 만들어 나가면 금상첨화다. 이를 따르는 투자자가 있다면 개발자로서 얼마나 뿌듯한지 모를 것이다.

예측하지 않고 대응하게 해주는
3개의 전략

시장은 예측의 힘으로는 결코 이길 수 없다. 예측투자란, 어떤 일이 일어날 것을 미리 생각해서 투자하는 행위다. 예를 들어 오늘 주식이 심하게 떨어졌으니 데드캣 바운스가 일어날 것이라는 판단으로 주식을 산다. 혹은 호재성 뉴스가 나왔으니 주가 상승을 예상하고 산다.

시장이 움직이기 전에 미리 예상하는 투자를 나쁘다고 단정할 수는 없으나 잘못된 예측이 손실로 이어지는 경우가 많기 때문에 경계해야 한다.

주식 관련 설문조사를 보면 장이 좋지 않아 떨어지는 시기에는 당분간 더 떨어질 것이라는 예상이 80%를 넘는다. 그리고 매도 의견이 줄을 잇는다. 하지만 현실은 반대다. 오히려 오르는 경우가 많다. 따라서 예측을 근거로 투자를 하면 오를 때 사고 떨어질 때 팔면서 계좌가 순식간에 눈처럼 녹아버린다.

💎 예측 NO, 대응 YES

투자는 예측이 아니라 대응이다. 무슨 말인가? 투자에 대응한다는 말은 미래에 일어날 여러 가지 시나리오를 생각하고 미리 포지션을 잡는 것이다. 주가가 떨어질 때와 오를 때를 가정해서 미리 매수, 매도 포지션을 생각해 둔다. 이 전략에는 다음 세 가지가 필요하다.

① 기본전제
② 매뉴얼
③ 미세조정

💎 기본전제

기본전제란 내가 취할 수 있는 디폴트 포지션을 말한다. 예를 들자면 이렇다.

① 미국시장은 악재만 없으면 항상 우상향한다. 그러니 악재가 뜨지 않았다면 항상 주식을 들고 있어야 한다. 이는 반대로 악재가 생기면 팔아야 한다는 것이 기본 전제다. 악재만 없다면 에브리데이 주식을 가지고 있는 것이 디폴트 값이다.

② 세계 1등은 악재가 아니면 항상 우상향한다. ①번과 마찬가지로 악재가 아니면 항상 들고 있어야 한다.

③ 한국시장은 박스피다. 한국시장은 일정구간 안에서 움직이는

(2400p~1800p 사이) 시장으로 바뀌었으니 2400p가 오면 팔고 1800p가 오면 사야 한다. 단, 최근의 경우처럼 박스권을 돌파한 상태라면 그에 맞는 전략을 다시 짜야 한다.

이와 같은 기본전제를 머리속에 각인시켜 놓거나 모니터 앞에 붙여놓고 각오를 다져야 한다. 미국시장에 투자하고 세계 1등에 투자한다면 기본전제는 악재가 아니라면 항상 들고 있는 것이다. 그러나 미국시장에 투자하고 있더라도 세계 1등 주식이 아니라면 기본전제에는 해당하지 않는다.

예를 들어 테슬라, 엔비디아, 니콜라 등 개별주식에 투자한다면 항상 주식은 들고 있어야 한다는 위의 전제에 맞지 않는다. 왜냐하면 개별주식은 언제든 망할 수 있고 떨어져서 회복하지 못할 수도 있기 때문이다. 그러나 세계 1등 주식은 떨어지면 순위가 바뀌면서 새롭게 세계 1등이 된 주식으로 갈아타면서 시세를 누릴 수 있으니 기본전제에 맞다. 1등에서 2등으로 밀려난 것 자체가 악재고 악재가 터지면서 주식을 모두 처분하기 때문에 기본전제에 맞게 액션을 취할 수 있다.

그리고 나스닥100 추종 ETF나 S&P500, 다우지수 등을 추종하는 ETF 투자는 기본전제에 맞다. 미국시장은 악재만 없다면 항상 우상향하기 때문이다.

◇ 매뉴얼

매뉴얼은 악재가 떴을 때 어떤 식으로 대응해야 하는지에 대한 방법이다. 매뉴얼은 나스닥 40년 간의 데이터를 근거로 하여 확률적으로 만들어졌다. 따라서 그때그때 상황에 맞고 확률적으로 높은 투자를 할 수 있다.

① 나스닥 지수에 -3% 발생 시

예를 들어 나스닥 일간지수에 -3%가 뜨면 주식을 모두 매도한 후 한 달 +1일 이후 기본전제를 바탕으로 투자하면 된다. 그렇다면 다음과 같은 기본전제를 만든 근거는 무엇인가?

'나스닥 일간지수에 -3%가 뜨면 전량 매도 후 한 달 +1일 이후에 사라.'

더 위험한 순간은 -3%가 뜨고 얼마 지나지 않아 다시 -3%가 뜨는 경우다. 그러면 우리는 날짜만 새로 조정하면 된다. -3%가 다시 뜬 날로부터 한 달+1일 이후 사면 된다. 과거 데이터를 모두 분석해 본 결과 한 달+1일 이후까지 다시 -3%가 뜨지 않았다면, 이때 샀을 경우 돈을 잃을 위험이 제로라는 사실을 알아냈다. 확률 100%라는 경험적 증거에 의거해 투자를 하는 것이다.

② 공황, 즉 나스닥 일간지수에 -3%가 4번 떴을 때

지금까지의 공황, 즉 명백한 경기후퇴 시기를 분석해 봤다. 그랬더니 다음과 같은 매뉴얼이 도출되었다.

'공황은 나스닥 일간지수에서 한 달 동안 -3%가 4번 뜨는 상황이고 전량 매도한 후 두 달+1일 이후에 사라.'

1987년 블랙먼데이, 2000년 닷컴버블, 2008년 금융위기, 2011년 미국 신용등급 위기, 2020년 코로나 위기를 모두 분석한 결과 한 달 동안 나스닥 일간지수에 -3%가 4번 이상이 뜨면 두 달+1일 이후에 투자했을 때가 가장 안전했다는 경험적 증거에 의해서 투자를 하는 것이다. 이 기간 동안에는 주식에 투자하지 않고 쉰다. 다만 대안은 있다.

한 달 동안 나스닥 일간지수에 -3%가 4번 이상이 떠서 공황이 발생하면, 양적완화 이전에는 미국국채를 사고 양적완화가 시작 된 이후에는 금을 산다. 이것도 지금까지의 공황 상황에서 경험적 증거에 의한 투자 가이드다.

이 모두를 모아 놓은 것이 매뉴얼이다. 매뉴얼은 기본전제를 기본으로 하면서 디테일한 대응을 할 수 있는 행동지침인 것이다.

◈ 미세조정

기본전제와 매뉴얼을 지킨다면 굉장히 보수적인 투자를 할 수 있다. 돈을 잃을 확률은 낮아지고 돈을 벌 확률은 높아진다. 그러나 시장은 살아있는 생물과 같다. 똑같은 상황에서도 전혀 다른 두 개의 상반된 결과가 나올 수 있다. 과거에 그랬으니 미래에도 그런다는 보장은 어디에도 없다. 다만 미래가 과거처럼 흘러갈 확률이 높다는 사실에 의지하는 것이다. 그러니 '매뉴얼을 지켰으니 됐다'고 생각하고 시장과 등지고 있으면 안 된다. 주식을 매도한 후에도 시장을 지속적으로 모니터링 하면서 그때그때 상황에 맞게 미세조정을 해야 한다.

사람들은 이러한 미세조정을 매뉴얼이 바뀌었다고 착각한다. 내가 운영하는 다음 카페의 회원 중 몇 사람도 이런 반응을 보인다. 그러나 미세조정은 기본전제와 매뉴얼을 바탕으로 하되 시장상황에 맞게 조금씩 튜닝을 하는 과정이다.

예를 들어 "공황이 발생하고 양적완화가 시행된 이후에는 금에 투자한다"가 매뉴얼이다. 왜 양적완화 이후에는 금에 투자하는 것이 매뉴얼일까?

2008년 금융위기 이후 연준을 비롯한 통화당국은 경기가 급격히 침체하는 상황에서는 통화정책이 효과가 있다는 사실을 확인했다. 그러나 급격한 통화의 증가는 달러가치 훼손으로 이어졌다. 투자자들은 달러가치와 반대로 움직이는 금에 주목하기 시작했고 곧이어 금 가격 상승이 일어났다. 이를 근거로 금투자 매뉴얼이 만들어졌다.

실제 2020년 3월 코로나 위기가 발생하자 미국의 정책당국은 양적완화 정책을 또 썼으며 금값의 상승으로 이어졌다.

그런데 2020년 9월 나스닥에 -3%가 떴을 때는 금의 상승이 일어나지 않고 오히려 떨어지는 상황이 발생했다. 이유는 통화가치의 하락이 일어나지 않고 오히려 강세가 일어났기 때문이다. 나스닥지수에 -3%가 뜨면서 주가는 하락했고 매뉴얼대로 한다면 금을 사는 것이 헤지의 방법이었다. 그러나 -3%가 뜨고 나서 해야 할 통화당국의 달러가치 관련 행동이 없었다. 보다 구체적인 내용을 살펴보면 대규모 경기부양 책을 의회에서 통과시켜야 했지만, 결국 하지 않았다.

이유는 이미 많이 오른 주가가 조정을 받아도 관계 없다고 봤고 경기부양은 오히려 실업을 더 부추긴다고 생각했다. 게다가 대선 변수가 작용했다. 대선을 앞두고 공화, 민주 양당이 합의보다는 서로 유리한 패가 무엇인지를 두고 계산기를 두드리느라 결정이 되지 못했다. 그런

와중에 유럽에서는 코로나가 재차 확산되면서 유로화가 약해지고 달러화가 강해지는 일이 벌어졌다.

① 대규모 부양책의 불발로 인해 달러가치의 훼손이 없었다.
② 유로화가 약세를 보이면서 달러 강세가 일어났고, 상품가격(유가, 상품, 금 등)의 가격 하락이 있었다.
　 그러니 매뉴얼대로 대응을 한다면 일단 -3%가 떴을 때 가진 주식을 전부 팔고 헤지의 수단으로 금을 샀다고 해도, 금보다는 달러를 가지고 있는 편이 더 나은 선택이었음을 판단하는 것이 미세조정이다.

◈ 예측하지 말고, 대응하자

기본전제, 매뉴얼, 미세조정, 이 세 가지가 바로 시장을 예측하지 않고 대응하는 방법이다.

베테랑 사냥꾼과 초보 사냥꾼의 차이를 생각해 보면, 베테랑은 길목 지키기가 기본적인 특성이다. 반면 경험이 없는 초보 사냥꾼은 산짐승을 따라 온 산을 헤멘다. 그리고 사냥감이 나타나면 이리 뛰고 저리 뛴다. 그러나 베테랑 사냥꾼은 전제를 놓고 매뉴얼을 숙지하고 산짐승이 다니는 길목을 지키며 산짐승이 나타나면 쏘거나 미리 덫을 놓아 대응할 줄 안다. 만약 상황이 발생하지 않으면 풀숲 사이에서 위장을 하고 몇 날 며칠을 하염없이 기다리기도 한다. 그것이 바로 베테랑의 모습이다.

미리 시나리오를 짜놓고 시장상황을 면밀히 파악하면서 투자를 실행하는 것이 시장에 대응하는 투자다. 미스터 마켓(주식시장)을 이기려고 어설픈 머리를 바탕으로 판단하고 예측하여 주식에 투자하는 것이 아니다. 기본전제, 매뉴얼, 미세조정이 없다면 오직 시장이 오르면 사고 내리면 파는 일을 반복한다. 그러면서 재테크는커녕 계좌가 녹아버린다.

주식뿐만이 아니다. 부동산도 마찬가지다. 뉴스에서 아파트가 오른다는 소식이 뜨면 사고, 위기가 왔다고 하면 판다. 그러나 부동산은 주식과 달리 팔고 싶을 때 팔지 못할 수도 있다. 꼭대기에 사서 떨어질 때 팔지 못하면 대출이 역공을 해온다. 원금상환으로 인해 아파트가 경매로 넘어가면서 공든 탑이 한 번에 무너지고 만다. 위기에 팔리지 않을 수도 있는 부동산, 즉 대처가 되지 않는 투자는 주식보다 훨씬 위험하다.

⚖️ 결론

시장에 대응한다는 것은 무엇인가? 기본전제를 바탕으로 투자를 하되, 주식시장의 데이터를 바탕으로 한 매뉴얼을 지키며, 시장상황에 맞게 합리적인 추론으로 대응하는 것을 말한다. 그것이 성공투자의 길이다.

말뚝박기 전략

나스닥지수에 -3% 이상이 뜨면서 1등 주식을 전량 매도했다면 공황이 아닌 경우 한 달+1일 후에 다시 사면 된다(공황은 한 달 동안 나스닥지수에 -3%가 4번 떴을 경우를 말함). 예를 들어 2020년 9월 3일 -3%가 떴고 2020년 10월 4일까지 -3%가 다시 뜨지 않는다면 한 달+1일의 조건을 채웠으므로 매뉴얼에 따라 1등 주식을 다시 산다. 나스닥지수에 -3%가 4번 떠서 공황이 발생한 경우라면 두 달+1일을 대입하면 된다.

이 방법은 매우 안전하지만, 더러 싸게 살 수 있는 기회를 놓치는 경우가 있다는 단점이 있다. 왜냐하면 -3%가 뜨고 한 달+1일(공황은 두 달+1일)을 기다렸다 산다는 의미는 모든 위험이 지난 후에 산다는 뜻이다. 그 사이에는 아무 행동도 취하지 않고 투자를 쉰다. 과거 데이터를 기준으로 한 달+1일이 지나면 태풍이 지나갔다고 판단할 수 있다. 그러나 주가는 한 달+1일이 되기 전에 이미 바닥을 찍고 다시 오름세를 타고 있을 수도 있다. 매뉴얼을 따른다면 이 기간에는 수익을 낼 수 없다. 그냥 지켜보기만 할 뿐이다.

이러한 단점을 보완하기 위해 만든 투자법이 바로 '말뚝박기 전략'

이다. 수익률과 안정성을 동시에 잡을 수 있다.

💎 −25% 전략

전고점 대비 −25% 지점을 바닥이라고 생각하고 들어가는 전략이다. 나스닥지수에 −3%가 뜨면서 모든 종목을 이미 매도한 상황이다. 그런데 주가가 하락을 지속하여 전고점 대비 −25%에 이르면 한 달+1일을 기다리지 않고 말뚝박기를 통해 일정 비중을 싣는다.

가장 간단한 비중전략은 −25%가 되었을 때 총자산을 모두 이용해 주식을 매수하는 방식이지만 이런 경우 두 가지 단점이 있다.

① −25%까지 안 빠지고 올라가는 경우

나는 −25%가 빠지면 총자산을 주식에 투자할 계획을 세웠는데 −10%쯤 빠지다가 혹은 −20%쯤까지만 빠지다가 바로 올라가는 경우다. 이러면 주식을 사지도 못하고 오르는 주식을 구경만 해야 한다. 극단적으로 −24%까지 빠졌다가 올라갔다면 아쉬움이 더욱 클 수밖에 없다.

② −25% 이상 더 빠지는 경우

−25%가 바닥이라고 생각했고 이때 전재산을 투여했는데, 하락이 여기서 멈추지 않고 −30%, −40%까지 빠지는 경우다. 이럴 경우는 손해가 커진다. 물론 팔지 않고 버틴 사람보다 싸게 샀다는 이점은 있으나 그렇다 해도 아쉬움이 남을 수밖에 없다.

💎 구간별 분할매수 전략

이러한 낭패를 방지하기 위해서는 분할로 매도와 매수를 병행하는 것이 좋다. 말뚝박기 전략은 매수전략인데 왜 매도가 들어갈까? -3%가 뜨면 평상시에는 세계 1등 주식을 전량 매도하고 TLT(미국채 20년물 ETF)를 전량 매수한다. 그러나 공황이 닥쳤을 경우 Fed(미연준)에서는 양적완화를 하기 때문에 TLT보다는 금 ETF인 IAU나 GLD, TIP를 사야 한다. 물론 양적완화가 끝나거나 금리를 올리면 그때는 -3%가 떴을 때 TLT를 사야 한다. 따라서 -3%가 떴다고 하더라도 주식이 하나도 없는 것이 아닌 TLT, IAU, GLD, TIP 등을 들고 있을 것이다. 그러니 TLT, IAU, GLD 등을 매도하고 세계 1등 주식을 매수하는 것이다.

비중에 관한 구체적인 실행 방법은 다음 표와 같다.

	나스닥지수	투자금
전고점 대비 하락률	12056.44	0%
-10%	10850.80	20%
-15%	10247.97	30%
-20%	9645.15	40%
-25%	9042.33	50%
-30%	8439.51	60%
-35%	7836.69	70%
-40%	7233.86	80%
-45%	6631.04	90%
-50%	6028.22	100%

나스닥 전고점이 예를 들어 12,056.44p라고 한다면 나스닥이 5% 떨

어질 때마다 총자산의 10%씩을 매수하면 된다. 한 번에 들어가지 않고 구간을 나누어 분할로 매수하는 전략이다. 그래야 떨어지면 더 싸게 살 수 있어서 좋고, 오르면 매수한 비중만큼이라도 수익을 낼 수 있어서 좋다.

그러나 말뚝박기 전략은 존버(안 팔고 버티기 전략)보다 수익률이 떨어질 때가 있다. 예를 들어 2020년 10월 12일 애플은 아이폰12의 기대로 9월3일 나스닥 -8%가 떴을 때의 종가인 120.88달러보다 더 오른 124.40 달러로 장을 마쳤다. 즉 -3%가 떠서 팔았을 때보다 애플이 높은 가격으로 올랐던 것이다.

이게 왜 문제가 되는가? 팔았을 때 가격보다 더 높이 애플이 올랐는데 매뉴얼 상 들어가는 시점은 2020년 10월 24일이었다. 매뉴얼을 지키자니 더 기다려야 하고, 들어가자니 매뉴얼을 어기게 된다. 이러지도 저러지도 못하는 상황만큼 투자자를 힘들게 하는 경우도 없다. 투자금을 잃을 수도 있다는 공포도 크지만, 낼 수 있는 수익을 낼 수 없다는 공포도 못지않게 큰 법이다.

그러자 카페에는 FOMO(Fear of Missing Out, 자신만 흐름을 놓치거나 소외되는 것에 대한 불안 증상)에 대한 두려움이 나타났다. -3%에 모두 팔기보다는 존버가 낫다는 의견이다.

이런 의견이 나오는 것은 어쩌면 당연한 결과다. -3%가 뜨자 다 팔고 기다렸는데 오히려 존버보다 못한 일이 벌어졌으니 말이다. 그러나 생각해 보자.

① -3%가 뜨고 전량 매도 후 말뚝박기를 하고 120달러를 넘어갈 때 전량

매수했다면 무조건 수익이다. 120달러를 넘어가는 때에 전량 매수하면 존 버보다 훨씬 이익이다.

9월 3일 이후 매뉴얼에 따라 애플이 떨어진 비율대로 매수했다면 약 30% 비중으로 말뚝이 들어갔을 것이고 평단가는 110 달러대가 나온다. 그러니 당장이라도 애플을 사도 손해가 아니다. 그런데 왜 못 사는가? 사고나서 떨어질까봐 두렵기 때문이다. 하지만 만약 말뚝박기를 매뉴얼대로 실행했다면 -3%가 떠서 팔았던 시점보다 주가가 더 올라 있어도 지금 사면 이익이다. 말뚝박기를 통해 싼 구간에서 어느 정도의 비중이 미리 들어갔기 때문이다.

배터리데이를 앞두고 테슬라 주가가 엄청나게 올랐다. 그리고 배터리데이 이후 실망감으로 하루에 -20%나 급락했다. 이처럼 주식은 내가 본 사실들이 이후에는 트라우마나 공포로 작용한다. 테슬라가 그랬으니 애플도 비슷한 상황이 올지 모른다는 자기암시가 생길 수 있다. 혹시나 애플의 아이폰12 발표 이후 실망감으로 떨어질 수도 있다는 두려움이 생길 수 있다. 스스로가 만들어낸 공포다. 내가 팔았던 가격보다 애플의 주가는 이미 더 높이 올라 있고, 지금 사기에는 리스크가 너무 크다. 가격은 오르고 사기에는 겁나는 이 상황에서, 결국은 투자자의 탐욕 때문에 포모증후군이 발현한 것이다.

② -3%가 뜨고 전량 매도 후 120달러 아래서 무조건 전량 매수했다면 존버보다 낫다. 내가 팔았던 가격보다는 싸게 샀기 때문이다. 이후 마이너스가 얼마나 발생하건 존버보다는 낫다.

애플이 한참 떨어지던 2020년 9월 23일 장중 103달러까지 떨어졌다.

말뚝을 박다가 그 지점에서 전재산을 투여해도 무조건 이득이다. 그런데 왜 사지 못했는가? 이유는 똑같다. 더 떨어질까봐서다.

내일 일을 알 수 없는데 103달러가 과연 전재산을 투여해도 되는 구간인지 구별할 수가 없다. 뉴스에서는 매일 '기술주 역대 최고 버블, 앞으로 추가 하락 염려'라는 기사가 쏟아진다. 애플이 103달러까지 떨어졌음에도 불구하고 전량 매수하지 못하는 이유는 오로지 자신의 공포 때문이다.

앞으로 포모가 두렵다면 -3%가 떠서 판 가격보다 1달러라도 아래로 내려가면 전량매수하면 된다. -3% 원칙은 마음을 편하게 만들어주는 방법이다. 오르고 내리는 지점을 정확히 예측하여 최대한의 수익을 올리는 방법이 결코 아니다.

그나마 대안으로 말뚝과 TLT, 금투자 등으로 어느 정도의 수익을 확보하나 존버보다 못할 경우도 있다. 여기에 아쉬움을 갖기보다는 마음 편히 안전한 투자를 하고 있다는 사실을 중요시 해야 한다.

💎 마음 편한 투자가 결국 장기레이스를 승리로 이끈다

'-3% 발생 시 전량 매도'와 '구간별 말뚝박기 전략'을 병행한다면 주가가 떨어지는 공포장에서도 마음 편히 투자할 수 있다. 떨어질 때마다 구간별로 말뚝을 박아 놓으면 더 떨어져도 그만큼 더 싸게 대응이 가능하므로 위험을 최소화하면서 주식을 모아갈 수 있다. 반대로 올라가면 말뚝을 박아놓은 비중만큼 수익률이 올라서 좋다. 양방향이 모두 편한 투자법인 것이다.

투자자는 공포장에서 특히 밤잠을 설친다. 다우지수와 나스닥지수를 보느라 간담이 서늘했다 마음이 놓였다를 반복한다. 폭락하면 내일 일이 걱정이고, 오르면 팔아버린 수량만큼 아쉬움에 화가 난다. 그러나 이 두 개의 전략을 실행하는 투자자는 잘 자고 일어나 새벽 미국장이 끝나기 전에 확인만 하면 된다.

◆ 절대 하지 말아야 할 투자행동

당신의 기존 생각대로 존버를 하건 내가 제시한 매뉴얼에 따라 -3% 룰을 지키건 한 가지는 반드시 지켜야 한다. 존버를 해도 -3% 룰을 지켜도 둘 다 돈을 번다. 존버는 곰이고 -3%룰은 여우다.

그러나 이도저도 아니게 오르면 탐욕이 발동해 매수하고 내리면 공포 때문에 팔아버리면 결국 남는 건 텅텅 빈 깡통계좌뿐이다. 탐욕과 공포에 휩쓸리는 투자는 돼지다. 돼지는 절대 돈을 벌 수 없다.

-3%룰은 안전하게 수익을 거두고 위험을 지켜내는 룰이다. 군대용어 중 FM이라는 말이 있다. 영어로는 Field Manual. 'FM대로 한다'는 정석대로 한다는 뜻이다. 총알이 날아다니는 전장이나 다름없는 주식시장에서 우리는 탱크, 미사일, 스텔스기를 가진 거대 투자주체와 겨우 소총으로 싸워야 한다.

투자주체는 개인투자자들에게 "소총으로 싸우지 마세요. 우리가 대신 싸워주겠습니다" 하면서 펀드를 권한다. 그런데 펀드는 사기를 치거나 고객돈을 빼돌리거나 샀다 팔았다를 반복하면서 수수료를 가져가지만 결국 수익률은 은행이자만도 못한 실정이다. 어쩌다가 실적 좋은 펀드가 있어도 영원히 내 재산을 지켜주지는 못한다. 그래서인지 최근 추세는 펀드 해약 후 직접투자가 대세다.

결론

-3%룰은 거대 투자세력과 싸울 수 있는 필드 매뉴얼이다. 이 방식이 마음에 들지 않으면 존버를 하거나 자신만의 룰을 만들어라. 여우도 곰도 시장에서는 돈을 번다. 하지만 탐욕스러운 돼지는 절대 돈을 벌지 못한다.

-3%룰은 선택의 폭을 넓혀준다. 떨어질 때는 말뚝을 박거나 적당한 가격이라면 올인하면서 수익률을 극대화 할 수 있다. 그런 면에서 능동적이다.

그러나 존버는 선택의 폭이 없다. 그저 시장의 처분만을 바라면서 하염없이 기다릴 뿐이다. 그런 면에서 존버는 수동적이다.

주식시장에서 이러한 상황은 수시로 일어난다. 그때 수동적으로 투자할지 능동적으로 투자할지는 본인의 선택이다.

말뚝박기 매뉴얼 실행법

나스닥 일간지수에 –3% 이상의 폭락이 발생한 후, 전고점 대비 10%가 하락하면 20%부터 담기 시작해, –5% 떨어질 때마다 10%씩 추가 투자하면 된다. 말뚝박기 전략이니만큼 떨어질 때만 매수할 뿐 올라갈 때는 매수하지 않는다. 다만 한 달+1일이 지나 –3%가 끝나는 시점에는 전량매수한다. 공황 (한 달에 4번 –3% 발생)으로 가도 말뚝박기이므로 기존에 들어간 매수 포지션은 절대 매도하지 않는다. 혹시나 포모가 두렵다면 팔았을 때의 가격보다 아래 가격으로 떨어지면 무조건 올인한다.

말뚝박기 전략 2

나스닥지수에 -3%가 뜨면 전량 매도 후 TLT 또는 금을 사면서 헤지 전략을 쓴다. 그러나 TLT나 금이 오르지 않거나 지지부진할 때도 많다. 경기부양책이 통과되지 않으면서 달러가 풀리지 않으면 주가가 떨어지면서 금도 같이 떨어지기도 한다. 따라서 말뚝박기 전략은 주식으로 헤지를 하는 전략이다.

💎 말뚝박기를 왜 하는가?

말뚝박기 전략을 쓰는 이유는 -3%가 뜨면 강제로 한 달+1일을 기다려야 하고, 공황(한 달에 4번 -3%가 뜨면 매뉴얼상 공황)이라면 두 달+1일을 기다려야 하는데, 그 사이에 주식이 올라버리면 다시 들어갈 시간을 기다리다가 오히려 -3%때 팔았던 가격보다 더 비싼 가격에 사야 하는 경우가 생기기 때문이다. 이를 방지하기 위해 말뚝박기 전략을 사용한다.

급락도 공포지만, 주식을 모두 매도하고 매뉴얼을 지키는 투자자에게는 주가 상승도 급락 못지않은 공포(안타까움)로 다가온다. 따라서 -3%가 뜨면 떨어진 비율만큼을 주식을 사면서 오르는 것에 대한 포모를 방지할 수 있다.

💎 적절한 말뚝박기 종목

적절한 말뚝박기 비율에 대해 알아보자. 먼저 말뚝박기의 대상은 다음 두 가지다.

　① 세계 1등 주식
　② 나스닥지수

더 많이 떨어진 종목을 말뚝박기 대상으로 삼으면 된다. 세계 1등 주식이 더 많이 떨어졌다면 세계 1등 주식을 대상으로 삼고, 나스닥이 더 많이 떨어졌다면 나스닥지수를 대상으로 삼으면 된다. 나스닥 ETF(QQQ, 나스닥100지수 추종) 말이다.

💎 적절한 말뚝박기 비율

몇%가 떨어졌을 때 몇%를 담을 것인가? 중요하면서도 궁금한 사항이다. 앞서 소개한 것처럼,
　"5% 떨어질 때마다 10%를 담는다."
　그 이유는 다음과 같다.

① 100%까지 떨어지지 않는다는 사실을 전제로 한다

만약 나스닥이 100% 떨어지거나 세계 1등 주식이 100% 떨어진다면 세상이 망하거나 상장폐지 혹은 이미 오래 전 2등과 순위바꿈(1등과 2등의 순위가 바뀌면 새롭게 1등으로 올라온 주식으로 갈아타야 한다. 갈아타는 전략은 이전 책 『내일의 부』 참조)이 되어 있을 것이다. 따라서 100%까지 떨어질 일은 없다.

② 지수가 최대로 많이 빠졌던 경우가 전고점 대비 85%이다

1929년 대공황 때 85%가 빠졌다. 2000년 닷컴버블은 80%였다. 그러나 이는 최악의 경우를 상정했을 경우다. 앞으로는 연준과 의회 등이 적극 나서서 주가가 절단 나는 상황을 방치하지 않을 것이다. 따라서 앞으로는 공황이 온다고 하더라도 80%~85%까지 빠지는 상황을 예상하기 어렵다.

위 2가지 경우를 제외한 공황은 몇%까지 빠졌는지 조사해 봤더니 다음과 같았다.

- **1987년 블랙먼데이** 전고점 대비 -36%
- **2012년 미국 신용등급 위기** 전고점 대비 -18%
- **2008년 금융위기** 전고점 대비 -56%
- **2018년 연준 금리인상 위기** 전고점 대비 -30%
- **2020년 코로나 위기** 전고점 대비 -30%

이 중 최대 하락폭은 2008년 금융위기 때의 전고점 대비 -56%다. 그러니 약 -50% 정도에 올인하는 전략을 취하면 된다. 즉 나스닥지수가 -50%까지 떨어졌을 때는 현금이 한 푼도 없어야 한다.

-50%에 올인 전략은 매우 보수적으로 잡은 것이다. 위의 사례를 보라. 공황이 발생해도 평균 하락률은 30% 정도다. 따라서 나스닥지수가 -50%까지 떨어지면 올인하겠다고 가정을 한다면 어떤 비율로 말뚝박기를 해야 하는가? 앞장에서 제시한대로 5% 떨어질 때마다 자산의 10%씩 추가로 들어가는 것이 보수적인 접근 방법이다.

나스닥지수가 아닌 세계 1등 주식의 기준도 동일하다. 나스닥지수와 세계 1등 주식은 비슷하게 떨어지기 때문이다.

결론

나스닥 -3%가 뜨고 말뚝박기에 들어간다면 세계 1등과 나스닥 지수 중 더 많이 떨어진 것을 대상으로 삼고, 대상이 5% 떨어질 때 자산의 10%씩 들어가면 된다.

말뚝박기 전략 3

조금 더 탄력적으로 적용이 가능한 말뚝박기 전략을 소개하고자 한다.

최근의 일로 2021년 2월 26일 금요일 미국채 10년물 금리인상 이슈로 나스닥에 -3%가 발생했다. 그리고 2021년 2월 27일에는 애플이 전고점 대비 15% 하락한 가운데 끝이 났다. 한편 나스닥은 전고점 대비 6% 하락한 상태였다.

앞으로 애플은 얼마나 더 떨어질까? 전고점 대비 50%까지 떨어질까? 아직 결과가 나오지 않았으니 지금으로서는 알 수 없다. 2020년 코로나 위기가 발생했던 3월, 애플은 전고점 대비 약 30% 떨어진 바 있다. 과연 현재의 금리인상 위기가 1년 전 코로나 위기보다 더 큰 악재일까? 현재는 연준이 뒤를 받치고 있고 여차하면 10년물 국채를 사줄 수도 있다. 게다가 애플의 기업실적도 좋고 경기부양책으로 돈도 풀리니 전고점 대비 약 25% 정도를 최대 하락폭으로 놓고 보는 것이 적당하지 않을까 생각된다.

따라서 애플에 대한 말뚝박기 비율을 최대 50% 하락폭으로 정하고 들어가기보다는 상황에 따라서는 25% 정도로 잡아야 할 때도 있다.

애플 25% 하락 비율표		
	애플 주가	말뚝박기 비율
전고점 대비 하락률	143.16	
-10%	128.844	40%
-15%	121.686	60%
-20%	114.528	80%
-25%	107.37	100%

나스닥지수에 -3%가 발생하면 애플을 비롯 보유중인 주식을 일단 모두 매도한 후, 주가가 하락할 때마다 위의 비율에 따라 다시 매수하면서 말뚝박기를 실행하면 된다. 애플의 최대 하락폭을 25%로 잡고 말뚝박기를 실행한다면 위의 표처럼 애플이 5% 떨어질 때마다 20%씩 투입하면 된다.

◇ 더욱 탄력적인 운용법

말뚝박기는 주가의 하락 구간에서 수익률을 높여주는 매우 중요한 전략이다. 따라서 더욱 디테일하고 치밀한 전략적인 행동이 요구된다. 투자자들은 보통 한 점만을 생각한다. 애플이 -10% 떨어진 128,844 달러를 가정했을 때, 반드시 이 한 점에서 40%를 사야 하는 것은 아니다. 129달러나 130달러에도 40%의 비율을 맞출 수 있다. 128,844달러에만 집착하다 보면 주가가 129달러까지만 떨어졌다가 반등해 버리면 말뚝박기 기회를 놓칠 수 있다. 만약 실제로 주가가 129달러에서 반등한다면 그래서 총자산의 40%를 사기가 찜찜하다면 총자산의 35% 정도는 사는 전략이 좋다.

탄력적으로 생각하자. 너무 숫자에 얽매일 필요는 없다. 내가 운영하는 카페 회원들의 경우에도 숫자에만 매몰되어 그 숫자가 아니면 절대 움직이지 않는 사람들이 종종 있다.

💎 예상했던 25%보다 더 크게 떨어진다면

상황이란 언제라도 예상과 달리 흘러갈 수 있다. 애플의 하락률을 최대 25%로 잡았는데, 만약 25% 이상 하락이 진행된다면 어떻게 대응해야 하는가? 그때는 안 팔고 버티는 수밖에 없다(이 책의 뒷부분에 리밸런싱과 조합하여 이 경우에 어떻게 대처하면 좋을지 또다른 전략이 담겨 있다). 최대 하락폭 25%를 적용한 비율표가 불안하다면 최대하락폭 50%를 적용한 비율표대로 말뚝박기를 하면 된다. 단, 이 경우에는 애플이 25%선에서 반등해 버리면 말뚝박기를 충분히 할 수 없다는 단점이 생긴다.

애플 50% 하락 비율표		
	애플 주가	말뚝박기 비율
전고점 대비 하락률	143.16	
-10%	128.844	20%
-15%	121.686	30%
-20%	114.528	40%
-25%	107.37	50%
-30%	100.212	60%
-35%	93.054	70%
-40%	85.896	80%
-45%	78.738	90%
-50%	71.58	100%

⚖ 결론

나스닥에 -3%가 뜨고 주가 하락이 진행될 때, 말뚝박기 최대하락률을 -50%로 보느냐, -25%로 보느냐는 사안의 심각성에 따라 탄력 있게 정하는 것이 좋다.

-10% 투자법
(세계 1등 이외 주식에 투자하는 법)

-10% 투자법은 간단하다. 내가 이전에 산 가격에서 10% 떨어질 때마다 추가매수 하는 방식이다. 오늘 하루 주가가 -10% 떨어졌다고 해서 사는 것이 아니다. 그리고 총자산의 일정 비율을 정해놓고 목표비율을 맞춰 사는 방식이다. 세계 1등 이외 주식에 적용하는 투자법으로 계좌 내 비중을 너무 높게 잡지 않도록 한다.

예를 들어 총자산이 1억 원이라면, 먼저 목표를 정한다. 목표를 비중 5%로 정했다면 정확히 5%만 산다. 한 번에 5%를 다 사지 않고 1%씩 5번에 나누어 산다. 1억 원 기준 5%인 500만 원만 사는데 한 번에 100만 원씩만 산다. 이는 하나의 예일 뿐이니 목표비율은 본인이 정하면 될 일이다.

이런 방식으로 투자하는 종목은 급등락이 심한 주식, 혹은 장기적으로 우상향이 예상되는 주식이다. 예를 들어 테슬라를 보자. 액면분할 이전에는 떨어지면 200달러, 오를 때는 2000달러였다. 오르내림 폭이 상상을 초월한다. 겁이 나서 어느 타이밍에 얼마나 사야 하는지 감을 잡기가 어렵다. 장기적인 우상향이 예상되나 그렇다 하더라도 오르내리는 가격을 보면 매수가 겁난다. 그러니 -10% 투자법을 쓰면 좋다.

증시격언에 '물타기를 하지 마라'는 말이 있다. 이 방법은 격언을 역행한다. 전형적인 물타기 방식이고 오히려 불타기를 하지 않는다. 물타기는 떨어질 때 주식을 사서 평단가를 낮추는 방식이고 불타기는 오를 때 더 사서 평단가를 높이는 방법이다. 좀더 구체적인 투자법을 소개하겠다.

① 내가 원하는 가격대가 올 때까지 기다린다. 언제 살 것인지는 본인이 정한다. 그러나 내가 산 이후로는 -10% 투자법을 철저히 지켜야 한다.

② 원하는 가격대가 왔다고 생각하면 주식을 매수한다. 위의 예에서와 같이 비중 5%를 목표로 세웠다면 매수 비율로 정하고 1%씩 5번에 나누어 산다. 1억 기준 목표 5백만 원, 1백만 원씩 5번이다.

③ 오를 때는 어떠한 일이 있어도 절대 사지 않는다.

④ 내가 산 가격에서 -10%가 되면 그때 산다. 여기서 많이들 헷갈려하는데 정확히 기억해야 한다. '내가 산 가격에서 -10%가 되었을 때 사는 것'이다. 시장가격이 아니다. 기준은 '나'임을 잊지 말자. 예를 들어 내가 500달러에 주식을 샀다. 그런데 주가가 올라 1000달러가 되었다. 2배가 올랐다. 그런데 어느날 -10%가 떨어져서 900달러가 되었다. 그러면 사야 하나? 아니다. 내가 산 가격에서 -10%가 된 것이 아니지 않는가? 시장가격이 아니라 내가 산 가격이다.

비중으로 본다면, 주가가 500달러인 어떤 주식을 자산의 1% 비중으로 매수하였다. 500달러였던 주가가 하락하여 450달러가 되었다면 수익률은 -10%다. 이때 자산의 1%를 추가하여 자산 대비 비중 2%로 만든다. 그러면 평단가는 450달러에 1%, 500달러에 1%이니 물타기를 한 결과 평단가는 475달러, 총자산 대비 비중은 2%가 된다. 수익률은 -5%로 바뀐다.

장점

미래에 많이 오를 만한 주식을 흔들림 없이 가져 갈 수 있다. 오르면 수익이 나서 좋고 떨어지면 추가매수할 기회가 있어서 좋다.

단점

세계 1등 종목 투자가 아니므로 큰돈을 넣지 않는다. 따라서 마음은 편하나 큰돈을 벌기도 힘들다.

원칙

- 나스닥 일간지수에 -3%가 떠도 절대 팔지 않는다.
- 평생 가져간다.
- 미래전망이 바뀌거나 자신이 생각한 방향으로 주식이 가지 않으면 전량 매도한다. 방향은 가격이 아니라 CEO의 부재, 재무제표, 환경, 세계증시의 방향 등이다. 이를 종합적으로 고려하여 판단한다.
- 언제 포지션을 늘리는가? 이 주식이 세계 1등으로 올라오면 그때 늘린다.

워시세일(Wash Sale)을 이용한 절세법

워시세일이라는 말은 생소할 것이다. 우선 워시세일 규칙은 주식 (Security), ETF, 파생상품인 옵션 (Option), 뮤츄얼펀드(Mutual Fund) 모두 해당한다. 판매일 기준으로 평가가 손실이 났을 경우 30일 이내에 같은 주식이나 유사한 상품을 매수할 경우 1099-B에서 공제를 받을 수 없다.

만약 9월 1일에 주당 100달러인 주식 A를 100주 샀다. 9월 15일에 A 주식의 단가가 70달러까지 떨어지면서 총 3천 달러 손실을 입었다. 3천 달러 손실에 대한 세금공제라도 받기 위해서 100주를 모두 팔았다. 그리고 10월 1일 동일한 주식 A를 100주 다시 샀다. 이 경우 처음 3천 달러 손실은 세금 손실로 간주되지 않는다.

이것이 워시세일이다.

그런데 왜 세금 손실로 간주되지 않을까? 이러한 규정이 생긴 이유는 개인투자자 때문이 아닌 주식을 가지고 있어야 하는 대주주가 세금 탈루를 할 수 있기 때문이다. 대주주는 주식을 항상 들고 가야 한다. 대주주가 단지 주식이 떨어졌을 때 팔고 다시 사는 행위만으로도 대규모 손실 혹은 시장에 혼란이 일어날 수 있다. 만약 공제가 된다면 대주주는 주식이 떨어지면 팔았다 다시 사는 액션을 취할 것이기 때문에 대주주의 세금 탈루와 시장의 혼란을 피하기 위해 이러한 제도가 생겼다.

이 제도는 미국의 국세청 규칙으로 한국과는 전혀 관계가 없다. 그러니 미국에서 트레이딩을 하는 사람이라면 이 장은 더 이상 볼 필요가 없다. 이런 제도가 있다는 사실만 알면 된다.

반면 우리나라에는 이런 규정 자체가 존재하지 않는다. 우리나라는 대주주 3억 원 양도세에 대해 과세를 하느냐 마느냐 가지고 논란이 심하고, 이미 10억 원에 대해서는 과세를 하고 있다. 그래서 12월이면 대주주 요건을 피하기 위해 집중적으로 매도한 후 다음 해 1월에 다시 같은 주식을 사는 경우가 있다.

코스피에서 대주주란 주식 보유 지분율이 1% 이상이거나 보유액이 10억 원을 초과할 시 대주주에 속하게 되고, 코스닥은 지분율 2% 이상이거나 보유액 10억 원 초과할 시로 규정하고 있다. 매년 12월이 되면 대주주 요건을 피하기 위해 주식을 매도하는 사람이 너무 많다 보니 어느 때부터는 11월부터 팔기 시작했고 최근에는 10월부터 주식을 팔고 있다. 이 과정에서 기업의 펀더멘털에 아무 변화가 없음에도 불구하고 연말이 되면 주가가 빠지는 현상이 목격되곤 한다.

이런 현상이 일어나는 이유는 한국에는 워시세일로 인한 세금 손실 부정이 없기 때문이다. 이제 워시세일로 인한 세금 절세는 어떻게 하는지 알아보자.

예를 들어 애플 주식을 100달러에 사서 가지고 있었다. 그런데 주가가 130달러까지 올랐다. 여기서 팔았다면 30%의 수익이 발생한다. 그런데 악재가 뜨면서 주가가 120달러까지 떨어졌다. 더 가지고 있다가는 손해를 보겠다는 생각에 120달러에 애플을 매도했다. 결국 100달러에 사서 120달러에 팔았으니 주당 20달러, 즉 20% 이익 확정이다. 이후 애플 주식은 110달러까지 떨어졌고 충분히 떨어졌다는 생각에 110달러에 우선 팔았던 금액의 50% 정도를 다시 샀다. 그런데 다음날 훅 빠지더니 100달러까지 떨어졌다.

이때 워시세일을 이용한다. 장중에 110달러에 사서 100달러까지 10% 떨어진 주식을 팔고 바로 다시 같은 가격인 100달러에 사는 방식이다. 이 경우 주당 10달러, 수익률로 따지면 10%의 손실이 확정되었다.

왜 팔자마자 바로 사는가?

왜냐하면 다음날 더 떨어지면 사야겠다고 대기하고 있다가 생각과 달리 바로 올라버리면 심리적으로 박탈감이 오면서 닭 쫓던 개 신세가 되기 때문이다. 그러니 다음날 더 떨어질 것 같은 느낌이 들더라도 일단 팔았다가 같은 가격에 사는 것이 가장 안전하다. 사고파는 과정에서 비록 수수료가 발생하지만 크게 떨어졌을 경우 수수료를 제하고도 세금 절세가 더 크기 때문에 시도할 만한 전략이다.

한국의 세금제도는 매해 1월 1일 ~ 12월 31일까지 손익을 합쳐서 다음해 5월 종합소득세 신고를 한다. 그러니 올해 이익이 2000만 원 났고 다음 해에 손실이 2000만 원 났어도 합산해서 세금을 줄여주지 않는다. 즉 올해 2000만 원 이익은 이익대로 세금을 내고 내년 2000만 원 손실이 나면 손실 그대로 사라지는 것이다. 그러니 올해 내가 애플로 20% 정도를 벌었다면 이렇게 떨어질 때 바로 팔고 사면 워시세일을 이용해 세금으로 낼 이득을 줄일 수 있다.

이러한 전략은 주가가 하락할 때마다 일정 비율로 주식을 사는 '말뚝박기'를 할 때도 응용이 가능하다.

130달러까지 올랐던 애플이 어떤 악재로 인해 나스닥지수에 -3%가 뜨면서 애플도 덩달아 120달러까지 추락했다. 그래서 120달러에 팔았다. 그런데 110달러까지 떨어져서 자산의 20%를 110달러에 샀다고 하자. 이후 주식이 더 떨어져서 100달러까지 떨어졌다. 추가로 자산의 20%를 들어간다면 어떻게 될까? 총자산의 40%가 들어갔고 평균단가는 105달러가 될 것이다.

이후 한 달이 지나서 -3% 구간이 끝났고 130달러대까지 다시 올라왔다면 절세를 할 수 있을까? 할 수 없다. 만약 내가 애플을 100달러에 사서 120달러에 팔았다면 20% 이득을 봤을 것이고 말뚝을 박았지만 팔지 않았기 때문에 다음해 5월 종합소득세 신고를 할 때는 20%의 이익에 대한 세금을 내야 한다.

◈ 말뚝박기 시

말뚝박기를 할 때 이런 간단한 절차가 절세로 이어진다. 120달러에 애플을 팔고 110달러까지 떨어져서 110달러에 자산의 20%를 들어갔는데 100달러까지 더 떨어졌다면? 나머지 자산 80%에서 20%를 떼어내 100달러에 사서 평단가 105달러에 맞추는 것이 아니다. 100달러까지 애플이 떨어졌을 때 110달러에 산 애플 주식 20%를 모두 매도하고 총자산의 40%를 100달러에 매수해야 한다.

이렇게 하는 이유는 110달러에 산 주식을 100달러에 팔았으니 10% 손실을 대입하기 위해서다. 물론 전제는 100달러에 애플을 사서 120달러에 매도하여 20%의 수익이 난 상황일 경우다. 이익도 없는데 워시세일을 할 경우 수수료만 나간다.

반면 이익이 났을 경우 위와 같이 처리하면 세금 절세 이외에도 평단가가 105달러가 아닌 100달러로 낮아져 있으니 주가가 105달러만 되어도 5% 수익으로 계좌를 관리할 수 있어 심리적인 안정에 도움이 된다. 주식투자를 할 때는 언제나 계좌에 파란 불보다는 빨간 불일 때가 기분전환에 도움이 된다.

◆ 어닝쇼크 시

말뚝박기 상황이 아니더라도 평소 이익이 올해 났을 경우 써먹을 만하다.

애플을 100달러에 사서 120달러에 팔아 20%의 이익이 난 상태다. 그런데 -3%가 끝나는 시점에 총자산 100%를 투여해 애플을 120달러에 샀다고 하자. 가는 날이 장날이라고 어닝 쇼크가 발생하면서 주가가 110달러까지 떨어지고 말았다. 어떻게 하면 좋을까?

워시세일로 110달러에 전량 매도 후 110달러에 다시 전량 매수하면 된다.

120달러에 사서 110달러에 팔았으니 약 10%의 손해가 확정되었다. 게다가 나는 110달러에 샀으니 HTS에서는 -10%가 아닌 0%로 보인다. 기분도 좋고 절세도 하고 양방치기다. 손실은 아까운 일이나 이렇게 하면 최악을 차악으로 바꾸는 효과 정도는 노릴 수 있다.

 결론 _____

위시세일은 한국에서는 세금 감면이 된다. 단 미국에서는 감면이 되지
않는다. 올해 수익이 났다면 위시세일을 이용해서 과감히 팔고 사서 손
실을 확정시키자.

위기 발생→양적완화 시행→위기 끝. 구간별 투자 전략

◇ TLT 투자 시기

TLT는 양적완화 이후에는 쓰지 않는다고 했다. TLT는 공황 초반에만 사용한다. 그리고 공황이 끝날 때까지 투자를 멈춘다. 그러면 공백기가 생긴다. 공황 초반 이후(양적완화 이후)부터 공황이 끝날 때까지 공백기를 메우는 투자는 바로 금이다. 금은 화폐 그것도 달러화폐와 반대의 성질을 갖는다.

☑ '제로 금리'와 '양적 완화'

연준은 지난 15일, 기준 금리를 0.00%~0.25%로 인하했습니다. 이에 따라, 지난 2015년 이후 처음으로 '제로(zero·0) 금리' 시대에 돌입했는데요.

미국 중앙은행 격인 연방준비제도(Fed·연준)가 지난 23일, 예정에 없던 성명을 발표했습니다. 연방공개시장위원회(FOMC) 긴급 회의 결과를 담은 내용인데요.

"미국 경제를 뒷받침하기 위해 모든 수단을 사용하겠다"고 선언했습니다. 신

코로나가 터지자 연준은 2020년 3월 15일 양적완화를 발표했다. 그러고도 주가 하락이 멈추지 않자 무제한 양적완화에 돌입한다. 제로금리 시행 날짜는 3월 15일, 무제한 양적완화는 3월 23일이었다. 그리고 코로나 사태로 인한 주가의 바닥은 3월 20일이었다.

이 날짜들을 보며 우리는 어떤 지표와 종목을 봤어야 하는가? 먼저 TLT를 보자. TLT는 언제 사고 언제 팔았어야 했는가? 나스닥지수에 -3%가 뜨는 첫날 모든 주식을 매도한 후 곧바로 TLT를 샀어야 했다.

나스닥종합지수 내역

기간: 일간

데이터 다운로드   2020/02/24 - 2020/03/13

날짜 ⇕	종가 ⇕	오픈 ⇕	고가 ⇕	저가 ⇕	거래량 ⇕	변동 % ⇕
2020년 03월 13일	7,874.9	7,610.4	7,875.9	7,219.1	1.25B	9.35%
2020년 03월 12일	7,201.8	7,398.6	7,712.3	7,194.7	1.34B	-9.43%
2020년 03월 11일	7,952.0	8,136.3	8,181.4	7,850.9	1.06B	-4.70%
2020년 03월 10일	8,344.3	8,219.8	8,347.4	7,930.4	1.12B	4.95%
2020년 03월 09일	7,950.7	7,957.9	8,243.3	7,943.2	1.20B	-7.29%
2020년 03월 06일	8,575.6	8,469.0	8,612.4	8,375.1	1.05B	-1.86%
2020년 03월 05일	8,738.6	8,790.1	8,921.1	8,677.4	901.11M	-3.10%
2020년 03월 04일	9,018.1	8,834.1	9,020.0	8,757.7	878.06M	3.85%
2020년 03월 03일	8,684.1	8,965.1	9,070.3	8,602.9	1.10B	-2.99%
2020년 03월 02일	8,952.2	8,667.1	8,952.8	8,543.3	1.10B	4.49%
2020년 02월 28일	8,567.4	8,269.7	8,591.8	8,264.2	1.44B	0.01%
2020년 02월 27일	8,566.5	8,744.0	8,904.1	8,562.0	1.15B	-4.61%
2020년 02월 26일	8,980.8	9,011.5	9,148.3	8,927.8	870.35M	0.17%
2020년 02월 25일	8,965.6	9,301.2	9,315.3	8,940.5	871.82M	-2.77%
2020년 02월 24일	9,221.3	9,188.4	9,322.9	9,166.0	795.20M	-3.71%

| 최고: 9,322.9 | 최저: 7,194.7 | 차이: 2,128.2 | 평균: 8,506.2 | 변동 %: -17.8 |

↟ -3%가 뜬 후 날짜별 나스닥지수

2020년 2월 24일 -3%가 떴다. 나스닥지수가 -3% 이상 폭락하고 있거나, -3%에 근접하는 급락세를 보이고 있다면 준비를 해야 한다. 장마감 시간에 -3%가 확정되면 주식을 전량 매도하고 TLT를 샀어야 한다. 2월 24일 장마감 시 해야 할 일들이다.

그리고 언제 TLT를 팔았어야 하는가? 연준이 제로금리를 발표한 날짜다. 3월 15일은 일요일이었다. 매매가 불가능하다. 그러니 월요일 장(16일)이 열리면 TLT를 매도한다.

TLT를 -3%가 뜬 날 장마감 때 매수했다면 그날은 수익도 손실도 나지 않는다. 수익과 손실은 다음 날부터 계산한다. 즉 TLT에 투자한 기간은 2020년 2월 25일 ~ 3월 16일이다. 어떤 수익률이 나왔을까? 9.09%였다.

TLT 역사적 자료

기간: 일간   ⬇ 데이터 다운로드   2020/02/25 ~ 2020/03/16

날짜	종가	오픈	고가	저가	거래량	변동 %
2020년 03월 16일	163.91	160.38	166.15	157.81	30.50M	6.48%
2020년 03월 13일	153.94	155.00	158.20	152.19	19.81M	-2.26%
2020년 03월 12일	157.50	163.51	166.36	155.66	24.36M	0.62%
2020년 03월 11일	156.53	165.43	167.03	155.63	29.59M	-3.68%
2020년 03월 10일	162.51	169.63	172.93	162.03	37.73M	-5.13%
2020년 03월 09일	171.29	179.10	179.70	170.34	41.55M	2.71%
2020년 03월 06일	166.77	167.30	169.33	164.11	76.29M	5.20%
2020년 03월 05일	158.52	157.13	158.82	156.81	17.79M	2.49%
2020년 03월 04일	154.67	156.41	157.35	154.19	23.46M	-1.06%
2020년 03월 03일	156.33	153.81	159.70	152.36	38.61M	1.55%
2020년 03월 02일	153.94	155.30	156.50	153.76	28.15M	-0.88%
2020년 02월 28일	155.31	154.45	155.98	154.16	45.01M	2.26%
2020년 02월 27일	151.88	152.70	153.08	150.83	30.69M	1.08%
2020년 02월 26일	150.25	149.95	151.72	149.58	22.60M	-0.53%
2020년 02월 25일	151.05	150.21	151.76	150.14	20.80M	0.53%
최고: 179.70	최저: 149.58	차이: 30.12	평균: 157.63		변동 %: 9.09	

⬆ 나스닥 -3% 발생 후 날짜별 TLT 변동 추이

매뉴얼을 따랐다면 TLT의 수익률은 9.09%였다.

그로부터 6월 23일 8거래일(나스닥지수가 8거래일 연속 상승하면 공황 끝, 1권 6장 '매뉴얼을 지키는 이유' 참조) 매뉴얼을 완성했을 때까지는 무엇을 했어야 했는가? 달러인덱스 강세에 의한 환전 투자를 할 시점이었다. 그러나 이번 코로나 위기에는 투자기회가 오지 않았다. 달러원 환율이 1,290원까지 잠깐 오르긴 했지만 조기에 통화스와프가 체결되면서 환전투자 기회가 오지 않았다(환율투자에 관한 구체적 방법은 이전 책『내일의 부』에서 자세히 다뤘으니 참조하기 바란다).

그러나 환전투자 기회가 앞으로도 오지 않는다는 가정은 말이 되지 않는다. 이번 코로나 위기는 천재지변이다. 따라서 돈을 풀어야 할 주체인 정부, 연준, 의회 그리고 미국시민이 한 목소리를 낼 수 있었다. 돈을 풀자는 구호에 4개 주체 중 누구도 반대하지 않았다. 왜냐하면 누구의 잘못도 아니었기 때문이다. 따라서 매뉴얼을 완성하려면 환전투자도 미리 알아두는 게 좋다.

2008년도 금융위기, 2000년 닷컴버블과 같은 때에는 탐욕스러운 월가와 닷컴버블에 취한 투기꾼들이 잘못된 주체 혹은 위기의 주범들이었다. 이들의 손해를 메워주려는 법안 발의를 했을 때 국민이 반대하고 의회가 부결시켰다. 그러나 코로나 위기는 반대하는 세력이 없었기에 일사천리로 법안통과와 자금집행이 실시되었다. 그렇기에 신흥국 쪽에도 외환위기가 일어나지 않았고 미연준도 재빠르게 통화스와프를 체결해 주었다. 투자자 입장에서는 환전투자 기회가 없었기에 아

쉽지만, 국가적인 혹은 세계경제적인 입장에서 보면 다행이었다.

반면 2008년 금융위기 당시를 보면 달러원 환율이 1600원 대까지 치솟았다. 변동성이 컸기 때문에 환전투자에 큰 기회가 있었다. 앞으로의 위기에는 환율에 어떤 일이 일어날까? 코로나 위기와는 다를 것이다. 반드시 잘못된 주체가 생길 것이고 그 주체를 위한 구제금융 법안통과도 쉽지 않을 것이다. 따라서 달러를 쥐고 있다면 환율위기로 인한 환전투자가 가능할 것이라 생각한다.

코로나 위기를 보건데 결론적으로 환전의 기회는 오지 않았고 나스닥지수에 −3%가 수시로 뜨는 공황에서 말뚝박기 빼고는 마땅한 대안이 없었다. 그래서 이 공백기(제로금리 시행 이후 공황이 끝날 때까지의 시기)를 메우기 위해 매뉴얼에 금투자를 넣었다.

💎 환전투자 대안, 금투자 시기

이 공백기에 금투자를 했다면 얼마의 수익률을 거둘 수 있었을까?

2020년 3월 17일부터 2020년 7월 25일까지의 수익률은 무려 26.16%이다. 그런데 왜 금투자인가. 그리고 금투자의 속성은 무엇인가. 이에 대해 알아보자.

금은 안전자산이라는 고정관념이 강하다. 그러나 사실 금은 안전자산이 아니다. 주가가 떨어지면 금값도 같이 떨어지기 때문이다.

나스닥과 금(GLD 지수)을 비교해 보면, 코로나 공포가 극에 달했던 2020년 2월 20일 나스닥과 금이 동시에 하락하였다. 안전자산인 금이 왜 떨어졌을까? 금이 안전자산이 아니기 때문에 떨어진 것이다. 금이

GLD 역사적 자료

기간: 일간 ∨ 　　　　　📥 데이터 다운로드 　2020/03/17 - 2020/07/25 📅

날짜 ⇅	종가 ⇅	오픈 ⇅	고가 ⇅	저가 ⇅	거래량 ⇅	변동 % ⇅
2020년 07월 25일	178.70	178.70	178.70	178.70	–	0.00%
2020년 07월 24일	178.70	179.14	179.16	178.20	15.60M	0.86%
2020년 07월 23일	177.18	176.17	178.41	175.65	23.01M	0.88%
2020년 07월 22일	175.63	174.05	175.77	173.76	18.71M	1.52%
2020년 07월 21일	173.00	172.53	173.25	172.31	12.86M	1.21%
2020년 03월 27일	152.25	153.00	153.55	152.00	9.82M	-0.65%
2020년 03월 26일	153.24	153.31	154.81	152.08	12.78M	1.28%
2020년 03월 25일	151.30	152.58	152.88	151.01	16.46M	-1.37%
2020년 03월 24일	153.40	153.50	155.66	152.05	20.74M	4.85%
2020년 03월 23일	146.30	142.68	146.93	142.28	28.28M	4.42%
2020년 03월 20일	140.11	140.71	141.17	139.14	20.06M	1.50%
2020년 03월 19일	138.04	139.08	140.50	137.85	20.83M	-1.89%
2020년 03월 18일	140.70	141.75	142.88	138.50	21.95M	-1.99%
2020년 03월 17일	143.56	140.18	146.20	139.93	24.49M	1.36%
최고: 179.16	최저: 137.85	차이: 41.31	평균: 161.72		변동 %: 26.16

⬆ 제로금리 시행 이후 공황 끝까지 금투자 수익률

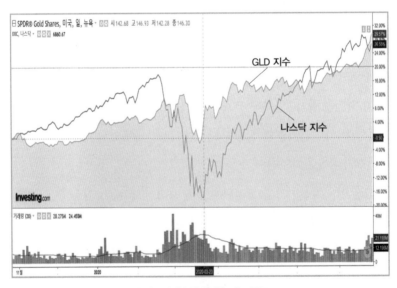

⬆ 나스닥지수와 금지수 비교 차트

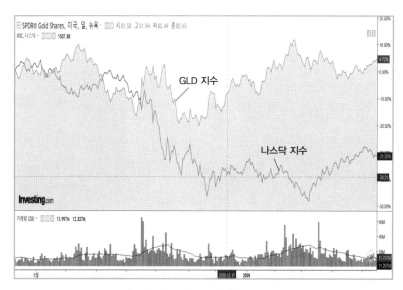

☑ 2008년 금융위기 당시, 나스닥지수와 금지수 비교 차트

안전자산이라면 나스닥이 떨어질 때 반대로 올라갔어야 한다.

2008년 금융위기 때도 같은 상황이 발생했을까?

2008년 금융위기 당시에도 나스닥지수와 GLD지수가 함께 떨어졌다. 그렇다면 언제 GLD지수가 확연히 올랐을까? 바로 2008년 12월 15일, 연준이 제로금리와 양적완화를 동시에 시작하고 나서부터다.

① 금값이 오르는 타이밍

금이 무엇이길래 이처럼 나스닥과 동시에 떨어지는가? 금이 나스닥과는 관계가 없기 때문에 동시에 떨어진 것이며, 금은 달러인덱스 즉 달러의 가치와 관계가 있다.

2008년 금융위기와 2020년 코로나 위기 당시 달러인덱스가 치솟았다. 무엇을 의미하는가? 달러가 많이 필요하다는 것이다. 달러가 많이 필요한 이유는 기업의 부도가 속출하기 때문이다. 그리고 기업의 부도가 속출하는 이유는 시중에 현금이 모자라기 때문이고, 현금이 모자라는 이유는 많은 사람들이 달러만을 원하기 때문이다. 이렇게 연쇄반응을 일으킨 결과다.

당신이 중소기업 사장이라고 가정해 보라. 어느날 갑자기 대기업이 부도로 무너졌다. 이후 연쇄반응이 일어난다. 무너졌던 그 대기업이 나에게 발행했던 어음도 휴지조각이 되었다. 그런데 내가 돌린 가계수표가 만기가 되어서 돌아온다. 게다가 직원들 월급은 당장 줘야 하고 이자도 내야 한다.

당장 무엇이 필요한가. 바로 현금이다. 이때 돈이 되는 물건(채권, 주식, 금 등)은 죄다 팔아서 현금을 만든다. 모든 것이 다 떨어지는 공황 초기의 상태가 바로 이것이다. 그러니 금이라고 해서 오르지 않는다.

그런데 금이 오르는 시기가 있다. 바로 연준이 제로금리와 양적완화를 해줬을 때이다. 특히 양적완화를 하면 더 많이 오르게 되어 있다. 돈이 풀리면서 달러가치가 훼손되기 때문이다. 한마디로 달러가 쓰레기가 될수록 금이 오른다.

과거 금값을 보면 브레튼우즈 체제였을 당시에는 금 1온스당 35달러였다. 35달러를 주면 1온스의 금과 바꿀 수 있었다. 그런데 브레튼우즈 체제 바로 전까지만 해도 금은 1온스당 20달러였다. 브레튼우즈 협정을 하면서 루즈벨트가 20달러에서 35달러로 올린 바 있다. 이렇게 인플레이션을 일으켜서 미국은 단숨에 40% 정도의 시뇨리지 효과(기축통화국, 곧 국제통화를 보유한 나라가 누리는 경제적 이익)를 얻는다.

브레튼 우즈 체제는 국제적인 통화제도 협정에 따라 구축된 국제 통화 체제로 2차 세계대전 종전 직전인 1944년 미국 뉴햄프셔주 브레튼 우즈에서 열린 44개국이 참가한 연합국 통화 금융 회의에서 탄생되었다. 이 협정을 브레튼 우즈 협정이라 부른다.

그런데 지금 금값은 온스당 1,900달러다. 무려 54배가 올랐다. 그렇다면 금값의 미래를 어떻게 봐야 하는가? 당분간은 오를 것이다. 수조 달러에 이르는 미국의 추가부양책, 이에 따라 생기는 미국 정부부채에 붙는 이자를 줘야 하기 때문이다.

2021년 2월을 지나는 현재는 제로금리 상황이므로 이자부담이 없지만 앞으로 경기가 좋아져서 이자부담이 생긴다면 달러의 가치는 더 떨어질 것이다. 금값이 떨어질 요인이 생기지 않는다. 결국 금이 떨어지는 시점은 달러의 가치가 올라갈 때다.

② 금값이 떨어지는 타이밍

달러의 가치가 올라간다. 무슨 뜻인가? 연준이 양적완화를 축소하고 금리를 올리면 달러의 가치가 올라간다. 따라서 이때부터 금 가격은 떨어지기 시작한다. 즉, 시장에서 달러 구하기가 어려워지면 그때부터 금은 나락으로 떨어진다.

2008년 금융위기 이후 줄기차게 올라가던 금 가격이 정점을 찍고 떨어지기 시작한 시점은 2011년 8월 22일이었다. 무슨 일이 일어났기에 금이 정점을 찍었고, 테이퍼링(Tapering)은 또 무슨 뜻인가? 용어적 의미를 보면,

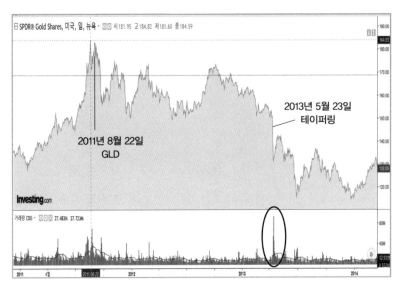

🔄 2008년 금융위기 당시, 나스닥지수와 금지수 비교 차트

> 테이퍼링은 정부가 경제 위기에 대처하기 위해 취했던 양적완화 규모를 점진
> 적으로 축소해 나가는 것을 말한다. 출구 전략의 일종이다.

사전적 의미에서 테이퍼링은 "점점 가늘어지다, 끝이 뾰족해지다"라는
뜻이다. 테이퍼링이라는 용어는 2013년 5월 23일 벤 버냉키 미국 연방
준비제도 의장이 의회 증언 도중에 언급하면서 유명한 말이 되었다.

연준의장인 벤 버냉키가 2008년 금융위기 이후 매입하던 자산을
축소하겠다고 공식적으로 밝힌 것이 바로 테이퍼링의 시작이라고 보
면 된다. 그때 거래량이 폭발적으로 늘어나면서 금값이 폭락하는 상황
을 볼 수 있다.

그런데 금 가격의 본격적인 하락은 그 이전인 2011년 8월부터 시작
되었다. 왜일까?

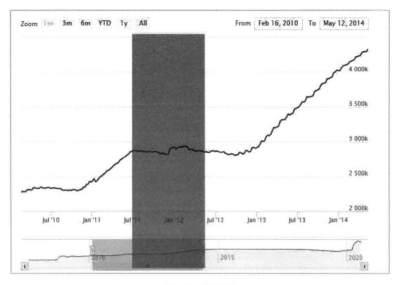

⬆ 연준자산현황

　버냉키 전 연준의장의 발표는 2013년이었으나 연준자산현황을 보면 발표 한참 전인 2011년 8월부터 연준자산이 이미 줄어들고 있었기 때문이다. 2013년 5월 23일 의회연설은 그 입장을 확연히 밝힌 것이었고, 이에 시장이 패닉에 빠졌다. 금 보유자들이 앞다퉈 패닉셀링에 동참했던 시기였다.

　"연준이 자산을 줄이면 금값이 떨어진다." 이유는 단순명확하다. 달러의 가치가 올라가면서 금값이 떨어지기 때문이다. 달러가 양적완화를 축소하고 이자도 올리면 상대적으로 금값이 떨어진다. 그러니 연준이 양적완화를 축소하면 금에 대한 투자를 멈춰야 하는 것이다.

　2008년 금융위기에 이어 2011년 8월 4일부터 시작된 미국의 신용등급 위기도 살펴보자.

미국신용등급위기 공황 발생 현황(한 달 동안 나스닥지수 -3% 4번 이상 발생)		
날짜	나스닥지수 등락률(%)	-3% 이상 발생 빈도
2011년 08월 18일	-5.2200	네 번째 발생: 미국신용등급위기 시작
2011년 08월 17일	-0.4700	
2011년 08월 16일	-1.2400	
2011년 08월 15일	1.8800	
2011년 08월 12일	0.6100	
2011년 08월 11일	4.6900	
2011년 08월 10일	-4.0900	세 번째 발생
2011년 08월 09일	5.2900	
2011년 08월 08일	-6.9000	두 번째 발생
2011년 08월 05일	-0.9400	
2011년 08월 04일	-5.0800	첫 번째 발생

2011년 8월 18일 나스닥지수가 8월에만 -3%가 4번째 발생하면서 공황에 빠졌다. 미국 신용등급위기가 터지자 사람들은 어떻게 행동했을까? 달러를 모으기 시작했다. 2008년 금융위기, 2020년 코로나 위기처럼 위기에 빠지면 달러인덱스가 치솟으면서 현금 확보에 나선다. 이때는 일반적으로 매뉴얼대로 TLT를 사는 것이 훨씬 좋은 수익률을 거뒀다. 금은 위와 같이 공황이 확정된 2011년 8월 18일 이후부터 급락을 하고 만다. 따라서 공황이 발생한 즉시 시점에는 금이 아니라 TLT다.

그렇다면 금을 샀다면 언제까지 들고가야 하는가? 2008년 금융위기의 경우 매뉴얼상 공황이 끝나는 2009년 9월까지만 들고가면 되고, 그 이후는 주식을 가지고 가면 된다. 굳이 2011년 8월에 연준이 자산을 축소하는지를 보지 않아도 된다.

코로나 위기를 맞아 금값이 언제까지 올라갈까? 연준이 자산을 축소할 때까지다. 그리고 당분간은 금값이 떨어질 요인은 크지 않다. 추가부양조치 등으로 달러가치가 지속적으로 훼손되고 있다는 얘기다.

그런데 2021년 2월 현재 금값이 전고점을 돌파한 후 조정을 보이면서 위험신호로 받아들이는 시각이 있다. 2008년 금융위기 당시 뿌린 달러가 3조5천억 달러 정도다. 그런데 코로나 위기가 터지고 몇 개월 동안 시장에 뿌린 현금이 2조9천억 달러다. 거기에 최소 1조 달러에서 3조 달러가 더 풀릴 예정이다. 더 짧은 기간 동안 더욱 천문학적인 돈이 살포되고 있다. 따라서 금값은 당분간 올라갈 것으로 보인다.

◇ 공황 종료 이후에는 금보다 주식

그러나 공황이 끝나면 금투자보다는 주식에 투자해야 한다. 금투자도 좋지만 주식투자가 더 좋다는 의미다. 시장이 안정되면 금값 상승보다 주가 상승이 더 크게 일어난다. 게다가 연준이 시장이 눈치채지 못하는 사이 언제 밑장빼기를 할지 모른다. 연준이 밑장을 빼는 순간 금은 나락으로 떨어질 수 있다. 따라서 항상 긴장해야 한다.

공황이 끝나면 주식에 투자하면 된다. '평상시에는 항상 주식을 들고간다'는 원칙을 따르면 그만이다. 다만 위기가 진행되는 동안 일정 비율의 금을 가져가는 전략은 나쁘지 않다.

2008년 금융위기를 봤을 때도 매뉴얼상으로는 2009년 9월에 공황이 끝났는데, 금값은 2011년 8월까지 오르지 않았는가?

현재는 달러의 가치를 나타내는 달러인덱스가 90까지 떨어지고 있다. 달러의 가치가 떨어지고 있음을 나타내는 지표다. 따라서 금과 달

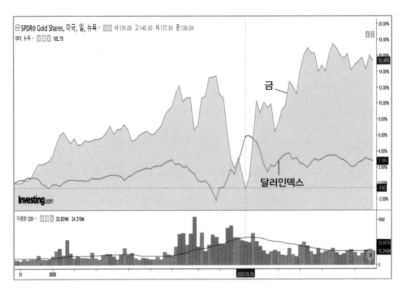

금과 달러인덱스 비교 차트

러가 완전히 반대로 벌어지고 있다.

그렇다면 공황이 발생하면 무조건 금에 투자해야 할까? 2011년 미국신용등급위기처럼 양적완화를 하지 않은 일시적인 공황에서는 금값이 크게 오르지 않았다. 아니 오히려 급락했다. 그러니 양적완화, 제로금리 등 달러가치 훼손이 있을 때에만 금투자를 해야 한다.

결론

양적완화를 시행하는 공황(2000년 닷컴버블, 2008년 금융위기, 2020년 코로나위기)이 벌어지면 양적완화 이전까지는 TLT를 가지고 가고, 양적완화 이후부터 공황이 끝날 때까지는 금에 투자하면 된다. 공황이 끝나면 당연히 주식으로 복귀한다.

〔부의 체인저〕 바뀐 세상에서 어떻게 투자할 것인가?

2008년 12월 16일~2011년 8월 10일까지 금 폭등기 분석

2008년 12월 15일, 미 연준은 양적완화와 제로금리를 시작했다. 천문학적인 돈이 풀리면서 이때부터 달러는 돈을 푸는 만큼 떨어지기 시작한다. 당시 풀린 돈은 3차례에 걸쳐 무려 3조 5천억 달러였다.

금가격은 2011년 8월 20일 정점을 찍고 떨어지기 시작했다. 그리고 2013년 5월, 벤 버냉키 연준의장이 테이퍼링(양적완화 축소)을 언급하면서 완전히 나락으로 떨어졌다. 양적완화를 축소하면 달러 가치가 상승하면서 금 가격이 추락하는 것은 맞다. 그런데 연준이 금리를 올리는 2015년 12월 16일부터 금은 바닥을 찍고 다시 올라가기 시작해 현재에까지 이르렀다. 결론을 내려보면 다음과 같다.

◇ 결론 1

양적완화를 시행하면 금가격은 올라가고, 다음 번 공황이 오면 정점이며 금투자를 접어야 한다. 그리고 테이퍼링은 금투자의 무덤이라는 사실을 알아야 한다.

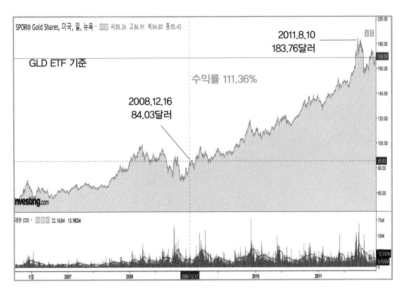

GLD ETF 기준

수익률 111.36%

2008.12.16
84.03달러

2011.8.10
183.76달러

SPDR® Gold Shares, 미국, 일, 뉴욕 · 시 85.26 고 86.91 저 84.80 종 85.43

🔹 **2008년~2011년 금투자 수익률**

2008년 12월 16일 ~ 2011년 8월 10일까지 금투자 수익률은 무려 111.36%다. 차트로 보면 위와 같다.

이 기간 금투자만 해도 수익률은 매우 훌륭하다. 그렇다고 주식투자를 하지 말라는 얘기는 아니다. 양적완화기에는 금투자도 훌륭한 투자 대안이 된다는 말이다.

투자를 하면서 매년 25%의 수익을 거두면 21년 후에는 원금의 100배가 된다. 매년 25%의 수익을 복리로 계산하면,

1년 25% 수익 = 1.25배

2년 25% 수익 = 1.56배

3년 25% 수익 = 2.05배

이 기간 금가격이 2배 올랐으므로 매년 25%의 수익을 올린 셈이 된다. 더구나 3년이 채 되지 않았다. 정확히 2년 8개월 정도였다. 이처럼

금투자도 시기를 잘 이용하면 주식투자 못지않은 수익이 가능하다. 물론 수익이 과거와 똑같다는 보장은 할 수 없다. 그렇다고 무시해도 되는 수익률은 아니다.

◇ 결론 2

양적완화 이후 2년 8개월의 수익률은 무려 111.36%였다. 이때의 위험구간은 언제인가? 금가격이 -3% 이상 떨어졌을 때가 아닌가 싶다. GLD 기준으로 같은 기간 동안 -3%는 7번 발생했다.

금가격이 -3% 이상 폭락한 날		
날짜	가격	수익률
2009년 01월 12일	80.76	-3.77%
2009년 02월 24일	94.73	-3.07%
2009년 12월 04일	113.75	-4.17%
2009년 12월 17일	107.34	-3.81%
2010년 02월 04일	104.37	-3.98%
2010년 07월 01일	117.04	-3.81%
2010년 10월 19일	130.11	-3.11%

-3% 하락한 날이 그리 많지 않다. 그런데 -3%가 뜨고 어떤 규칙도 찾기 힘들었다. -3%가 떴다고 하여 무조건 떨어진다거나 반등한다거나 하는 패턴이 발견되지 않았다. 따라서 일단 금투자를 시작했다면 홀딩 전략이 가장 좋다. 다음 공황이 올 때나 연준이 양적완화를 종료할 때까지 말이다.

다만 금가격에 -3%가 뜨고 조정은 있었다.

① 2009년 1월 12일 : -3%가 떴지만 조정 없이 올랐다.

② 2009년 2월 24일 : -3%가 뜨고 조정이 있었다.

　2월 24일 ~ 4월 17일까지의 약 2달간 조정이다. 이때 2월 24일을 제외하고 약 10% 정도의 조정이 있었다.

③ 2009년 12월 4일 : -4%가 뜨고 조정이 있었다.

　2009년 12월 4일 ~ 2010년 2월 4일까지 약 2달간 조정이다. 이때는 2009년 12월 4일을 제외하면 약 8.25%의 조정이 있었다.

④ 2010년 2월 4일에 : -3%가 떴는데 그때가 오히려 바닥이었다.

⑤ 2010년 7월 1일 : -3%가 뜨고 짧은 조정이 있었다.

　2010년 7월 1일 ~ 7월 27일까지 약 한 달간 조정이다.

　이때는 7월 1일을 제외하고는 약 3.02%의 조정이 있었다.

⑥ 2010년 10월 19일 : -3%가 뜨고 조정이 있었다.

　2010년 10월 19일 ~ 2011년 1월 27일까지 3달간 조정이었다. 이때는 10월 19일을 제외하면 조정이라고 보기에도 작은 -1.68%의 조정이 있었다.

결과적으로 크게는 10%의 조정 구간이 있기도 했지만 패턴화 하기에는 힘들었다. -3%가 뜨고 크게 떨어지지 않았으니 말이다.

◈ 결론 3

양적완화 축소, 공황 전까지 금은 고점 대비 5% 이상 빠지면 추가매수 구간으로 봐야 한다. 양적완화 기간에는 금은 크게 빠져봐야 10% 내외이므로 팔지 않고 버티면서 조정 구간을 견뎌야 한다.

⚖ 결론

1. 양적완화를 하면 금가격은 올라가고 다음 번 공황이 오면 정점이며 금투자를 끝내야 한다. 그리고 테이퍼링(양적완화 축소)은 금투자의 무덤이라는 사실을 잊지 말아야 한다.
2. 양적완화 이후 2년 8개월의 수익률은 무려 111.36%였다.
3. 양적완화 축소, 공황 전까지 금은 고점 대비 5% 이상 빠지면 추가매수 구간으로 봐야 한다. 양적완화 기간에는 금은 크게 빠져봐야 10% 내외이므로 팔지 않고 견뎌야 한다.

나스닥지수에 -3%가 뜨지 않았는데도 1등주가 지속 하락할 때의 대응법

2011년 8월 미국신용등급 위기가 터지자 나스닥지수는 약 20% 정도 급락하였다. 그러나 더 이상 떨어지지 않고 다시 반등하여 분노의 랠리를 이어간다. 그러다가 2012년 9월 21일부터 11월 15일까지 다시 약 11% 하락한다. 신용등급위기의 파장을 이기지 못하고 다시 한 번 반락한 것이다.

같은 기간 애플의 주가흐름도 살펴보자.

애플은 2012년 9월 21일 고점인 100.2달러를 찍고 2013년 4월 19일 저점 55.31달러를 찍으면서 무려 -44.89%의 하락률을 기록하였다. 당시 나스닥지수는 -3%가 뜨지 않았다. -3%가 떴다면 1등주를 전량 처분하고 TLT로 갈아 탈 기회가 있었을 텐데, 이런 구간이 존재하지 않았다. 더구나 1등주였던 애플과 2등주의 차이가 컸기 때문에 1, 2등의 순위가 바뀌지도 않았다.

차트들을 자세히 살펴보면, 나스닥지수는 11% 조정 후 곧바로 반등했지만 1등주였던 애플은 더 오랜 기간 하락하면서 거의 반토막이 나버렸다.

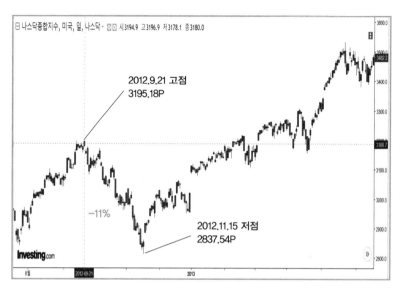

⬆ 2012년 9월 21일~11월 15일, 나스닥지수

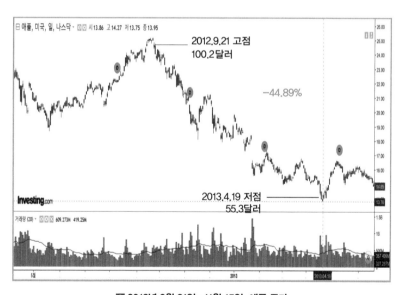

⬆ 2012년 9월 21일~11월 15일, 애플 주가

이처럼 지수는 크게 떨어지지 않았는데, 투자중인 1등주의 하락이 더 크다면 어떻게 대응하는 것이 좋을까? 매뉴얼은 다음과 같다.

"1등주의 주가가 전고점 대비 10% 떨어졌는데, 나스닥지수에 -3%가 뜨지 않는다면 일정비율을 팔아 QQQ(나스닥100지수 추종 ETF, 종목명 '티커')로 갈아탄다."

구체적인 실행 계획은 다음과 같다.

1등 주식 '전고점 대비'

① 1등 주식의 주가가 10% 빠지면 1등 주식 20% 매도 후 QQQ 20% 매수

② 20% 빠지면 20% 추가 매도 후 QQQ 20% 매수 : QQQ 총 40% 매수

③ 30% 빠지면 20% 추가 매도 후 QQQ 20% 매수 : QQQ 총 60% 매수

④ 40% 빠지면 20% 추가 매도 후 QQQ 20% 매수 : QQQ 총 80% 매수

⑤ 50% 빠지면 추가 20%(총 100% 매도) 매도 후 QQQ 20% 매수 : QQQ 총 100% 매수

⑤까지 가지는 않을 것으로 보인다. 1등과 2등의 순서가 바뀔 테니 말이다. 1등이 2등으로 가고 2등이 1등으로 가면 2등으로 밀려난 주식을 매도하고, 새롭게 1등이 된 주식을 매수하면 된다. 단, 역전이 되어 둘 간의 시가총액 차이가 10% 미만일 때는 두 종목을 반씩 보유하면

된다. 그러다가 역전된 1, 2등의 시가총액 차이가 10% 이상으로 벌어지면 2등 매도, 1등 매수 전략으로 1등 주식만 보유하면 된다(보다 구체적인 전략은 이전 책 『내일의 부』 참조). 즉, 원래 1등이었던 주식을 전량 처분하고, 새롭게 1등이 된 주식으로 완전히 갈아탄다는 의미다.

그리고 1등 주식이 다시 MDD(Max Draw Down, 최대손실율) 구간을 넘어서 바닥에서 10% 오르면 위와 반대로 리밸런싱 한다. 즉, QQQ 20% 매도 후 세계 1등 주식 20% 매수, 20% 추가 매도 후 총 40% 매수… 전략이다. 1등 주식에서 QQQ로 갈아탈 때와 반대로 움직이면 된다.

이와 같은 전략이라면 2012년 1등 주식 애플이 MDD 45%를 기록했을 때와 똑같은 일이 반복되더라도 충분히 극복 가능할 것으로 보인다.

세계 1등 주식의 리밸런싱

이번 장에서는 바로 앞장에서 다루었던 내용(나스닥지수에 -3%가 뜨지 않았는데도 1등주가 지속 하락할 때의 대응법)을 보다 디테일하게 정리하고자 한다.

먼저 앞의 내용을 요약하면, 애플이 1등이던 2012년, 애플은 2등과 압도적인 차이를 내며 1등을 달리고 있었다. 나스닥지수에 -3%가 안 뜬 상태에서 애플의 주가는 고점 대비 최대 45%가 빠졌다. 그리고 그 과정에서 1등과 2등의 시가총액 역전도 일어나지 않았다.

당시 애플의 하락 이유는 스티브 잡스가 2011년 10월 5일 사망하면서 애플의 혁신에 대한 문제가 제기되었고 실적 면에서 어닝쇼크까지 겹쳤기 때문이었다.

세계 1등 주식 투자법은 한 종목에 투자하여 시장 평균을 이기는 방법이기 때문에 이러한 일이 항상 일어날 수 있다. 투자자들이 가장 우려하는 상황은 나스닥지수에 -3%가 뜨지 않으면서 1등 주식이 매일 떨어지는 경우다. 기준이 모호하여 대처가 쉽지 않다. 2012년 애플의 경우처럼 말이다.

결과적으로 애플은 1등답게 이후 V자 반등을 이뤄냈다. 그러나 실제 애플을 보유하고 있던 투자자 입장에서는 그 과정을 견디기가 쉽지 않다. 이러다가 무슨 큰일이라도 나는 건 아닌지 노심초사 할 수밖에 없다. 이러한 사태를 예방하고자 추가 매뉴얼을 만들어 투자에 도움이 되도록 하였다.

당시 애플은 -45%라는 기록적인 하락률을 보였으나 그에 비해 나스닥은 10%의 짧은 조정 후 꾸준히 우상향하는 그래프를 그리면서 올라갔다. 그러니 애플을 팔면서 나스닥(QQQ)을 매수하는 리밸런싱이 필요했고 이 과정을 통해 애플의 위기를 넘어갈 수 있었다. 이를 체계화 하여 매뉴얼로 기억하자.

- **상황 발생** : 세계 1등이던 애플이 2등과 10% 이상 차이가 나는 상태로 최대 45%까지 떨어진 적이 있다.

- **매뉴얼** : 주가는 항상 종가를 기준으로 한다. 나스닥지수가 장중에 -3% 이상 하락했어도 종가에 -3% 미만으로 끝나면 이날 -3%가 발생하지 않은 것으로 치는 것처럼 말이다.

- **팔고 사는 방법**
  ① 세계 1등 주식의 전고점이 100달러일 때 나스닥지수에 -3%가 뜨지 않은 상태에서 -10%가 빠진 90달러(종가 기준) 이하로 떨어졌을 때 → 세계 1등 주식을 100주 보유하고 있었다면 20%인 20주를 팔고 20주를 판 돈으로 나스닥100 ETF인 QQQ를 산다.

② 세계 1등 주식이 다시 상승해서 전고점인 100달러를 넘었을 때 → 나스닥100 ETF인 QQQ를 전량 매도 후 세계 1등 주식을 다시 산다.

③ 세계 1등 주식의 전고점이 100달러일 때 나스닥 -3%가 뜨지 않은 상태에서 내리 -20%까지 빠져 80달러(종가기준) 이하로 떨어졌을 때 → 세계 1등 주식 100주가 있었다면 40%인 40주를 팔고 40주를 판 돈으로 나스닥100 ETF인 QQQ를 산다.

④ 세계 1등 주식이 90달러까지 다시 오른다면 → QQQ 50%를 매도하여 세계 1등 주식을 산다.

그리고 1등 주식이 지속 하락할 때의 대응법을 다시 정리하면, 1등 주식 '전고점 대비'

① 1등 주식의 주가가 10% 빠지면 1등 주식 20% 매도 후 QQQ 20% 매수

② 20% 빠지면 20% 추가 매도 후 QQQ 20% 매수 : QQQ 총 40% 매수

③ 30% 빠지면 20% 추가 매도 후 QQQ 20% 매수 : QQQ 총 60% 매수

④ 40% 빠지면 20% 추가 매도 후 QQQ 20% 매수 : QQQ 총 80% 매수

⑤ 50% 빠지면 추가 20%(총 100% 매도) 매도 후 QQQ 20% 매수 : QQQ 총 100% 매수

오를 때는 역순으로 QQQ를 매도하고 1등 주식을 산다.

⚖ 결론

애플(세계 1등)이 전고점을 돌파하면 QQQ를 전량 매도한 후 애플만 가져가는 것이 맞다. 한 종목에 올인하는 투자가 위험부담이 있는데도 불구하고 QQQ를 사지 않고 세계 1등 주식을 사는 이유는 세계 1등 주식의 수익률이 나스닥100 ETF의 수익률을 앞서기 때문이다(더 자세한 내용은 이 책의 1권 31장 '1등만이 시장을 이긴다' 참조).

현금화 + 말뚝박기 리밸런싱 전략

주가는 오를 때가 있고 떨어질 때가 있다. 가장 억울한 때는 주가가 −20%까지 슬금슬금 빠지다가 나스닥지수에 −3%가 뜨는 경우다. 이미 큰 손실중인데 더 큰 손실을 보고 팔아야 하니 금전적, 심리적 타격이 클 수밖에 없다.

그렇다 하더라도 −3%가 뜨면 말뚝을 남겨놓고 팔아야 한다. 만약 20% 빠진 지점이 내가 샀던 가격이라면 어떨까? 정말 억울할 것이다. 무엇이 억울한가?

① 고점에서 정리하지 못한 점

차라리 고점에서 일부라도 팔았다면 얼마간의 수익이라도 보았을 텐데, 하나도 팔지 못했으니 억울하다. 당시에는 이처럼 지난 번 고점보다 그렇게 많이 떨어질 줄 몰랐다.

② −3%라도 빨리 뜨지

−3%가 뜨지도 않으면서 슬금슬금 빠지니 억울하다. 차라리 −3%가 일

찍 떴다면 그때 정리하고 아래에서 살 수 있었다. 슬금슬금 빠지면 손을 쓸 수가 없다. 가랑비에 옷 젖는다고 정신을 차리고 보면 손실이 커져 있다.

이처럼 억울한 상황을 피하기 위해 전략을 세웠다. 요약하면 현금화와 말뚝박기를 동시에 하는 전략이다. 애플을 예로 들어 보겠다.

① 케이스 1

애플이 실적발표를 앞두고 실적 기대감으로 143.16달러를 기록했다. 2021년 1월 26일 전고점 143.16달러를 기록하고 슬글슬금 떨어졌다. 떨어지는 동안 나스닥 -3%가 한 번도 뜨지 않았다. 그리고 2021년 2월 25일 전고점 대비 15%가 빠진 120.99달러를 기록하고 나서야 나스닥 -3%가 떴다. 애플에서 이런 경우가 발생한 건 한두 번이 아니다.

② 케이스 2

아이폰12 스마트폰을 출시한다는 기대감으로 134.18달러를 기록했다. 2020년 9월 1일에 전고점 134.18달러를 찍고 2020년 9월 18일에 바닥인 106.84달러를 찍었다. 무려 27.34달러가 떨어져 손실률 -20%가 발생했다. 당시에는 전고점을 찍고 9월 3일에 나스닥 -3%가 뜨면서 전량 매도 후 말뚝박기에 들어갔으니 다행인 상황이었다.

리밸런싱+말뚝박기의 구체적인 방법을 알아보자.

방법은 단순하다. 사상 최고점을 기록하고 전고점 대비 5%가 빠질 때마다 정해진 비율로 현금화한다. 예를 들어 전고점인 143.16달러 대비 5% 빠진 136달러가 되면 애플의 총 물량 중 20%를 줄여 현금화시킨다.

10%가 빠진 128 달러가 된다면 20%를 더 줄여 총 40%를 현금화한다. 그리고 15%가 빠지면 다시 20%를 더 줄여 총 60%를 현금화한다. 핵심은 전고점 대비 2.5% 빠질 때마다 10%씩 미리미리 현금화하는 데 있다.

애플의 전고점 대비 하락률과 리밸런싱 비율		
	애플 주가	리밸런싱 비율
전고점 대비 하락률	143.16	
-2.5%	139.58	10%
-5%	136.00	20%
-7.5%	132.42	30%
-10%	128.84	40%
-12.5%	125.27	50%
-15%	121.69	60%
-17.5%	118.11	70%
-20%	114.53	80%
-22.5%	110.95	90%
-25%	107.37	100%

5% 빠질 때마다 10%씩 현금화 시키면 표는 -25% 말뚝박기와 동일하게 쓰면 된다. 따라서 리밸런싱은 전고점 대비 -15% 지점에서 60%의 현금화를 했다면 주식은 40%를 들고 있게 된다.

-25% 말뚝박기 전략		
	애플 주가	말뚝박기(매수) 주식 비율
전고점 대비 하락률	143.16	
-2.5%	139.581	10%
-5.0%	136.002	20%
-7.5%	132.423	30%
-10.0%	128.844	40%
-12.5%	125.265	50%
-15.0%	121.686	60%
-17.5%	118.107	70%
-20.0%	114.528	80%
-22.5%	110.949	90%
-25.0%	107.37	100%

말뚝박기는 주식의 비율이다. 그러니 만약 -17.5% 구간에서 나스닥 -3%가 떴다면 어떻게 해야 하는가? 주식은 70%를 가져가야 한다. 기존에는 현금 60%, 주식 40%였다. 그러니 현금 30%를 동원해 주식을 사서 주식을 70%로 만들고 현금은 30%를 유지하면 된다.

전고점 대비 빠지다가 다시 올라가면 어떻게 대응하면 되는가? 주가가 올라가더라도 절대 사지 않는다. 그리고 앞으로 2.5% 떨어질 때마다 10%씩 사면 된다.

💎 들고 있던 현금을 전액 주식화하는 때는 언제인가?

① 전고점 대비 -25%까지 떨어지면 비율에 따라서 매수해야 하기 때문에 100% 주식화한다.

② 나스닥에서 한 달에 4번 이하로 -3%가 떴을 때는 마지막 -3%가 발생한 때로부터 한달+1일 이후에 전액 주식을 사면 된다.

③ 나스닥에서 한 달에 4번 이상의 -3%가 떴을 때는 마지막 -3%가 발생한 때로부터 두달+1일이나 8거래일 연속 상승 중 빠른 날에 전액 주식을 사면 된다.

💎 현금화+말뚝박기의 장점

현금화와 말뚝박기를 하면 장점이 있다. 하나씩 살펴보자.

① 나스닥 -3%가 떠도 말뚝박기 비율이 자연스럽게 맞춰진다.
자연스럽게 리밸런싱을 하면서 현금화를 시켜 놓았기 때문이다.

② 현금화 시킨 돈은 수익이다.
미리 수익화를 시켜놓은 돈은 어찌 되었던 수익이다. 예를 들어 -5% 때 20%를 현금화 시켜놓았다면 -10%까지 떨어졌을 때 미리 현금화 시켜놓은 20%의 현금은 수익구간에 들어가 있는 것이다.

③ 현금화 시켜놓은 돈으로 낮은 가격에 주식을 살 수 있다.
예를 들어 전고점 대비 슬금슬금 빠져 -20% 수준에 있다면 아무 액션도 취하지 않은 사람은 아무런 수익이 없다. 그러나 -2.5%마

다 미리미리 현금화를 시킨 사람은 현금화한 돈으로 -20% 지점에서 더 떨어질 것 같지 않다는 확신을 가지고 현금을 100% 주식으로 바꾸면 그만큼 이득이다.

테슬라의 경우도 살펴보자.

2021년 1월 26일 883.09달러를 기록하던 주가가 이후 내리 떨어져 2021년 2월 26일 675.50달러를 기록했다. 전고점 대비 약 23% 떨어졌다. 만약 5% 떨어질 때마다 10%씩 현금화를 시켜 놓았다면 그만큼 이익이 발생한 셈이다. 그리고 23% 떨어진 가격에서 확신만 있다면 현금화 시킨 돈으로 테슬라를 사면 더 싸게 샀으므로 그만큼 이익이다.

⚖️ 결론

신고가를 찍고 -2.5% 떨어질 때마다 10%씩 현금화 시키면 자연스럽게 말뚝박기 효과도 나온다.

금리가 올라가면 왜 성장주는 떨어질까?

가치주와 성장주는 걷는 길이 다르다. 가치주는 성장 면에서는 이미 끝난 주식이라 할 수 있다. 대표적으로 은행, 제약, 식음료, 담배 등이다. 산업 자체가 오래 되었고 기록적인 성장이 없으며 배당을 많이 주고 대출이 적고 현금이 많다. 주로 흑자를 많이 보고 있으므로 PER, PBR 등은 굉장히 낮은데 주가는 횡보를 하거나 떨어지는 경우가 많다. 우리나라 은행의 PBR은 평균 0.5밖에 되지 않으며 배당은 7%에 가깝다.

반면 성장주는 한창 성장하는 주식이다. 대표적인 분야로는 전기차, 우주, 자율주행차, 친환경, 디지털, 인터넷 등이다. 생긴 지 얼마 되지 않았고 기록적인 성장을 보이며 배당을 거의 하지 않고, 대출이 많고 현금이 적다. 주로 적자를 많이 보기 때문에 PER, PBR 등은 굉장히 높다. 예를 들어 테슬라는 PER이 1,000이 넘어가는 등 가치를 평가할 수 없는 경우가 많다.

성장하는 주식은 할 일이 많다. 새로 공장도 지어야 하고, 투자도 해야 한다. 그러니 돈 나갈 곳이 지천이다. 그러나 정작 돈은 별로 벌지 못한다. 쿠팡은 지난 몇 년간 수 조원대의 적자를 냈다. 따라서 PER을 구할 수도 없는데, 또 다시 물류창고를 새로 짓는다며 수 조원을 더 쓴다고 하지 않는가? 그러나 시장점유율은 빠르게 올라가고 있다.

테슬라도 마찬가지다. 흑자로 전환된 지 얼마 되지 않았다. 그러나 성장성이 있다고 한다. 왜냐하면 세계 자동차 생산량은 매년 9,500만 대에서 1억대 정도 되는데 대부분의 선진국이 2030년이 되면 친환경차로 전부 바꾸려 하고 있다. 그런데 전기차 1등인 테슬라의 2020년 생산량이 겨우 50만 대 정도밖에 되지 않는다. 0.5% 수준이다. 현실이 이러하건데 테슬라의 시가총액은 왜 그렇게도 높은가? 바로 성장성을 인정받고 있기 때문이다. 따라서 성장주는 당장은 돈을 못 벌지만 앞으로의 성장성이 큰 곳이라고 정리할 수 있다.

💎 성장주와 가치주 vs. 금리

가치주와 성장주의 대표적인 특징은 대출이다. 대출이 많으면 성장, 대출이 적으면 가치다. 가치주와 성장주를 대표적인 연예인으로 치환해서 보자.

가치주는 방송인 조영구, 성장주는 개그맨 이봉원이라 볼 수 있다. 방송인 조영구는 한 푼 두 푼 아끼는 짠돌이의 대명사이고, 이봉원은 인생 한 방이라며 빚을 내서 크게 투자하는 스타일이라고 한다.

금리가 낮을 때는 누가 시장에서 주목을 받을까? 이봉원이다. 이봉원은 여러 차례 사업 실패의 쓴맛을 봤지만 빚을 내서 사업을 꾸준히 하는 스타일이다.

현재의 금리는 거의 0에 가깝다. 10억 원을 은행 정기예금으로 맡기면 1%도 안 되는 이자 때문에1년에 겨우 1,000만 원의 이자가 붙는다. 매달 100만 원도 채 되지 않는다. 이럴 때는 사람들이 예금을 찾아서 주식이나 부동산에 넣는다. 그리고 생각한다. '아무리 그래도 1년에 2~3% 이상 못 먹겠어?'

게다가 제로금리에서는 빚이 30억이든 1억이든 별 차이가 없다. 돈 되는 사업에 빚을 끌어들여 크게 확장하는 편이 낫다고 생각한다.

자 다시 원래의 이야기로 돌아가 금리가 낮으면 왜 이봉원이 주목을 받고, 많은 이들이 이봉원에게 투자하는가? 답은 간단하다. 현재 내가 가진 돈이 1,000만 원이면 이 돈을 가지고 은퇴 전까지 10억 원을 벌어야 한다. 조영구처럼 아껴서 그렇게 큰돈을 벌 수 있는가? 당연히 불가능이다. 인생 한 방이다. 크게 튀겨야 한다. 따라서 비트코인, 급등주, 테마주 등에 돈을 넣는 것이다.

금리가 낮을 때는 성장하는 친환경, 전기 자율주행차, 우주항공, 바이오 등 꿈을 먹고 사는 미래 성장주가 시장에서 인기를 끈다.

그러나 금리가 낮을 때도 이봉원에게 돈을 넣지 않는 사람들이 있다. 돈이 너무 많거나 돈을 절대 잃고 싶지 않은 안전주의자들이다. 돈이 너무 많은 사람들은 1,000만 원으로 10억을 만들 필요가 없다. 이미 자산이 10억 이상이다. 1년에 수익 25%씩만 올려도 10년 후에는 10배가 되어 100억이 된다. 그러니 굳이 위험하게 투기적인 사업에 돈을 댈 필요가 없다. 안전한 곳에 투자해서 안전하게 불리는 방법이 최고다.

돈을 불려서 얻는 행복보다 돈을 잃는 것이 슬픈 사람들은 투기적인 사업에 돈을 넣지 않는다. 오르거나 내리거나 매달 적립식으로 일정량의 주식을 사는 경우가 많다.

반대로 금리가 높을 때는 누가 시장에서 주목을 받을까? 조영구가 주목을 받기보다는 이봉원이 위험하다. 금리가 올라가기 시작하면 대출이 많은 이봉원은 며칠 못 가서 사업이 엎어질 것이라 생각한다. 당장 돈도 벌지 못하는데 공장 돌리고 대출 이자 내고 직원 월급 주고… 과연 며칠이나 버틸 수 있을까 걱정한다. 따라서 이봉원도 사업을 접을까 고민하고, 이봉원에 투자한 사람들도 투자금을 회수할까 고민한다.

바야흐로 성장주보다는 가치주처럼 안전한 곳에 사람들의 시선이 머문다.

 결론 _____

금리가 상승하면 빚이 많은 사업에는 먹구름이 낀다.

주식을 사고팔 때의 매뉴얼

주식 살 때

◇ 장막판에 살 때

① 장 막판에 사면 기분 나빠질 일이 없어서 좋다

주식은 장 막판에 사는 것이 가장 좋다. 왜냐하면 초반에 샀다가 장 막판에 떨어지면 기분이 안 좋기 때문이다. 장 막판에 사려고 보니 장 초반부터 올라와서 비싸게 살 수도 있지 않은가? 그렇다. 그래도 장 막판에 사면 기분은 좋다.

장 막판에 올랐다는 것은 선물도 오를 확률이 높다는 얘기이고 그만큼 주식이 강세이기 때문에 다음 장에서 올라서 시작할 확률이 높다. 따라서 주식은 기분 때문이라도 장 막판에 사는 것이 좋다. 반대로 장 초반에 사서 장 막판에 떨어져버리면 기분이 나빠서 잠도 오지 않고, 다음날 걱정으로 하루를 보내게 된다.

② 장막판에 동시호가 매도 물량폭탄이 터지기 때문

장이 시작할 때보다는 장이 끝나는 동시호가에 매도 물량폭탄이 터지는 경우가 더 잦다. 잘 오르던 주가가 장 막판 10여 분을 앞두고 엄청난 매도 물량폭탄이 터지면서 상승분을 모두 반납하며 끝나는 경우가 종종 발생한다.

동시호가란, 한국 증시를 예로 들면 장 시작 전 8시 40분~9시까지와 장 마감 전 15시 20분~30분까지를 말한다.

장 시작 전 동시호가는 장이 열리기 전이지만 주문을 넣을 수 있다. 장이 시작되는 9시에 너무 많은 주문이 폭주하면서 주가가 왜곡될 수 있기 때문에 이를 방지하기 위해 만들어진 제도다.

그런데 장 막판에 주가가 급락하는 경우는 동시호가에 매도 폭탄이 떨어지기 때문이다. 예를 들어 해외 연기금 등의 리밸런싱 물량폭탄이 터질 때 이런 일이 발생한다.

해외 연기금들은 채권 30% 주식 70%를 보유한다. 그러다가 공황과 같은 위기가 발생하면 채권 가격은 올라가고 주식 가격은 떨어지면서 사고팔지 않아도 비율이 채권 40%, 주식 60%가 될 수 있다. 이 경우 어떤 시기를 정해서 리밸런싱을 한다. 리밸런싱은 채권 30%, 주식 70%의 비율로 다시 재조정하는 과정으로 비율을 맞추기 위해 채권 10%를 팔고 주식 10%를 산다.

연기금은 비율을 맞추기 위해 증권사 등과 같은 운용사에 맡긴다. 운용을 의뢰받은 증권사는 어떻게 주식을 팔까? 총 물량의 70%는 10분 단위, 5분 단위로 지속적으로 물량을 던진다. 그리고 나머지 30%는 장 막판 10분(동시호가) 동안 모조리 던진다. 그러면 주가가 급락하는 그래프가 나오게 된다.

증권사가 이런 짓을 하는 이유는 무엇일까? 결론은 주가를 낮추기 위해서다. 증권사 입장에서는 주가를 낮춰야 하는 이유가 있다.

예를 들어 세계 1등 주식의 주가가 150달러라면, 연기금은 증권사에 세계 1등 주식을 맡기면서 150달러에 팔아 달라고 의뢰했다. 어떻게 팔아야 증권사의 체면이 서는가?

① 증권사에서 판 평균가격이 150달러인데 종가가 155달러로 끝난 경우
② 증권사에서 판 평균가격이 150달러인데 종가가 145달러로 끝난 경우

당연히 ②번이다. 증권사는 연기금으로부터 신뢰를 얻어야 또 다른 의뢰를 받을 수 있다.

그래서 결국 70%는 아침부터 팔다가 동시호가에 30%를 한꺼번에 던지면서 주가를 떨어뜨려 ②번의 경우를 만든다. 장막판 10분을 남기고 주가가 급락하는 이유가 여기에 있다.

자 그러면 우리는 언제 사야 하는가? 바로 장이 끝나기 10분 전 주가가 급락할 때다. 그래야 싸게 살 확률이 높아진다.

◇ 장 초반에 살 때

① 장 초반 50%를 사고 장막판에 50%를 사는 방법

주식은 장 막판에 사는 것이 여러모로 유리하다. 그러나 가끔은 장 초반에 사야 할 때도 있다. 대표적으로 나스닥지수에 -3%가 발생했을 때다.

-3%가 뜨면 일단 모든 주식을 팔아야 한다. 그리고 한 달+1일 이후에 다시 산다. 예를 들어 나스닥지수에 -3%가 떴을 때 세계 1등 주식이 150달러였고, 한 달+1일 이후에 다시 사려고 보니 시초가가 120달러다. 무조건 장 막판에 사는 것이 좋을까? 장 막판도 좋은 방법이나 혹시나 장 초반보다 장 막판에 많이 오를 수 있으니 양방을 치는 것이 낫다.

즉, 비율을 5:5로 나누어 장 초반에 50%, 장 막판 10분 동시호가에 50%를 산다. 그래야 혹시나 모를, 위기 종료 후 폭등세에서 소외되는 일을 방지할 수 있다.

5:5 매수법은 또 하나의 위험을 방지해 주는데, 만약 세계 1등 주식이 -3% 위기가 끝나는 날 하필 장 초반보다 장 막판에 3% 이상 올랐다. 그러면 투자자는 의욕을 잃는다. 그날 주식 매수를 포기할 수도 있다. '떨어지면 사야겠다'는 심리가 지배하기 때문이다. 다행히 다음날 떨어지면 좋으나 그렇지 않고 며칠 동안 지속적으로 올라버리면 이 종목에 대한 매수 자체를 포기할 우려가 있다. 그리고 엉뚱한 종목을 사면서, 매뉴얼화 되어 있는 투자원칙이 첫날부터 꼬이면서 완전히 어긋날 수 있다. 그러니 장초반과 장막판에 분할로 사면서 반드시 세계 1등 주식을 담도록 하자.

주식 팔 때

매도는 자신이 정한 룰에 따라 기계적으로 대응하는 것이 가장 좋다 (물론 매수도 기계적이지만).

◆ 세계 1등 주식

① 나스닥지수에 -3%가 떴을 경우: 전량매도
② 2등과의 시가총액 격차가 10% 이상 벌어져 있는데도 불구하고 세계 1등 주식이 전고점 대비 10% 빠졌을 때: 20%를 팔고 QQQ 20%를 매수한다(구체적인 매매 매뉴얼은 '72장 세계 1등 주식의 리밸런싱' 참조).

◆ 어닝 서프라이즈 주식- 세계 1등 주식 이외의 모든 주식

어닝 서프라이즈 파도타기를 할 때는 항상 장 초반을 잘 지켜봐야 한다. 왜냐하면 장 초반에 -10%씩 떨어지는 경우가 가끔 있기 때문이다. 어떤 날은 자고 일어났더니 30% 빠지는 경우도 있다. 따라서 많이 오르는 어닝 서프라이즈 주식을 가지고 있다면 무조건 장 초반을 지켜보고 급락이 없다는 사실을 확인하고 자야 한다.

나스닥지수에 -3%가 떴을 때 TLT, 금, 현금 헤지 전략

나의 이전 책『내일의 부』를 보았다면 헤지(Hedge)전략으로 나스닥지수에 -3%가 뜨면 무조건 TLT로 갈아탄다는 사실을 공식처럼 외우고 있을 것이다. 그러나 코로나위기를 겪으면서 무조건 TLT로 갈아타는 전략이 맞지 않는다는 사실을 깨닫게 되었다. -3%가 떴을 때 헤지하는 방법은 다음 3가지다.

'TLT(미국국채장기물 ETF), IAU(금ETF), 달러(현금).'

언제 어떤 방법으로 헤지전략을 쓰는지 시간의 흐름에 맞춰 예를 들어 리서치 해보고 결론을 내보자. 2008년 금융위기가 시작되었을 당시부터 시작하겠다.

◇ 상황 1 : 2008년 금융위기 시작~양적완화 전

기간	2008년 9월 4일~2008년 12월 15일
나스닥	-3.2%
사건	금융위기의 시작
헤지	TLT

당시 상황은 2008년 9월 4일 나스닥지수에 -3.2%가 뜨면서 2008년 금융위기가 시작되었다. 주가는 단기간에 최대 50% 이상 폭락했다. 연준은 2008년 12월 15일 무제한 양적완화와 제로금리를 선언하고 시장에 적극적으로 개입했다.

반대로 미국채 10년물 금리는 급속히 떨어졌다. 앞으로 가장 중요한 포인트가 미국채 10년물 금리다. 미국채 10년물 금리가 오르느냐 떨어지느냐에 따라 헤지를 TLT로 할 것인가? 현금을 가지고 있을 것인가가 정해진다.

TLT는 이 기간 동안 19.20% 올랐다. 반대로 미국채 10년물 금리는 3.699%에서 2.519%로 이 기간 동안 무려 -30.568% 떨어졌다. 미국채 10년물이 떨어졌다는 이야기는 미국채를 시장에서 샀다는 말이 된다. 주식이 폭락하자 안전선호 심리가 발동하여 미국채로 돈이 몰렸다.

2008년 금융위기가 시작되었을 경우 시장은 금융위기가 온 줄 몰랐으며, 주식이 떨어졌기 때문에 주식을 팔고 미국채를 사는 것은 당연한 수순이다. 그리고 금리도 3.699%로 꽤나 높은 수준의 시장금리를 유지하고 있었기 때문에 금리가 떨어지면 반대로 가격이 오르는 TLT를 사서 먹을 만한 갭이 컸다. 미국채 10년물 금리가 떨어지면 TLT를 사야 한다.

⚖ 결론

미국채 10년물 금리가 높은 상태에서 나스닥 -3%가 뜨면 TLT를 사야 한다.

기간	2008년 12월 16일~2009년 7월 25일(8거래일 상승일)
사건	양적완화를 했으며 금융위기의 종식 사이의 기간
헤지	IAU(금 ETF)

2008년 12월 15일 미연준은 경기를 살리기 위해 무제한 양적완화와 제로금리를 시작했다. 이 당시 미국 국채 10년물 금리는 무려 44.859%나 올랐다. 따라서 TLT를 사는 것은 적당한 전략이 아니다. 국채 10년물 금리가 올랐다는 것은 채권을 시장에서 팔았다는 얘기이기 때문이다. 채권을 팔면 채권 가격은 떨어진다. 따라서 국채 채권 가격과 연동된 TLT를 사는 것은 자살행위다.

시장에서 미국 국채 채권을 판 이유는 연준이 제로금리를 시행했기 때문이다. 채권을 가지고 있어도 이자를 안 주는데 가지고 있을 이유가 없다. 따라서 시장은 제로금리와 무제한 양적완화를 실시하면 금으로 포지션을 이동한다.

당시 TLT는 -18.46% 떨어졌다. TLT를 샀다면 큰 폭의 손실이 발생한다. 결국 2009년 7월 25일 8거래일 상승하며 2008년 금융위기는 종식되었다. 반면 금ETF인 IAU는 11.38% 오르면서 크게 선방했다.

◇ 결론 _____

제로금리, 양적완화 이후 금융위기 종식까지는 금을 사야 한다.

◈ 상황 3 : 2009년 10월 1일 나스닥 -3% 발생

기간	2009년 10월 2일~ 2009년 10월 30일
사건	금융위기가 끝났고 첫 번째 나스닥 -3%가 뜬 상황
헤지	달러

2008년 금융위기가 종식되었다. 이후 2009년에 나스닥 -3%가 처음으로 뜬 상황이다. 연준은 제로금리를 할 때였고 테이퍼링(양적완화의 축소)은 아직 말도 꺼내지 않은 상황이다. 따라서 미국채 10년물은 3.219%에서 3.338%로 오르고 있었다.

미국채 수익률이 올랐으니 TLT를 사면 안 된다. 그러나 이 당시는 확실히 미국채 수익률이 오를지 떨어질지 모르는 상황이다. 따라서 TLT를 사면 안 된다.

금은 어떤가? 금은 같은 기간 동안 4.80%나 올랐다. 그러나 금도 믿을 수는 없다. 금융위기가 끝나면 연준은 달러를 위협할 만한 대체자산인 금을 견제한다. 연준이 금을 견제하는 방법은, 금선물 시장에서 레버리지 규모를 줄이고 증거금을 올리는 식으로 금가격을 떨어뜨린다. 그러니 금융위기가 끝나면 금도 TLT도 믿을 수 없는 상황이다.

⚖ 결론

미국채 금리가 확실하게 오를지 떨어질지 모를 때는 달러로 헤지한다.

〔부의 체인저〕 바뀐 세상에서 어떻게 투자할 것인가?

💎 정리 : 미국채 금리와 TLT와의 관계

미국채 10년물 금리와 TLT는 반대로 움직인다. 미국채 10년물 금리가
오르면 TLT는 떨어지고 미국채가 떨어지면 TLT는 올라간다.

예를 들어 100만 원짜리 국채인데 연간 10만 원을 주는 수익률
10% 국채가 있다고 하자. 사람들이 경기가 좋아 안전자산인 국채를
팔고 주식을 사면 어떻게 되는가? 액면가 100만 원짜리 국채는 90만
원으로 떨어진다. 그런데 이자는 10만 원 그대로다. 그러니 미국채 수
익률은 10%에서 11%로 올라간다. 따라서 미국채 가격은 떨어지고 금
리는 올라가는 것이다.

반대로 경기가 안 좋아 주식을 팔고 안전자산인 국채를 산다면 어
떻게 되는가? 액면가 100만 원짜리 국채는 인기가 좋아 110만 원이
된다. 그런데 이자는 10만 원 그대로다. 따라서 미국채 수익률은 10%
에서 9%로 떨어진다. 그러니 미국채 가격은 올라가고 금리는 떨어지
는 것이다.

미국채 가격과 금리는 서로 반대로 움직인다. 그렇다면 미국채 가격
과 TLT는 어떻게 움직이는가? 미국채를 지수화한 것이 바로 TLT라는
ETF이다. 따라서 TLT와 미국채 수익률은 서로 반대로 움직이는 것이
다. 따라서 미국채 금리의 움직임 추이를 알면 TLT로 헤지를 해야 할
지 말아야 할지 알 수 있다.

제로금리, 양적완화인 상태에서 정부에서 돈을 풀어 인플레이션 우
려가 생겨 미국채 수익률이 올라가고 있다면 어떻게 대처해야 하는
가? 즉 미국채 수익률이 1.4%에서 1.5%를 넘어 1.6% 이렇게 상승국

면에 있다. 그때 나스닥 -3%가 떠서 주식을 팔았고 주식 판 돈을 가지고 헤지를 해야 한다면 어떻게 해야 하는가?

미국채 수익률이 올라가고 있으니 미국채는 떨어진다는 의미다. 따라서 미국채와 TLT는 같이 움직이니 TLT의 가격은 떨어질 것이다. 그러니 미국채 수익률이 올라갈 때 나스닥 -3%가 뜬다면 TLT로 헤지하면 안 된다. 당연히 달러로 헤지해야 한다.

경기가 좋아 금리가 높은 상태에서 미중 무역전쟁이 발발했고 나스닥 -3%가 떴다면 미국채 수익률은 올라갈까? 떨어질까?

미국채 수익률은 떨어진다. 주식을 팔고 미국채를 사려고 사람들이 몰려들기 때문이다. 따라서 미국채 가격은 올라가고 미국채 수익률은 반대로 떨어진다. 미국채 가격과 연동된 TLT 가격은 올라간다. 그러니 이 경우는 TLT를 사야 한다.

결론

미국채 수익률이 올라가면 TLT를 사면 안 되고 달러로 헤지해야 한다. 미국채 수익률이 떨어지면 TLT를 사서 헤지해야 한다.

최종 정리

① 공황이 시작되고 연준의 제로금리, 양적완화가 시작되면 금으로 헤지해야 한다.
② 금은 공황이 끝날 때까지만 헤지수단으로 써야 한다.
③ 미국채 수익률이 올라가는 추세라면 달러로 헤지해야 한다.

④ 미국채 수익률이 떨어지는 추세라면 TLT로 헤지해야 한다.

⑤ 미국채 수익률의 방향이 오르는지 떨어지는지 뚜렷하지 않다면 달러로 헤지해야 한다.

-25% 말뚝과 -50% 말뚝, 어떻게 구별하고 판단하는가?

2008년 금융위기 이후 연준의 개입으로 양적완화와 제로금리가 시작되었다. 따라서 2008년 금융위기 이후 나스닥이 50% 이상 떨어지는 일은 없었다. 그러니 100% 떨어질 것을 계산하고 말뚝을 박는 전략은 의미가 없다. 현실성이 너무 떨어진다. 그래서 최대 하락 목표치를 -50%로 계산하여 말뚝 박기를 제안했다.

전고점 대비 하락률과 말뚝박기 비율 1(−50% 말뚝박기)		
	애플 주가	말뚝박기 비율
전고점 대비 하락률	143.16	
−10%	128.844	20%
−15%	121.686	30%
−20%	114.528	40%
−25%	107.37	50%
−30%	100.212	60%
−35%	93.054	70%
−40%	85.896	80%
−45%	78.738	90%
−50%	71.58	100%

전고점 대비 5% 떨어질 때마다 10%씩 말뚝을 박으면 된다. 그러나 -50% 지점에서 말뚝을 박는 경우는 공황일 때이고 공황이 아니라면 -25%의 비율로 박는 것이 낫다. 그러니 -25%의 비율로 말뚝을 박는 다면 전고점 대비 2.5% 떨어질 때마다 10%씩 말뚝을 박으면 된다.

전고점 대비 하락률과 말뚝박기 비율 2(-25% 말뚝박기)		
	애플 주가	말뚝박기 비율
전고점 대비 하락률	143.16	
-10%	128.844	40%
-15%	121.686	60%
-20%	114.528	80%
-25%	107.37	100%

그렇다면 -25%와 -50%는 어떻게 구별하고 판단하는가? 투자자에게 는 중요한 문제일 수밖에 없다. 2008년 금융위기 이후 한 달에 -3%가 4번 뜬 심각한 공황만 분석해 보면 된다.

① 2008년 금융위기

2008년 금융위기 때 나스닥은 전고점 대비 약 56% 떨어졌다. 당시 세 계 1등이던 엑손모빌은 전고점 대비 약 30% 떨어졌다. 따라서 -25% 보다는 -50%를 적용하는 것이 맞다.

② 2011년 미국 신용등급 위기

2011년 미국 신용등급 위기 때 나스닥은 전고점 대비 약 20% 떨어졌 다. 당시 세계 1등이던 엑손모빌은 전고점 대비 약 11.86% 떨어졌다.

따라서 -25%를 적용하는 것이 맞다.

③ 2018년 10월 금리인상 위기

2018년 금리인상 위기 때는 한 달에 -3%가 4번 뜨는 공황은 아니었다. 그러나 공황 못지않게 떨어졌다. 당시 나스닥은 전고점 대비 약 23.9% 떨어졌다. 당시 세계 1등이던 애플은 전고점 대비 약 36.73% 떨어졌다. 따라서 -50%를 적용하는 것이 맞다.

④ 2020년 3월 코로나 위기

2020년 3월 코로나 위기 때 나스닥은 전고점 대비 약 30% 떨어졌다. 당시 세계 1등이던 애플은 전고점 대비 약 31.43% 떨어졌다. 따라서 -50%를 적용하는 것이 맞다.

이 외에도 크고 작은 위기가 있었으나 이 정도 이상의 위기는 없었다. 여기서 공황급의 위기는 -50%를 적용하는 것이 맞았다. 그러나 단 한 번의 경우(2011년 미국 신용등급 위기)는 -25% 이하로 떨어지지 않았다.

왜 그랬을까? 나는 그 차이를 연준의 제로금리 양적완화 기간에서 찾고자 한다. 연준이 제로금리와 양적완화를 하는 기간 동안에는 언제든지 위기가 터져도 연준이 나서서 주가를 받쳐주고 시장친화적인 발언도 하면서 구원투수 역할을 했다. 자칫 잘못하면 더 큰 위기로 들어갈 수 있기 때문이다.

2008년 12월 16일 양적완화, 제로금리를 하고 2016년 12월 16일 연준이 금리를 제로금리에서 0.25% 올리는 기간까지에 포함된 2011

년 미국신용등급 위기는 –25% 이상 떨어지지 않고 위기를 돌파했다.

즉 연준이 뒷배를 봐주는 기간 동안에는 –25%로 말뚝박기를 해야 하나 금리를 올리면 –50%를 기준으로 잡아야 한다.

⚖ 결론

연준의 제로금리 기간중에는 -25% 이상 떨어지지 않는다. 말뚝박기도 -25%를 적용한다. 그러나 연준의 제로금리가 끝나고 금리를 본격적으로 올리면 말뚝박기는 -50%를 적용한다.

제로금리 중에는 -25%로 현금화하기

바로 앞의 '77장 -25% 말뚝과 -50% 말뚝, 어떻게 구별하고 판단하는 가?'를 통해 내린 결론은 제로금리가 끝나는 시점은 연준이 뒤를 받쳐 주지 못하기 때문에 전고점 대비 -50% 말뚝을 추천하지만 제로금리 가 계속되는 시점에서는 연준이 뒤를 받쳐주기 때문에 -25% 말뚝을 적용한다고 했다. 그렇다면 연준이 뒤를 받치는 제로금리 와중에는 무 엇을 적용해야 할 것인가? 당연히 -25% 말뚝이다.

-25% 말뚝 박기		
	애플 주가	말뚝박기 비율
전고점 대비 하락률	143.16	
-10%	128.844	40%
-12.5%	125.265	50%
-15%	121.686	60%
-17.5%	118.107	70%
-20%	114.528	80%
-22.5%	110.949	90%
-25%	107.37	100%

처음부터 말뚝을 박았다면 평단가는 121달러대 정도일 것이다. 하지만 -3%가 뜰 때까지 현금화 시키는 시점에 따라 평단가가 달라진다. 예를 들어 만약 -20% 지점인 약 114달러에서 -3%가 뜬다면 현금화 80%인 상태에서 114달러에 80% 말뚝을 박기 때문에 그 이하로 평단가가 떨어진다. 즉 평단가는 121달러대가 아닌 110 달러대까지 낮아진다.

① 케이스 1 : -3% 없이 밀리다가 -3%가 뜰 경우

예를 들어 애플이 세계 1등인데 전고점 대비 15%가 빠졌다. 그러면 2.5% 빠질 때마다 10% 현금화했을 것이므로 현금 60%, 주식 40% 상태다.

그런데 -15% 지점에서 -3%가 뜬다면 어떻게 해야 하는가? 현금 20%를 전고점 대비 -15% 지점인 약 121달러 정도에 사면 된다. 애플 주가가 전고점 대비 -15%일 때 말뚝 비율이 60%이니 주식 20%를 사야 하는 것이 맞다. 이후부터 남은 현금 40%로 -2.5% 떨어질 때마다 10%씩 말뚝박기를 시작하면 된다.

② 케이스 2 : -3% 없이 밀리다가 다시 올라올 경우

예를 들어 전고점 대비 -20% 지점인 114달러 근처까지 떨어져서 80%를 현금화 했는데 만약 -17.5% 지점인 118.107까지 올랐다면 어떻게 해야 하는가?

그때는 현금화 시킨 80%를 약 118달러에 전부 집어 넣어야 한다. 다시 떨어질 수도 있지만 더 많이 오를 것에 대비해 일단 말뚝을 박아 평단가를 낮춰야 하기 때문이다.

③ 케이스 3 : 만약 제로금리 와중에 −25%보다 더 떨어질 경우는 어떻게 할 것인가?

예를 들어 세계 1등 주식이 애플이라면 애플이 전고점 대비 −25%인 107.37달러까지 떨어져서 100% 말뚝을 박았는데 그 이하로 떨어졌다면 어떻게 해야 하는가?

버티기를 하는 수밖에 없다. 세계 1등 주식은 어차피 우상향하므로 올라올 때까지 버티기 한다. 세계 1등 주식은 시간이 지나면 언젠가는 우상향한다. 따라서 비록 고통스럽지만 그때까지 버티기 모드로 진입하면 된다.

현금화 시키면서 아래말뚝을 박는 방법이 있다. 예를 들어 −2.5% 떨어질 때마다 10%를 팔다가 적당한 지점에 현금화 시킨 돈으로 아래말뚝을 박는 것이다. 그러나 사고파는 데에는 난이도가 있다. 팔고 나니 급등할 수도 있다. 변동하는 주식시장을 항상 지켜봐야 한다. 박스권에서 횡보하면 사고팔고 하면서 계좌가 녹을 가능성도 있다. 그래서 추천하지 않는다. 다만 평균단가를 낮출 수 있는 방법이기는 하다.

④ 케이스 4 : 만약 세계 1등 주식이 버티는 도중에 바뀐다면 어떻게 해야 하는가?

당연히 기존 1등이던 주식의 50%를 팔고, 새롭게 세계 1등이 된 주식을 50% 산다. 50:50 반반 전략이다.

⚖️ 결론

제로금리가 진행되는 중에는 전고점 대비 -2.5% 떨어질 때마다 10%씩 현금화 한다. 제로금리가 끝나면 5% 떨어질 때마다 10%씩 현금화한다

적게 잃고 크게 버는
'계단 리밸런싱 투자법'

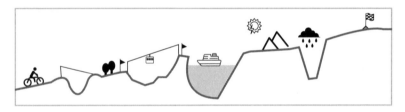

언뜻 보기에 주식을 홀딩하는 전략은 평탄해 보인다. 그러나 투자현실에서의 홀딩은 험난한 과정이다. 사고파는 행위를 하지는 않지만 심리적인 적과의 끝없는 전쟁이다. 그래서 많은 투자자들이 마음의 적과 싸워 패하고 다음 그림처럼 행동하고 만다.

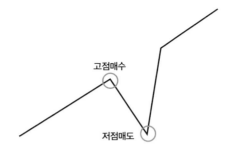

남들이 환호하는 장에 들어가 고점 매수하고, 남들이 공포에 질린 장에서 저점매도를 하고 나온다. 돌이켜보면 기막힌 타이밍에 사고판다. 나쁜 의미로 말이다. 그리고 매도한 후에는 "절대, 다시는 주식 하나 봐라"라고 저주를 퍼부으며 시장을 떠난다.

잃지 않는 투자를 하려면 어떻게 해야 하는가? 다음 그림에 답이 있다.

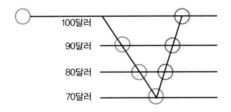

단순하고 간단하다. 만약 한 주당 100달러짜리 주식을 100주 들고 있는 와중에 30%가 떨어져 70달러가 되었고, 고스란히 손실을 입고 있다고 하자. 어떻게 해야 하는가? 아마도 아무런 계획이 없었다면 어영부영 발만 동동 구르다가 30%의 폭락을 맞고 손절을 할지 모른다. 앞으로는 그렇게 하지 말고 계단투자법을 이용해 보자.

① 한 주당 100달러가 90달러가 되었을 때 자산의 10%인 10주를 팔아 90주가 되었다.

② 그리고 또 떨어져서 한 주당 90달러가 80달러가 되었을 때 10%인 10주를 다시 팔아서 80주가 되었다.

③ 그리고 또 떨어져서 한 주당 80달러가 70달러가 되었을 때 10%인 10주를 팔아서 70주가 되었다.

여기서 주의할 점은 10%를 팔 때 전고점인 100달러의 10%인 10주가 기준이다. 70%까지 떨어졌을 때 10%인 7주가 아니다. 그런데 이제 바닥을 쳤다.

① 70달러에서 80달러가 되어 10%가 올랐을 때 다시 10주를 산다.

② 80달러가 90달러가 되어 10%가 올랐을 때 다시 10주를 산다.

③ 90달러가 100달러가 되어 10%가 올랐을 때 다시 10주를 산다.

이렇게 투자하면 총손실은 얼마인가? 3%의 손실이 발생한다.

떨어지는 구간에서의 팔기		
주가(달러)	주식수	팔기
100	100	10,000
90	10	900
80	10	800
70	10	700
합계		2,400

팔아서 현금화한 가격은 2,400달러이다.

오르는 구간에서의 사기		
주가(달러)	주식수	사기
100	10	1,000
90	10	900
80	10	800
70		
합계		2,700

오를 때 주식을 산 가격은 2,700달러이다. 계산하면 300달러의 손해가 발생한다. 꽤 큰 손해를 입은 것 같지만 사실은 총자산 대비 3% 손해다. 수수료로 빠져나간 금액도 있지만 여기서는 논외로 하자. 30% 떨어진 구간에서 더 이상 버티지 못하고 손절하는 투자에 비하면 3% 손해는 아무것도 아닌 금액이다.

💎 계단 리밸런싱 투자법의 장점

① 공황을 만나도 두렵지 않다

공황은 전고점 대비 적게는 10% 많게는 50%까지 떨어진다. 물론 대공황은 고점 대비 약 90%, 닷컴버블은 약 80%까지 떨어졌지만 2008년 이후 연준이 양적완화를 하면서 MDD(Max DrawDown, Maximum DrawDown의 약자로 DrawDown 중 가장 큰 값 : 최대 낙폭)가 전고점 대비 50%가 넘는 일은 흔치 않아졌다. 따라서 연준의 기준금리가 제로금리가 아닐 경우 최대 낙폭을 50%로 잡고, 연준의 기준금리가 제로금리일 경우 최대낙폭을 25%로 잡으면 떨어질 때 더 많은 현금을 확보할 수 있다. 떨어지다가 나스닥 -3%가 뜬다면 어떻게 해야 하는가? 그때는 앞에서 설명한 -25%나 -50% 말뚝박기로 들어가면 된다.

② 따라만 해도 바닥을 확인할 수 있다

전고점부터 떨어지면 떨어지는대로 팔면 된다. 그러면 자연스럽게 바닥을 확인할 수 있게 된다.

③ 주식 수를 늘릴 수 있다

예를 들어 100%에서 10% 떨어져서 90%가 되었다. 90%일 때 팔고 80%일 때 팔고 70%일 때 팔아서 현금을 확보했다. 그런데 만약 10%가 더 떨어져 전고점 대비 60%까지 떨어졌다면 무엇을 해야 하는가? 미리 판 현금 30%로 전고점 대비 60%까지 떨어진 가격에 주식을 100%까지 채우면서 물타기를 하면 된다. 그러면 주식 수는 크게 늘어난다.

④ 계곡은 버리고 평지만 먹는다

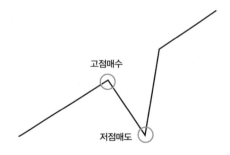

계단식으로 매도를 하면 앞의 그림처럼 고점에서 매수하여 저점에서 매도하는 개인투자자들의 전형적인 실수를 피할 수 있다.

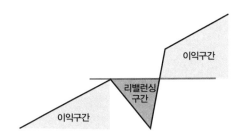

그리고 위험한 구간인 리밸런싱 구간은 사고팔이면서 다 지나가고 상승구간인 이익구간만 취하게 된다. 상승구간인 이익구간에서는 그냥 놔두던지 아니면 더 사도 된다. 그리고 다시 전고점 대비 10% 떨어지면서 리밸런싱 구간으로 들어가면 10%를 팔아서 현금화 시키고 다시 10% 떨어지면 다시 10%를 팔아서 현금화 시키는 일만 반복하면 되고 오르면 오르는대로 현금을 가지고 주식을 사면 된다.

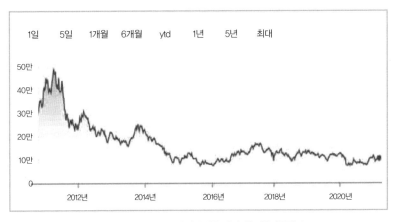

□ 우하향하는 주식, 리밸런싱을 하기에는 부적합하다

그런데 이런 방법으로 투자하는 데 있어서 전제조건이 있다. 우하향, 즉 전체적으로 떨어지는 주식이 아니어야 한다는 점이다.

이런 주식이라면 곤란하다. 확실히 오르는 주식이어야 한다. 그래야 떨어질 때 지속적으로 현금화 시키면서 물타기를 할 수 있다.

⑤ 횡보하는 주식도 주식 수를 늘릴 수 있다

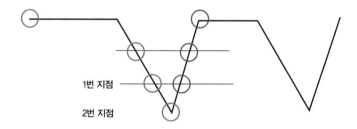

위의 그림처럼 박스권을 횡보하는 주식을 보자. 보유자에게는 고통을 안겨주는 주식이다. 그러나 내가 제시한 리밸런싱을 도입하면 주식을 팔아 보유한 현금을 들고 있다가, 주가가 더 떨어지면 그때 1번이나 2번 지점에서 현금으로 주식 100%를 채우면 된다. 그러면 주가가 횡보를 하더라도 주식 수가 많아져서 횡보를 하더라도 무조건 이익이다.

그러나 우하향하면서 횡보하는 주식은 무조건 손해가 날 수밖에 없다. 계단 리밸런싱 투자법에 속하는 주식은 지속적으로 우상향하는 주식이어야 한다.

◆ 계단 리밸런싱 투자법이 통하는 우상향 주식은?

계단 리밸런싱 투자는 우하향하는 주식에는 통하지 않는다. 지속적으로 우상향해야 적용이 가능하다. 어떤 주식이 여기에 해당할까?

대표적으로 미국의 지수인 나스닥ETF인 QQQ, S&P500 ETF인 SPY, 다우존스 ETF인 DIA가 있다. 이중 나스닥 ETF인 QQQ가 가장 상승률이 높다. 그러나 QQQ를 이기는 주식이 있다. 바로 세계 1등 주식이다(1권 31장 '1등만이 시장을 이긴다' 참조).

최근 5년 간을 비교하면 세계 1등인 애플은 463.90%의 상승률을 기록한 반면 나스닥 종합지수는 177.787%를 기록했다. 애플의 상승률이 압도적이다. 그러니 QQQ보다는 당연히 세계 1등 주식으로 계단 투자법을 해야 한다.

그런데 만약 세계 1등 주식이 떨어져 리밸런싱 하고 있는 와중에 1등이 바뀌면 어떻게 되는가? 당연히 1등 주식을 50% 매도하고 매도한 50%를 가지고 새로 올라온 1등을 사서 50%:50%를 맞추면 된다.

단 둘 중 하나를 팔려면 2등 주식과 1등 주식의 시가총액이 10% 이상 벌어진다면 그때는 2등 주식은 팔고 1등 주식을 사면 된다. 그리고 다시 세계 2등 주식이 올라서 세계 1등 주식과 시가총액 차이가 10% 안쪽으로 들어온다고 해도 1등 주식의 시가총액을 넘지 않으면 그냥 1등 주식만 가지고 가면 된다. 시가총액을 역전했을 때만 50%:50% 비율로 보유한다.

그러니 50%:50% 균형을 맞추는 경우는 2등 주식이 1등 주식의 시가총액을 넘을 때에만 해당된다.

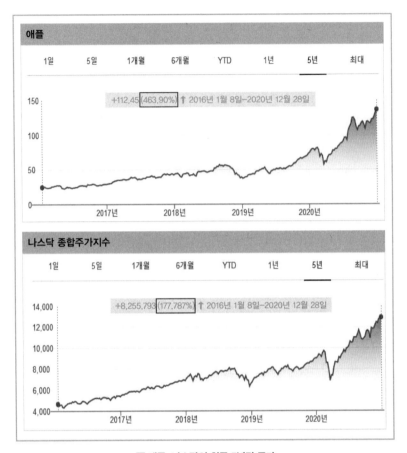

애플

| 1일 | 5일 | 1개월 | 6개월 | YTD | 1년 | 5년 | 최대 |

+112.45 (463.90%) ↑ 2016년 1월 8일–2020년 12월 28일

나스닥 종합주가지수

| 1일 | 5일 | 1개월 | 6개월 | YTD | 1년 | 5년 | 최대 |

+8,255.793 (177.787%) ↑ 2016년 1월 8일–2020년 12월 28일

✦ **애플·나스닥의 최근 5년간 주가**

- **주의점** : 떨어질 때는 장 중간에 목표금액이 오면 사도 된다. 하지만 올라가는 와중에 살 때는 장이 끝나는 종가에 맞춰서 사는 것이 좋다. 오르는 와중에 샀다가 종가에 더 떨어져 그날 마이너스 수익률로 끝이 나면 심리적으로 좋지 않다.

🔨 결론

우상향하는 주식에 계단 리밸런싱 투자를 하면서 계곡을 지나고 오르막에만 수익을 취해도 부자되는 데 아무 문제가 없다.

5

새로운 세상
새로운 투자법

업그레이드 투자전략

MONEY
CHANGER

업그레이드 -3% 룰

이전 책『내일의 부(전2권)』는 '공황'과 '-3%룰'을 중심으로 기술한 책이다. 많은 독자들의 사랑을 받았다. 특히 2020년 3월 코로나 위기가닥치면서 전세계 증시가 폭락을 맞이했고, '-3%룰'이 크게 부각되었다. 이 룰을 따랐다면 코로나로 인한 폭락을 완벽히 피해갈 수 있었기때문이다. 나아가 위기를 기회로 바꿀 수 있는 해법이 되기도 했다.

이 책에서는 '-3%룰'을 업그레이드 하고자 한다. 기존 '-3%룰'은간단하다. 먼저 기존 룰을 살펴보기로 한다.

기존 제시했던 -3%룰

① 나스닥 일간지수에 -3%가 뜨면 전량 매도 후 한 달+1일을 기다리고 이 기간 동안 더 이상 -3%가 뜨지 않으면 다시 전량 매수한다.
② 나스닥 일간지수에 -3%가 한 달 동안 4번 뜨면 공황 확정이다. 최초 -3%가 뜬 날 이후 두 달+1일을 기다리고 이 기간 동안 더 이상

-3%가 뜨지 않으면 다시 전량 매수한다.

③ 8거래일 연속 상승이면 -3%로 인한 위기는 끝이 난다.

간단한 내용이지만 그로 인한 허점도 있었다. 대표적으로 포모다. 포모(FOMO, Fear of Missing Out)는 '놓치거나 제외되는 것에 대한 두려움'을 말한다. 즉 매뉴얼을 지키면서 한 달 또는 두 달을 기다리는 와중에 주식이 올라버리면 포모가 온다는 말이다. 이때 상대적인 박탈감은 투자자들을 매우 힘들게 한다.

투자자들에게 박탈감을 안겨주는 포모를 피하기 위해 말뚝박기(64장~66장)와 계단 리밸런싱(79장) 방법을 추가했다. 기존 투자법의 단점을 보완했다고 보면 된다.

업그레이드 -3%룰 용어 살펴보기

업그레이드된 -3%룰에 대해 살펴보기로 하자. 따져보기 전에 용어정리를 먼저 하겠다.

◇ 용어 정리

① 리밸런싱이란?

리밸런싱 전략은 두 가지 방향이다.

- 전고점 대비 -2.5% 또는 -5% 떨어질 때마다 현금화 시키는 행위-현금화 리밸런싱.
- 바닥 대비 +2.5% 또는 +5% 올라갈 때마다 주식을 사는 행위-주식 매수 리밸런싱.

둘 다 리밸런싱이다. 그러나 리밸런싱은 주로 떨어질 때마다 실행하는 현금화 리밸런싱을 일컫는다.

② 주식 수 늘리기

현금화 리밸런싱을 하는 와중에 여기가 바닥이라는 확신이 든다면, 현금화 시킨 자금을 모두 주식에 올인하여 주식 수를 늘린다.

③ 아랫말뚝 박기

떨어질 때마다 주식을 팔다가, 자신이 정한 일정 비율까지 떨어지면 자산의 일정 비율만큼 주식을 사는 행위를 말한다.

- 팁 : 리밸런싱 도중 나스닥지수에 -3%가 뜨면 말뚝박기에 들어간다. 예) -2.5% 떨어지면 10%씩 주식을 산다.

④ 윗말뚝 박기

아래말뚝 박기와 반대 개념으로 올라갈 때마다 자신이 정한 비율대로 주식을 사는 행위를 말한다.

- 팁 : 윗말뚝 박기는 이슈가 끝났다고 생각하면 들어간다. 예) 금리 인상 이슈가 끝났다고 생각하면 윗말뚝 박기에 들어간다.

업그레이드 -3%룰

① 나스닥지수 -3%는 전량매도가 아니라 말뚝박기 신호다

나스닥 일간지수에 -3%가 뜨면 기존 전략처럼 전량매도를 하지 않는다. 대신 -3%가 뜨면 말뚝박기에 들어간다.

-25% 말뚝박기		
	애플 주가	말뚝박기 비율
전고점 대비 하락률	143.16	
-10%	128.844	40%
-12.5%	125.265	50%
-15%	121.686	60%
-17.5%	118.107	70%
-20%	114.528	80%
-22.5%	110.949	90%
-25%	107.37	100%

예를 들어 세계 1등 주식 애플이 -3% 없이 줄줄이 미끄러져 전고점 143.16달러 대비 -15% 떨어져 121달러까지 왔다고 가정하자. 그런데 이 상황에서 나스닥 일간지수에 -3%가 떴다면 어떻게 해야 하는가?

표를 보면 121달러에서 말뚝박기 비율은 60%다. 주식을 팔아 현금 40%, 주식 60% 비율로 가져간다.

극단적인 예를 하나 들어보겠다. 애플이 전고점 143.16달러에 도달한 상태에서 갑자기 나스닥 -3%가 떠서 애플의 주가가 137달러 정도로 주저앉았다면 어떻게 하는 게 좋을까? 말뚝은 10%만 박고 90%는 현금으로 보유한다.

즉 추가적으로 −3%가 뜨건 말건 관계없이 전고점 대비 현재 얼마인가에 대해서만 말뚝(주식비율)과 현금비율을 들고 가는 전략이다. 다시 말해 전고점에서 −3%가 뜨면 전고점 대비 −3% 지점이다. 100%에서 −3%를 빼면 97%다. 그러니 전고점 대비 −2.5% 지점마다 10% 말뚝을 박는다. 나스닥지수 −3%면 아직 −5%는 아니기 때문에 비율 그대로 실행한다. 이처럼 10%만 말뚝을 박고 나머지 90%는 현금을 들고 있는다.

② 리밸런싱은 무조건 −25%룰만 적용한다

−25% 말뚝박기		
	애플 주가	말뚝박기 비율
전고점 대비 하락률	143.16	
−10%	128.844	40%
−12.5%	125.265	50%
−15%	121.686	60%
−17.5%	118.107	70%
−20%	114.528	80%
−22.5%	110.949	90%
−25%	107.37	100%

−50% 말뚝박기		
	애플 주가	말뚝박기 비율
전고점 대비 하락률	143.16	
−10%	128.844	20%
−15%	121.686	30%
−20%	114.528	40%

−25%	107.37	50%
−30%	100.212	60%
−35%	93.054	70%
−40%	85.896	80%
−45%	78.738	90%
−50%	71.58	100%

앞의 표는 −25%와 −50% 말뚝박기를 각각 설명하고 있다. 주가가 최대 어디까지 떨어질지 가정한 후 말뚝박기에 들어가는 전략이다. 앞서 구체적으로 설명했으니 여기서는 요약설명하도록 하겠다.

연준이 제로금리를 유지하고 있을 때는 −25%룰을 적용하여 말뚝박기를 실행하고, 제로금리가 아닐 때는 −50%를 적용한다. 왜냐하면 연준이 제로금리를 시행하고 있는 중에는 경기가 하강하면 연준이 받쳐줄 것이라는 믿음이 있는 기간이기 때문에 최대 −25% 이상 떨어지지 않는다고 가정한다. 그러나 연준이 제로금리를 시행하지 않을 때는 최대 −50%까지 떨어질 수 있다고 가정한다. 이것이 핵심이다.

그런데 왜 리밸런싱은 −25%룰만 적용할까? 과거 나스닥지수가 폭락했던 때를 구체적으로 살피면서 설명해 보겠다.

◇ 2020년 코로나 위기

	애플 주가	리밸런싱 비율
전고점 대비 하락률	81.8	
−2.5%	79.755	10%
−5.0%	77.71	20%

-7.5%	75.665	30%
-10.0%	73.62	40%
-12.5%	71.575	50%
-15.0%	69.53	60%
-17.5%	67.485	70%
-20.0%	65.44	80%
-22.5%	63.395	90%
-25.0%	61.35	100%

처음 나스닥지수에 -3%가 뜨는 지점을 살펴보자. 2020년 2월 24일 나스닥지수에 -3.71%가 뜨면서 코로나 위기가 시작되었다. 애플은 이때 -4.75%가 빠지면서 종가 74.54달러에 마쳤다. 전고점 대비 약 10% 빠진 지점이었다.

그렇다면 얼마나 현금화를 시켰어야 정상인가? 전자산 100%를 애플에 투자했다면 총자산 대비 약 30%를 현금화 시킨 상태였고, 이때 나스닥지수에 -3%가 뜨면서 코로나 위기를 맞게 되었다. 그러나 리밸런싱 과정 즉 현금화 과정이 없었다면 -3%가 떠서 전량매도했을 때 10% 떨어진 상태에서 90%현금화 시켰을 것이다.

그러면 기존 -3%룰에 따라 전량매도가 오히려 이득이 아닌가 하는 의문이 들 것이다. 하지만 기존 -3%룰은 말뚝박기가 없기 때문에 결국 8거래일 연속 상승이 일어나는 몇 달 후에나 주식을 매수하게 된다. 이때는 이미 전고점을 돌파한 후다. 그러니 앞으로 같은 상황이 와도 포모에 시달릴 수밖에 없다.

반면 당시 리밸런싱을 했다면 얼마를 말뚝박기에 들어갈까? 2020년 코로나 위기는 연준이 제로금리를 하던 시절이 아니었으므로

-50% 말뚝박기를 적용해야 맞다.

	애플 주가	말뚝박기 비율
전고점 대비 하락률	81.8	
-5%	77.71	10%
-10%	73.62	20%
-15%	69.53	30%
-20%	65.44	40%
-25%	61.35	50%
-30%	57.26	60%
-35%	53.17	70%
-40%	49.08	80%
-45%	44.99	90%
-50%	40.9	100%

당시 나스닥지수 -3%가 뜨던 날 애플의 종가는 74.54달러였다. 그러니 말뚝 비율은 약 20%다. 따라서 현금화는 반대로 몇 %를 가져가야 하는가? 80%다. 즉 기존 30% 현금화 된 금액에 50%의 주식을 더 팔아 80%를 현금화 시켜야 한다.

이러고 보니 기존 -3%룰보다 업그레이드 현금화가 훨씬 이익이다. 현금화 시킨 비율은 비슷한데 전고점 대비 -2.5%마다 3번을 팔아서 이미 30%의 현금을 확보한 상태에서 50%의 현금을 추가 확보한 것과 -3%가 떠서 전고점 대비 -10% 떨어진 것을 그냥 지켜보다가 100% 현금화 했다면 어떤 것이 더 이익일까? 당연히 30%의 현금을 확보한 상태가 더 이익이다.

그런데 왜 리밸런싱은 -25%만 적용할까?

① -50%의 리밸런싱을 적용한다면 겨우 5%만 현금화 시키고 나스닥 -3%가 떠서 80%를 추가로 현금화 시켰다.

② -25%의 리밸런싱을 적용한다면 30%를 현금화 시키고 나스닥 -3%가 떠서 50%를 추가로 현금화 시켰다.

당연히 ②번의 -25% 리밸런싱을 적용하는 편이 유리하다.

코로나 위기 당시 애플은 2020년 3월 23일 56.09달러라는 최저가를 찍고 반등하였다. 당시를 적용한다면 얼마나 말뚝박기를 했을까? 애플주식 말뚝박기 60%를 하고 다시 오르기 시작했다고 볼 수 있다.

그렇다면 나머지 현금 40%는 그대로 들고만 있었을까? 아니다. 2020년 3월 16일 연준은 제로금리와 양적완화를 했으므로 40%는 3월 15일까지는 TLT(미국10년물 국채 ETF) 그리고 3월 16일부터 공황이 끝날 때까지는 IAU(금ETF)를 들고 있다가 공황이 끝나면 세계 1등 주식을 다 사면 되는 것이다. 현금화 했던 40%로 일정 수준 이상의 수익을 냈다는 의미다.

⚖ 결론

코로나 위기에는 -25% 리밸런싱을 통해 미리 전고점부터 파는 것이 가장 유리하다. 그러나 말뚝은 -50% 말뚝박기를 적용해야 한다. 기존의 -3%룰을 적용하는 것보다 업그레이드 -3%룰을 적용하는 것이 훨씬 이익이었다.

◇ 2008년 금융위기

2008년 금융위기 당시 나스닥지수는 전고점 대비 약 56% 떨어졌다. 당시 세계 1등이었던 엑손모빌은 전고점 대비 약 30% 떨어졌다. 따라서 -25%보다는 -50% 말뚝박기를 적용하는 것이 맞다. 그렇다면 리밸런싱은 -25%가 좋을까? 아니면 -50%가 좋을까?

당시 세계 1등인 엑손모빌은 2008년 5월 20일 94.56달러로 고점을 찍었다. 9월에 2008년 금융위기가 시작되었지만 이미 5월 20일 이후 지속적으로 떨어지고 있었다. 만약 업그레이드 -3%룰을 적용한다면 금융위기 이전에 상당한 현금화가 가능했다는 추측을 할 수 있다.

2008년 금융위기는 2008년 9월 4일 나스닥지수에 -3.20%가 뜨면서 시작되었다. 그렇다면 엑손모빌은 2008년 9월 4일이 말뚝박기를 시작하는 시점이다. 이날 엑손모빌은 76.14달러로 전고점 대비 20% 떨어진 상태였다

① -25%룰 적용시

	엑손모빌 주가	리밸런싱 비율
전고점 대비 하락률	94.56	
-2.5%	92.196	10%
-5.0%	89.832	20%
-7.5%	87.468	30%
-10.0%	85.104	40%
-12.5%	82.74	50%
-15.0%	80.376	60%

−17.5%	78.012	70%
−20.0%	75.648	80%
−22.5%	73.284	90%
−25.0%	70.92	100%

80%까지 이미 현금화를 시킨 상태에서 −3%가 떴다. 위기 이전에 상당 부분 리스크 관리가 이루어졌을 것이다.

② −50%룰 적용시

	엑손모빌 주가	리밸런싱 비율
전고점 대비 하락률	94.56	
−5%	89.832	10%
−10%	85.104	20%
−15%	80.376	30%
−20%	75.648	40%
−25%	70.92	50%
−30%	66.192	60%
−35%	61.464	70%
−40%	56.736	80%
−45%	52.008	90%
−50%	47.28	100%

−50%룰에 따르면 현금화 진행률은 40%였고, 이때 나스닥지수에 −3%가 떴다. −25%룰보다 위기관리가 덜 되어 있을 수밖에 없었다.

♟ 결론

2008년 금융위기도 당연히 현금화 진행률 80% 상태에서 금융위기를 맞는 것이 나은 선택이다. 따라서 전고점 대비 현금화 리밸런싱은 -25% 리밸런싱이 -50% 리밸런싱 결과보다 나았다.

그러나 말뚝박기는 연준의 제로금리 상태가 아니었기 때문에 -50% 말뚝박기를 진행하는 것이 룰이다. 결과도 나스닥이 전고점 대비 56% 떨어졌으므로 -25% 말뚝박기보다는 -50% 말뚝박기를 하는 것이 정답이다.

2008년 금융위기를 보더라도 기존 -3%룰보다 업그레이드 -3%룰이 훨씬 이익이었다.

♦ 2018년 10월 금리인상 위기

연준의 파월 의장이 금리인상을 지속적으로 밀어붙이다가 위기가 발생하였다. 2008년 10월의 일이다.

2018년 금리인상 위기는 한 달에 -3%가 4번 뜨는 공황은 아니었다. 그러나 하락률은 공황 못지않았다. 나스닥은 전고점 대비 약 23.9% 떨어졌고, 당시 세계 1등이던 애플은 전고점 대비 약 36.73% 떨어졌다.

2018년 10월 10일 나스닥지수에 -4.08%가 뜨면서 위기가 시작되었다. 2018년 10월 3일 애플은 58.02달러로 최고점을 찍었다. 그리고 10월 10일 54.09달러로 전고점 대비 약 7% 하락한 상태였다.

① -25%룰 적용시

	애플 주가	리밸런싱 비율
전고점 대비 하락률	58.02	
-2.5%	56.5695	10%
-5.0%	55.119	20%
-7.5%	53.6685	30%
-10.0%	52.218	40%
-12.5%	50.7675	50%
-15.0%	49.317	60%
-17.5%	47.8665	70%
-20.0%	46.416	80%
-22.5%	44.9655	90%
-25.0%	43.515	100%

-25% 룰 적용시 현금화 진행률 20% 상태에서 나스닥 -3%를 맞았다.

② -50%룰 적용시

	애플 주가	리밸런싱 비율
전고점 대비 하락률	58.02	
-5%	55.119	10%
-10%	52.218	20%
-15%	49.317	30%
-20%	46.416	40%
-25%	43.515	50%
-30%	40.614	60%
-35%	37.713	70%
-40%	34.812	80%
-45%	31.911	90%
-50%	29.01	100%

-50% 룰 적용시 현금화 진행률 10% 상태에서 나스닥 -3%를 맞았다.

결론

2018년 10월에도 -25%룰이 -50%룰보다 이익이었다.

최종 결론 : 현금화 리밸런싱은 -25%룰을 적용하는 것이 맞다.

Q&A

① 윗말뚝을 박을 때는 어떻게 해야 하는가?

윗말뚝은 이슈가 해소되었을 때만 박는다. 이는 곧 주관적인 판단일 수밖에 없다. 매뉴얼화 하기에는 무리가 따르기 때문에 매뉴얼에서는 제외한다.

이슈 해소 과정을 살펴보면, 2019년 1월 4일 연준의장 파월이 더 이상 금리인상을 하지 않겠다고 기자회견을 하면서 위기가 해소되었다. 이때 기존 -3%룰을 지킨다면 한달+1일을 기다려야 하는데 당시 연준의장이 연설이 있기 전인 1월 3일 -3%가 떴다. 그러니 -3%가 끝나는 날은 한달+1일 이후인 2월 4일까지 기다려야 한다. 그러나 금리인상 이슈는 이미 1월 4일 종료되었다. 따라서 -3%가 끝나는 한달+1일까지 기다릴 필요가 없었다.

결국 전부 주식을 사도 되고 2.5% 오를 때마다 10%씩 주식을 사도 된다. 본인의 생각과 판단에 따르면 된다. 어쨌든 매뉴얼에는 넣을 수 없다.

② 전고점 대비 −2.5% 떨어질 때마다 10%씩 매도하라는 말인가?

맞다. 전고점 대비 −2.5% 빠질 때마다 주식을 10%씩 매도하면 전고점 대비 −25%가 되면 주식은 제로(0)가 된다.

③ 주식이 오르락내리락하면 어떻게 하는가?

내릴 때만 팔고 오를 때는 안 사는 식으로 대응하면 된다. 내릴 때 팔다가 어느 지점에서 확신이 들면 주식을 전량매수하여 주식 수를 늘린다. 단, 1등 주식에만 해당한다. 1등 주식이 아니라면 절대 적용해서는 안 된다.

💎 업그레이드 −3%룰 정리

시작

① 세계 1등 주식이 전고점 대비 −2.5% 떨어지기 시작하면 현금화 리밸런싱을 시작한다.

② 나스닥지수에 −3%가 뜨면 말뚝박기를 한다.

③ 현금화 리밸런싱은 −25%룰을 적용한다.

④ 말뚝박기는 제로금리 상황에서는 −25% 말뚝박기를 적용하고 제로금리가 아니라면 −50% 말뚝박기를 한다.

헤지

⑤ 말뚝박기를 하면서, 헤지는 상황에 따라 TLT, IAU, 현금 등을 적용한다.

종료

⑥ 나스닥 일간지수에 -3% 떠서 말뚝박기를 하다가 한 달+1일을 기다려도 더 이상 -3%가 뜨지 않으면 주식을 전량 매수한다.

⑦ 나스닥 일간지수에 -3%가 떠서 말뚝박기를 하다가 -3%가 한 달에 4번 이상 뜨면 공황이니 마지막 -3%가 뜬 날 이후 두 달+1일을 기다리고 더 이상 -3%가 뜨지 않으면 주식을 전량 매수한다.

⑧ 8거래일 연속 상승이면 -3%로 인한 위기는 끝이 난다.

업그레이드 -3%룰에서 -3%의 의미

-3%란 나스닥 일간지수에 -3%가 떴을 때를 의미한다. 기존의 -3%룰에서 -3%의 의미는 절대적이었다. 기존 -3%룰은 다음과 같다.

① 나스닥 일간지수에 -3%가 뜨면 전량 매도 후 한 달+1일을 기다리고 더 이상 -3%가 뜨지 않으면 다시 전량 매수한다.

② 나스닥 일간지수에 -3%가 한 달에 4번 뜨면 공황이 확정된다. 최초 -3%가 뜬 날 이후 두 달+1일을 기다리고 더 이상 -3%가 뜨지 않으면 다시 전량 매수한다.

-3%는 불황과 공황의 시작이자 끝을 알리는 절대적 기준이었다. 그러나 업그레이드 -3%룰에서 -3%의 의미는 말뚝박기의 시작과 주식 전량매수의 의미 정도로 축소되었다.

또한 업그레이드 -3%룰에서 가장 중요한 포인트는 리밸런싱과 말뚝박기가 되었다. -3%는 리밸런싱과 말뚝박기를 하는 와중에 발생하는 부수적인 요소다.

업그레이드 -3%룰이 기존 -3%룰과 달라진 이유는 리밸런싱(현금화 리밸런싱)과 말뚝박기로 -3%룰을 대체할 수 있었기 때문이다. 현금화 리밸런싱이란 전고점 대비 -2.5% 떨어질 때마다 주식의 10%를 팔아 현금화 시키는 전략을 말한다.

◈ 리밸런싱에서 -3%의 의미 축소

기존의 룰에서는 -3%가 뜨면 일단 전량 매도하는 것이 위험을 회피하는 행동이었다. 그러나 지난 공황에서 현금화 리밸런싱을 했을 때가 -3%만 적용했을 때보다 훨씬 이익이었다는 사실을 새롭게 습득하였다.

① 2020년 코로나 위기에서 현금화 리밸런싱을 적용했다면 -3%가 뜨기 전 이미 현금화 진행률이 30% 상태였기 때문에 -3%가 뜨고 나서 판 것보다 훨씬 이익이었다.

② 2008년 금융위기에서도 현금화 리밸런싱을 했다면 -3%가 뜨기 전에 현금화 진행률이 80%였기 때문에 -3%가 뜨고 나서야 판 것보다 훨씬 이익이었다.

③ 2018년 금리인상 위기에서도 현금화 리밸런싱을 했다면 -3%가 뜨기 전에 현금화 진행률이 20% 상태였기 때문에 -3%가 뜨고 나서야 판 것보다 훨씬 이익이었다.

과거 위기와 비교해 봐도, 어느 경우에도 현금화 리밸런싱이 -3%가 뜨고 전량 매도한 경우보다 이익이었다. 왜냐하면 위기는 갑자기 찾아오지 않고, 전고점 대비 많이 하락한 후에 찾아오기 때문이다. 전고점 대비 -2.5% 떨어질 때마다 10%씩 팔았다면 -3%가 뜨고 갑자기 판 경우보다 당연히 이익일 수밖에 없다. 따라서 위기의 시작 징후인 -3%의 의미가 전고점 대비 주가가 빠지는 상황으로 대체된 것이다.

◇ -3%가 뜨면 말뚝박기를 시작한다

나스닥 일간지수에서 -3%의 의미는, 현금화 리밸런싱을 하는 와중에 말뚝박기 시점이 되었다는 뜻이다. 그러니 -3%가 뜨기 전에는 현금화 리밸런싱만 진행한다. 그러다가 만약 -3%가 뜨면 그때부터 말뚝박기를 시작한다. 즉 -3%를 기준으로 현금화 리밸런싱에서 말뚝박기로 전환한다.

◇ 현금화 리밸런싱의 목적

주식 수를 늘리는 것이 목적이다. 현금화 리밸런싱은 떨어질 때만 주식을 팔아 주식을 늘리고 올라갈 때는 계단식으로 따라 사지 않는다.

예를 들어 전고점 대비 15%가 빠지다가 올라서 12.5%가 되었을 경우 어떻게 해야 하나? 애플이 전고점인 143.16달러에서 -2.5%가 빠질 때마다 6번을 10%씩 팔아서 121달러가 되었을 때 60%를 현금화 시킨 상태가 되었을 것이다. 그런데 다음날 2.5%가 올라 125달러가 되었다면 어떻게 대응해야 하는가?

	애플 주가	리밸런싱 비율
전고점 대비 하락률	143.16	
-2.5%	139.581	10%
-5.0%	136.002	20%
-7.5%	132.423	30%
-10.0%	128.844	40%
-12.5%	125.265	50%
-15.0%	121.686	60%
-17.5%	118.107	70%
-20.0%	114.528	80%
-22.5%	110.949	90%
-25.0%	107.37	100%

잔파도가 지속될 경우, 즉 소폭 오르고 내리고를 반복하는 구간에서는 대응을 하면 할수록 수수료만 발생한다. 그러니 이럴 때는 과감히 사지 않는다.

다만 5%가 올랐을 경우 즉 2구간이 올랐을 경우인 약128.444달러가 되었을 경우는 올인을 한다. 현금화 시킨 60%를 약 128.444달러에서 올인을 하는 것이다.

그리고 더 올라도 사지 않는다. 아니 더 정확히 말하면 사려고 해도 현금이 없기 때문에 더 이상 살 수가 없다. 일단 대응은 여기서 끝이다.

그러나 주가가 다시 -2.5% 아래로 떨어지면 이때는 다시 10%씩 현금화를 하면 된다. 현금화 리밸런싱은 주목적이 주식 수를 늘리는 것이기 때문에 떨어지면 원칙대로 다시 행동하면 된다. -3%가 뜨기 전까지는 이렇게 대응한다.

💎 리밸런싱을 하다가 −3%가 뜬다면 그 다음은
말뚝박기에 들어간다

말뚝박기는 제로금리 상태에서는 −25% 말뚝박기를 하고 제로금리가 아니라면 −50% 말뚝박기를 하면 된다. −3%가 떠서 말뚝박기에 들어가면 −3%가 끝나는 기간에 맞춰서 올인을 해야 한다. 올라간다고 올라간 가격에 올인을 해서는 안 된다.

　−3%룰에 따라 공황이 아니라면 한 달+1일 이후에 남은 현금으로 올인해서 주식을 사고, 공황이라면 두 달+1일 이후에 남은 현금을 올인하여 주식으로 바꾼다.

💎 한달+1일, 두 달+1일에 전량 주식을 매수 했는데
−3%가 또 뜨면 어떻게 하는가?

공황(한 달에 4번의 −3%가 뜨는 경우)이 끝났다는 신호(최종적으로 −3%가 뜨고 두 달+1일이 지나는 동안 한 번도 −3%가 뜨지 않을 경우)에 따라 전량 매수했는데 다시 −3%가 뜬다면 어떻게 대응해야 하는가? 이때는 −3%가 떴으니 말뚝박기에 들어가면 된다. −3%는 말뚝박기의 신호이기 때문이다.

　마찬가지로 −3%가 뜨고 한 달+1일이 지나도록 −3%가 뜨지 않아 주식을 전량 매수했는데 −3%가 또 뜨면, 말뚝박기에 들어가면 된다. 마찬가지로 −3%는 말뚝박기의 신호이기 때문이다.

💎 현금화 리밸런싱은 −25%만을 진행하는데 그 이하로 떨어지면 어떻게 하는가?

	애플 주가	리밸런싱 비율
전고점 대비 하락률	143.16	
−2.5%	139.581	10%
−5.0%	136.002	20%
−7.5%	132.423	30%
−10.0%	128.844	40%
−12.5%	125.265	50%
−15.0%	121.686	60%
−17.5%	118.107	70%
−20.0%	114.528	80%
−22.5%	110.949	90%
−25.0%	107.37	100%

예를 들어 애플의 주가가 전고점 대비 −25%인 107.37달러까지 떨어져서 올인을 했는데 주가가 추가로 하락해 그 이하로 떨어진다면 어떻게 대응하는가?

간단하다. 현금화 리밸런싱을 다시 하면 된다. 2.5% 떨어질 때마다 10%씩 매도를 해서 현금화를 시키다가 −3%가 뜨면 말뚝을 박거나 앞서 설명한 '현금화 리밸런싱의 목적'처럼 떨어지다가 올라가면 올라간 가격에 올인을 하여 주식 수를 늘린다.

💎 투자할 때 전고점을 고려하자

전고점의 의미와 투자

전고점이란 주식이나 암호화폐 차트에서 과거부터 현재까지 정해진 구간에서 가장 높았던 고점을 의미한다. 이전고점이라고도 한다.

당신이 처음 세계 1등 주식에 투자하기로 마음 먹었다면 리밸런싱 표를 이용하기를 추천한다. 무작정 어느 날 갑자기 세계 1등인 애플에 현금 100% 모두를 투자해서는 안 된다. 들어가는 시점에 애플이 얼마인지 봐야 하고 전고점이 얼마인지 확인해야 한다.

만약 내가 들어가려던 시점에 애플 가격이 128 달러 인근에 있다면 리밸런싱 표에 따르면 현금화 진행률은 40%여야 한다. 따라서 들어가려던 100% 중 40%는 현금으로 빼 놓고 60%만 주식을 산다. 121달러 근처에서 투자를 한다면 60%는 현금으로 빼 놓고 40%만 주식을 사면 되는 것이다. 물론 가격은 늘 변하므로 당신이 들어가는 시점에 세계 1등 주식이 무엇이고, 이 주식의 전고점과 현재 가격이 전고점 대비 어느 지점인지 따로 계산을 해야 한다.

	애플 주가	리밸런싱 비율
전고점 대비 하락률	143.16	
-2.5%	139.581	10%
-5.0%	136.002	20%
-7.5%	132.423	30%
-10.0%	128.844	40%

-12.5%	125.265	50%
-15.0%	121.686	60%
-17.5%	118.107	70%
-20.0%	114.528	80%
-22.5%	110.949	90%
-25.0%	107.37	100%

◇ -3%가 끝난 후에 올인투자를 한다고 해서
전고점은 변하지 않는다

기존의 전고점이 143.16달러였는데 만약 -3%가 떴고 말뚝박기를 하다가 -15% 지점인 121달러에서 한달+1일 이후가 되어 -3%가 끝나서 올인투자가 들어갔다면 121달러가 전고점이 되는가?

아니다. 121달러는 자신이 올인투자를 한 가격일 뿐 기준이 되지는 못 한다. 올인투자를 한 곳에서 더 떨어지면 현금화 리밸런싱을 다시 하던지 아니면 끝까지 버티든지 그건 자신의 투자방향에 따라 정하면 될 일이다.

⚖ 결론

-3%는 말뚝박기의 시작과 위기의 끝을 의미한다.

업그레이드 -3%룰 적용 시 주가가
잔파도를 그리며 오르내릴 때 TIP

	애플 주가	리밸런싱 비율
전고점 대비 하락률	143.16	
−2.5%	139.581	10%
−5.0%	136.002	20%
−7.5%	132.423	30%
−10.0%	128.844	40%
−12.5%	125.265	50%
−15.0%	121.686	60%
−17.5%	118.107	70%
−20.0%	114.528	80%
−22.5%	110.949	90%
−25.0%	107.37	100%

업그레이드 -3%룰 적용 시 가장 난감할 때는 주가가 방향성을 갖지
못하고 잔파도를 그리며 오르내릴 때이다.

① 143.16달러에서 -2.5%가 빠져 10%를 팔았는데 갑자기 144 달러
   가 되었다.

ⓐ 다시 산다.

ⓑ 사지 않고 10% 현금을 그대로 가지고 간다.

정답은 ⓑ다. 왜냐하면 다시 샀다가 또 −2.5% 떨어지면 또 팔고 또 올라가면 또 산다. 이러면서 수수료만 발생한다. 그러니 사지 않고 10% 현금을 그대로 가지고 가면 된다.

② 143.16달러에서 −10% 빠져서 128달러가 되었다.

40%를 팔아서 현금을 가지고 있는데 다음날 2.5%가 올라서 132 달러가 되었다. 그래서 주식 수 확보 차원에서 132달러에 올인 을 했다. 그런데 다음날 −2.5%가 빠져서 128달러가 되었다. 그래 서 10%를 팔아서 현금을 만들었다. 그런데 다음날 2.5%가 올라서 132달러가 되었다.

ⓐ 다시 산다.

ⓑ 사지 않고 10% 현금을 가지고 간다.

역시 정답은 ⓑ다. 왜냐하면 다시 샀다가 또 −2.5% 떨어지면 또 팔 고 또 올라가면 또 산다. 이러면서 수수료만 나간다. 그러니 사지 않고 10% 현금을 가지고 가면 된다.

③ 2번의 경우에서 10% 현금을 들고 있는데 더 올라서 전고점인 143.16달러를 넘어서 144달러가 되었다.

ⓐ 다시 산다.

ⓑ 사지 않고 10% 현금을 가지고 간다.

정답은 ⓑ다. 왜냐하면 다시 샀다가 또 −2.5% 떨어지면 또 팔고 또 올라가면 또 산다. 이러면서 수수료만 나간다. 그러니 사지 않고 10% 현금을 가지고 가면 된다.

④ 2번의 경우에서 132달러인 상황에서 5%가 떨어져 125달러가 되었다.

　ⓐ *10%의 현금을 가지고 125달러에 산다.*

　ⓑ *사지 않고 10% 더 팔아서 20%의 현금을 들고 간다.*

정답은 어느 경우도 괜찮다.

ⓐ사더라도 이익이기 때문이다. 사서 이익이라면 사도 된다.

ⓑ사지 않고 20%의 현금을 들고 가도 된다. 이것도 이익이다. 더 떨어질 수 있기 때문이다.

⚖ 결론

사서 이익이라면 사면 되고 사서 손해라면 안 사면 된다. 상황에 따라서 10%의 현금은 들고 가도 상관없다. 전재산을 꼭 올인할 필요는 없다.

회피(리밸런싱)와 모험(말뚝박기)

사람들에게 "5만 원으로 무엇을 하겠습니까?" 하고 물어보면 잠시 고민을 하다가,

"맛있는 것을 사먹는다."

"책을 산다."

…

더 이상 생각이 나지 않는다. 5만 원으로 할 수 있는 일이 많지 않기 때문이다. 생각보다 5만 원의 효용이 크지 않다. 그런데 질문을 바꿔 이렇게 물어보면 답도 달라지고 생각도 달라진다.

"만약 5만 원을 잃어버렸다면 어떤 기분이 드십니까?"

오만가지 생각이 머리를 지배한다. '5000원짜리 짜장면을 10그릇이나 먹을 수 있었는데', 'A4지로 하면 총 몇 장이야.'

…

갑자기 5만 원으로 할 수 있는 일들이 수없이 떠오른다. 그러니 5만 원을 얻었을 때의 행복보다 5만 원을 잃었을 때 손실감이 훨씬 크다는 이야기다.

주식투자를 하다보면 주가가 떨어지는 일은 비일비재하다. 보통은 주가가 떨어져도 그저 떨어지나 보다 하고 애써 위로하며 넘어간다. 혹시 팔았다가 다시 오르기라도 하면 먼 산 쳐다봐야 하는 상황이 올 수도 있고, 이때 손실이 확정되는 데에 대한 두려움도 작용한다.

주식 전문가들은 버티라는 말을 자주 한다. 반면 대부분의 투자자들은 떨어지는 주식을 보면서 마음이 편치 않다. 작은 하락에도 불안을 느끼며 일상생활에 지장을 받는 투자자도 많다.

그래서 만든 투자전략이 바로 리밸런싱이다. 불안을 회피하려는 목적이다.

회피 - 리밸런싱

	애플(달러)	매도	주식 수	남은 주식 (달러)	현금화 (달러)	합계 (달러)
전고점	143.16		1,000	143,160	0	
-2.5%	139.581	10%	900	125,623	13,958	
-5.0%	136.002	20%	800	108,802	13,600	
-7.5%	132.423	30%	700	92,696	13,242	
-10.0%	128.844	40%	600	77,306	12,884	
-12.5%	125.265	50%	500	62,633	12,527	
-15.0%	121.686	60%	400	48,674	12,169	
-17.5%	118.107	70%	300	35,432	11,811	
-20.0%	114.528	80%				
-22.5%	110.949	90%				
-25.0%	107.37	100%				
합계				35,432	90,191	125,623

세계 1등 주식인 애플이 2021년 1월 26일 전고점 143.16달러를 찍은 후 내리 떨어져 2021년 3월 19일 장중에는 17.5%까지 떨어지면서 118.107달러를 기록했다.

앞의 표는 전고점 143.16달러에 애플 주식 1,000주를 사서 들고 있다는 가정하에 작성한 것이다. 전고점에서 2.5% 떨어질 때마다 총주식에서 10%씩인 100주씩 팔았다고 가정해 보자. 현금화 리밸런싱이다. 2021년 3월 19일, 애플 주식 300주를 들고 있고 700주는 팔아서 현금화 했다. 현금화한 총 금액은 90,191달러다. 그렇다면 2021년 3월 19일자로 증권앱에 찍혀 있는 현금화한 자산은 얼마인가? 남아 있는 주식300주는 35,432달러, 현금화한 자산은 90,191달러이니 총 125,623달러가 되었다.

① 버티기 한 사람

143.16달러에 1,000주를 사서 그대로 들고 있었다면 -17.5% 떨어졌으니 온전히 -17.5% 손해다.

② 리밸런싱 한 사람

총자산 가치 125,623달러를 현재 애플의 주가인 118.107달러로 나눠 보면 1,064주가 나온다. 64주가 늘었다. 즉 6.4% 이익이다. 리밸런싱을 한 사람이 버티기를 한 사람보다 무려 6.4%나 이익이고 주식도 64주나 늘었다. 그러니 떨어질 때마다 리밸런싱을 하지 않을 이유가 없다.

버티기를 하면서 불안과 초조에 시달릴 이유가 없다. 전고점 대비 2.5% 떨어질 때마다 적극적으로 10%씩 팔면서 리밸런싱을 하면, 즉 회피를 하면 그만큼 이익으로 돌아온다.

그러나 여기서 끝이 아니다. 회피만 하고 모험을 하지 않으면 결국은 손해로 귀결되기 때문이다.

모험 - 말뚝박기

	남은 주식	현금화	합계	이득	이득률	비고
합계	35,432	90,191	125,623			
전고점에 올인	300	630	930	-70주	-7%	전고점인 143.16 달러에 현금화 한 90,191달러로 주식을 샀을 경우 7% 손해
17.5% 올인	300	763.6363636	1,064	64주	6.363636	118.107 달러에 현금화 한 90,191달러로 주식을 샀을 경우 6.36% 이득

현금화한 90,191달러를 그대로 가지고 있다가 전고점인 143.16달러를 넘어갈 때 다시 샀다고 가정해 보자. 얼마나 손해인가? 주식 수로 하면 930주가 된다. 70주 손해다. 손해율로는 무려 7%다.

그러나 만약 -17.5%인 118.107 달러에서 남은 현금 모두로 애플주식을 샀다면 어떻게 되었을까? 앞서 살펴본 것처럼 주식 수는 64주가 더 늘었고 전고점인 143.16달러를 돌파한다면 6.4% 이익이다.

사실 -17.5%에서 올인을 한다고 계산한 추청치는 이익의 최대치에 해당한다. 이후 반등을 했기 때문이다. 현실에서 정확히 -17.5% 지점에서 올인을 하기란 쉽지 않다. 보다 현실적으로 최저점인 -17.5%가 아니라 -17.5%의 절반인 -8%에 올인한다면 6.3%가 아닌 3.15% 이익이다. 최저점이라면 좋겠지만 이 정도만 해도 아무것도 하지 않은 것에 비하면 이익은 이익이다. 이런 작은 이익도 모이고 모이면 큰 힘이 되고, 이 작은 이익이 복리효과까지 발생하기 때문에 결코 무시할 수 없다. 당장은 3%가 먼 훗날에는 100%, 300%가 될 수도 있다.

여기서 핵심은 어느 정도 바닥이다 생각될 때 본인의 판단으로 모험을 하여 주식 수를 늘리는 데 있다.

◈ 모험을 한 후 주가가 재차 하락할 시

그러나 이런 의문이 들 수 있다. 만약 118.107 달러에 현금화한 90,191 달러를 모두 주식을 사서 1,064주로 늘려 놨는데 만약 더 떨어지면 어떻게 하는가? 단순명쾌하다. 그때는 다시 2.5% 떨어질 때마다 10%씩 팔면 된다. 이때는 1,064주에서 10%씩 파는 전략이므로 약 106주씩 팔면 된다.

다만 잊지 말아야 할 점은, 이와 같은 리밸런싱 후 말뚝박기 방식은 세계 1등 주식처럼 언젠가는 우상향할 것이란 믿음을 가진 주식에만 활용가능하다는 것이다. 지속적으로 떨어지는 주식이나 오를지 말지 믿음을 주지 못하는 주식에 이 방법을 쓴다면 물타기를 하다가 전재산을 다 날릴 수도 있다. 하지만 세계 1등 주식이라면 이런 걱정을 하지 않아도 된다.

 결론 _____

리밸런싱으로 회피를 했다면 남은 현금으로 충분히 떨어진 주식을 과감히 사서 주식 수 늘리기를 해야 한다. 즉 이익이라면 과감한 말뚝박기로 모험을 해야 한다는 뜻이다. 그래야 결국 돈을 벌 수 있다. 불안은 리밸런싱으로 이겨내고 말뚝박기로 모험을 하면 부자가 된다.

2021년 3월,
애플 리밸런싱+말뚝박기 사례분석
금리이슈

① 기준

나스닥지수에 –3%가 뜨면 말뚝박기를 한다. 최종 매도 구간보다 2구간 이상 상승하면 현금화한 달러를 주식에 올인한다. 올인 후 다시 떨어지면 다시 한 구간 떨어질 때마다 10%씩 매도를 시작한다.

② 예

–25% 리밸런싱에서는 5%가 2구간이다.

왜 1구간이 아닌 2구간 이상 상승했을 때 주식 올인 작전을 펴야 할까? 2.5% 떨어졌을 때는 팔아도 된다. 하지만 다시 2.5% 올랐을 때 올인을 한다면 2.5%가 오르내리면서 반복하는 박스권에 들어서면 지속적으로 사고팔고를 반복하다가 수수료만 나갈 수 있다. 혹시 당장 주식을 사지 못한다고 하더라도 총자산의 10% 정도는 현금으로 가져가더라도 그리 큰 손해는 아니다. 대신 리밸런싱 기간 중 2구간 이상 상승하면 대세 상승으로 보고 현금화한 달러를 올인한다(자세한 내용은 '82장 업그레이드 -3%룰 적용 시 주가가 잔파도를 그리며 오르내릴 때 TIP' 참조).

다음은 -2.5% 떨어질 때마다 10%씩 매도하는 비율표다.

	애플 주가	리밸런싱 비율
전고점 대비 하락률	143.16	
-2.5%	139.581	10%
-5.0%	136.002	20%
-7.5%	132.423	30%
-10.0%	128.844	40%
-12.5%	125.265	50%
-15.0%	121.686	60%
-17.5%	118.107	70%
-20.0%	114.528	80%
-22.5%	110.949	90%
-25.0%	107.37	100%

실제 예를 들어 살펴보자. 2021년 3월, 애플은 2021년 1월 26일 고점을 형성한 후 떨어지고 있었다. 금리이슈가 터지면서 성장주에 대한 우려의 시각이 팽배했고, 주가도 지속 하락하였다. 이 기간 나스닥지수에 -3%가 발생하지는 않았다. 그럼에도 불구하고 하락률은 전고점 대비 15%까지 이르렀다. 아무것도 하지 않고 버티기로 일관했다면 큰 폭락 없이 전고점 대비 -15% 수익률이 나는 순간이었다. 이때 리밸런싱+말뚝박기 전략을 썼다면 결과는 어떻게 바뀌었을까?

날짜	종가	변동 %	
2021년 01월 26일	143.16	0.17%	전고점

2021년 01월 27일	142.06	−0.77%	
2021년 01월 28일	137.09	−3.50%	−2.5% 구간인 139.581달러 이하 시점 10% 매도
2021년 01월 29일	131.96	−3.74%	−7.5% 구간인 132.423달러 이하 시점 20% 매도 총 30% 매도
2021년 02월 01일	134.14	1.65%	
2021년 02월 02일	134.99	0.63%	
2021년 02월 03일	133.94	−0.78%	
2021년 02월 04일	137.39	2.58%	−5.0% 구간인 136.002달러 이상으로 상승, 사야 하나 말아야 하나?

2021년 1월 29일 전까지 총 7.5%가 떨어졌으므로 전체 주식의 30%를 팔았다. 그러나 2월 4일 문제가 생겼다. 2.5%가 올라서 136.002 달러 이상이 된 것이다. 이때 올인을 해야 할까? 말아야 할까? 원칙은 '최종 매도 구간보다 2구간 이상 상승하면 현금화한 달러를 올인한다'이다. 2구간은 −7.5% 구간인 132.423달러가 아니라 139.581달러 이상 올랐을 때다. 올인은 이때 한다. 따라서 그 전에는 사지 않는 것이 맞다.

날짜	종가	변동 %	
2021년 02월 05일	136.76	−0.46%	
2021년 02월 08일	136.91	0.11%	
2021년 02월 09일	136.01	−0.66%	
2021년 02월 10일	135.39	−0.46%	
2021년 02월 11일	135.13	−0.19%	
2021년 02월 12일	135.37	0.18%	
2021년 02월 16일	133.19	−1.61%	
2021년 02월 17일	130.84	−1.76%	
2021년 02월 18일	129.71	−0.86%	

날짜			
2021년 02월 19일	129.87	0.12%	
2021년 02월 22일	126	-2.98%	-10% 구간인 128.844달러 이하 시점 10% 매도 총 40% 매도

이후 2021년 2월 22일 126달러까지 지속적으로 떨어져 10%를 매도했다. 총매도는 40%다.

날짜	종가	변동 %	
2021년 02월 23일	125.86	-0.11%	
2021년 02월 24일	125.35	-0.41%	
2021년 02월 25일	120.99	-3.48%	-15% 구간인 121.686달러까지 떨어졌으나 나스닥 -3% 발생 말뚝박기 시작

이후 2021년 2월 25일 -15% 구간인 121.686달러까지 떨어졌고, 나스닥지수에 -3%가 발생하면서 말뚝박기를 시작해야 한다. 2021년 2월 25일은 연준이 제로금리를 하고 있는 상태이므로 -25% 말뚝박기를 진행한다.

	애플 주가	말뚝박기 비율
전고점 대비 하락률	143.16	
-2.5%	139.581	10%
-5.0%	136.002	20%
-7.5%	132.423	30%
-10.0%	128.844	40%
-12.5%	125.265	50%
-15.0%	121.686	60%
-17.5%	118.107	70%

-20.0%	114.528	80%
-22.5%	110.949	90%
-25.0%	107.37	100%

제로금리 상태에서는 말뚝박기와 리밸런싱의 표가 같다. 따라서 전고점 대비 15% 떨어진 상태에서는 주식 60%, 현금 40% 비율을 유지하면 된다.

날짜	종가	변동 %	
2021년 02월 26일	121.26	0.22%	
2021년 03월 01일	127.79	5.39%	-12.5% 구간인 125.265달러 이상으로 2구간 상승했으나 말뚝박기 기간에는 떨어질 때만 매수

2021년 3월 1일 5% 이상 상승하면서 2구간 이상 상승했으나 말뚝박기 구간(나스닥지수 -3%가 발생했으므로)에서는 떨어질 때만 매수한다.

날짜	종가	변동 %	
2021년 03월 02일	125.12	-2.09%	
2021년 03월 03일	122.06	-2.45%	
2021년 03월 04일	120.13	-1.58%	
2021년 03월 05일	121.42	1.07%	
2021년 03월 08일	116.36	-4.17%	-17.5% 구간인 118.107달러 이하로 떨어져 10% 매수 주식 총 70% 매수

2021년 3월 8일 -17.5% 구간인 118.107달러 이하로 떨어져 10%를 매수하여 주식 총 70% 매수, 현금 30% 비중이다. 이후 -17.5% 구간인 116.36달러 이하로 떨어지지 않아 주식 추가 매수는 없는 것이 매

뉴얼이다.

① **특이사항**

- 거래 수수료 : 키움, 미래에셋 등 0.07%의 거래수수료가 들어간다.
- 거래수수료는 생각보다 크지 않으며 거래는 실제 많지 않다.

오히려 아무 행동도 하지 않고 15%씩 손해를 보는 것보다는 떨어질 때 적극적으로 리밸런싱을 하는 편이 더 낫다.

양도소득세는 계산에 넣지 않는다. 양도소득세는 1년간 합산이다. 팔지 않았어도 평생 한 번이라도 팔았을 때는 그때 지금까지 이익을 모두 계산하여 양도소득세를 낸다. 어차피 낼 양도소득세인데 지금 내나 나중에 내나 마찬가지다. 그러니 양도소득세에 너무 신경쓸 필요가 없다.

② **TIP**

매뉴얼로 본다면 주식 70%, 현금 30%를 유지하면서 4월 19일(3월 18일 나스닥지수에 -3%가 발생했으므로 한 달+1일)까지 기다리는 것이 맞다. 그러나 3월 금리 이슈가 끝나고 4월 실적시즌에 접어들면서 빅테크가 다시 오름세를 탔으니 되도록이면 낮은 가격에 현금 30%를 집어 넣어 주식 평단가격을 낮추는 것이 핵심이다.

2020년 9월,
애플 리밸런싱+말뚝박기 사례분석
제2팬데믹

2020년 9월, 애플은 액면분할 이슈로 134.18달러까지 치솟는다. 그러나 2020년 9월, 제2의 팬데믹과 경기부양책이 통과되지 않으면서 나스닥지수에 −3%가 뜬다.

2020년 9월 애플 말뚝박기 −25% 비율표		
	애플 주가	말뚝박기 비율
전고점 대비 하락률	134.18	
−2.5%	130.8255	10%
−5.0%	127.471	20%
−7.5%	124.1165	30%
−10.0%	120.762	40%
−12.5%	117.4075	50%
−15.0%	114.053	60%
−17.5%	110.6985	70%
−20.0%	107.344	80%
−22.5%	103.9895	90%
−25.0%	100.635	100%

2020년 9월			
날짜	종가	변동 %	비고
2020년 09월 01일	134.18	3.98%	전고점
2020년 09월 02일	131.4	-2.07%	
2020년 09월 03일	120.88	-8.01%	나스닥지수 -3% 발생으로 말뚝박기 진행 - 전고점 대비 10% 하락 : 주식 40% 현금 60%

나스닥지수에 -3%가 발생했으므로 리밸런싱 없이 말뚝박기를 진행한다. 전고점 대비 10%인 120.762달러 근처인 120.88달러까지 하락했으므로 주식 40%는 말뚝을 박고 현금은 60%를 보유한다.

날짜	종가	변동 %	비고
2020년 09월 04일	120.96	0.07%	
2020년 09월 08일	112.82	-6.73%	전고점 대비 15% 하락, 주식 20% 추가 매수. 총 주식 60% 현금 40%

전고점 대비 15%인 114.053달러 이하로 하락했으므로 주식 20%를 추가 매수하여 총 주식 60%, 현금 40%를 유지한다.

날짜	종가	변동 %	비고
2020년 09월 09일	117.32	3.99%	
2020년 09월 10일	113.49	-3.26%	
2020년 09월 11일	112	-1.31%	
2020년 09월 14일	115.36	3.00%	
2020년 09월 15일	115.54	0.16%	
2020년 09월 16일	112.13	-2.95%	
2020년 09월 17일	110.34	-1.60%	전고점 대비 17.5% 하락, 주식 10% 추가 매수. 총 주식 70%, 현금 30%

전고점 대비 17.5%인 110.6885달러 근처로 하락했으므로 주식 10%를 추가 매수하여 총 주식 70%, 현금 30%를 유지한다.

2020년 09월 18일	106.84	-3.17%	
2020년 09월 21일	110.08	3.03%	
2020년 09월 22일	111.81	1.57%	
2020년 09월 23일	107.12	-4.19%	전고점 대비 20% 하락, 주식 10% 추가 매수. 총 주식 80%, 현금 20%

전고점 대비 20%인 107.344달러 근처로 하락, 주식 10%를 추가 매수하여 총 주식 80%, 현금 20%를 유지한다.

말뚝박기 진행중에는 떨어질 때만 비율대로 매수하며 오를 때는 매수하지 않는다는 점을 기억하자.

날짜	종가	변동 %	비고
2020년 11월 30일	119.05	2.11%	-3% 끝

2020년 10월 28일에 나스닥 -3%가 최종발생했으므로 한달+1일 이후인 2020년 11월 29일이 -3%가 끝나는 날이나 일요일이기에 11월 30일로 -3%가 끝이 났다.

	애플	매수	주식 수		합계	평단가
전고점	134.18		1,000			
-2.5%	130.8255	10%				
-5.0%	127.471	20%				
-7.5%	124.1165	30%				

−10.0%	120.762	40%	400	48,305		120.762
−12.5%	117.4075	50%				
−15.0%	114.053	60%	200	22,811	71,115	118.526
−17.5%	110.6985	70%	100	11,070	82,185	117.408
−20.0%	107.344	80%	100	10,734	92,920	116.150
−22.5%	103.9895	90%				
−25.0%	100.635	100%				
업그레이드 −3%룰	119.05		200	23,810	116,730	116.730
−3% 룰	119.05		1,000	119,050	119,050	119.050
기존 −3% 대비 이득						1.988
버티기						120.880
버티기 대비 이득						3.556

결론

업그레이드 -3%룰 적용 시 애플의 평단가는 116.730달러이다. 현금 20%는 -3%가 끝나는 날 119.05달러에 사는 것으로 계산했다. 기존 -3%룰은 평단가가 119.050달러이고 그에 비해 업그레이드 -3%룰 적용 시 수익률은 1.988% 이익이다.

팔지 않고 버티기를 했을 때 120.880달러가 평단가인데 그에 비해 업그레이드 -3%룰 적용 시 수익률은 3.556% 이익이다.

따라서 두 경우 모두 업그레이드 -3%룰 적용이 이익이었다.

2020년 3월, 애플 리밸런싱+말뚝박기 사례분석 코로나 위기 공황

2020년 3월, 코로나 위기가 터지고 나스닥 일간지수에 -3%가 한 달에 4번 뜨면서 공황이 시작되었다. 일상이 파괴되었고, 주식도 초토화되었다. 공황 중 리밸런싱+말뚝박기 룰을 적용했다면 어떻게 되었을까? 2020년 3월 현재 세계 1등은 애플이었다. 따라서 리밸런싱+말뚝박기는 애플로 진행하면 된다.

날짜	종가	변동 %	비고
2020년 02월 12일	81.8	2.37%	전고점

애플은 2020년 02월 12일 81.8달러까지 오르면서 사상최고가를 찍는다. 이것이 코로나 위기의 전고점이다.

날짜	종가	변동 %	비고
2020년 02월 13일	81.22	-0.71%	
2020년 02월 14일	81.24	0.02%	
2020년 02월 18일	79.75	-1.83%	-2.5% 이하 10% 매도 리밸런싱, 비율 주식: 90%, TLT 10%

2020년 02월 18일 전고점 대비 -2.5% 이하로 하락해서 총주식의 10%를 매도한다. 리밸런싱 구간이므로 2.5% 떨어질 때마다 10%씩 매도하면 된다.

	애플 주가	리밸런싱 비율
전고점 대비 하락률	81.8	
-2.5%	79.755	10%
-5.0%	77.71	20%
-7.5%	75.665	30%
-10.0%	73.62	40%
-12.5%	71.575	50%
-15.0%	69.53	60%
-17.5%	67.485	70%
-20.0%	65.44	80%
-22.5%	63.395	90%
-25.0%	61.35	100%

주식을 10% 매도하고, 이렇게 확보한 현금으로 TLT를 산다. 2020년 3월은 기준금리 제로금리 시대가 아니므로 주식을 팔면 헤지의 수단으로 미국채 20년물 ETF인 TLT를 사면 된다. 총비율은 주식 90%, TLT 10%다.

날짜	종가	변동 %	비고
2020년 02월 19일	80.9	1.45%	
2020년 02월 20일	80.07	-1.03%	
2020년 02월 21일	78.26	-2.26%	
2020년 02월 24일	74.54	-4.75%	*나스닥 -3% 최초 발생. -5% 이하 말뚝박기 80% 추가 매도 후 TLT 80% 추가 매수 *비율 : 주식 10%, TLT 90% *이후 떨어질 때만 말뚝박기 실행

《부의 체인저》 바뀐 세상에서 어떻게 투자할 것인가?

2020년 2월 24일, 나스닥 일간지수에 -3%가 최초 발생했다. 나스닥 -3%가 발생했다면 말뚝박기에 들어간다. 이때는 기준금리가 제로금리 시대가 아니기 때문에 -50% 말뚝박기를 기준으로 실행하면 된다.

50% 말뚝박기 비율표		
	애플 주가	말뚝박기 비율
전고점 대비 하락률	81.8	
-5%	77.71	10%
-10%	73.62	20%
-15%	69.53	30%
-20%	65.44	40%
-25%	61.35	50%
-30%	57.26	60%
-35%	53.17	70%
-40%	49.08	80%
-45%	44.99	90%
-50%	40.9	100%

애플이 74.54 달러까지 떨어졌으므로 말뚝박기는 10%의 주식만 가지고 있어야 한다. 따라서 주식 80%를 추가 매도한다. 한편으로 TLT 80%를 추가 매수하여 TLT의 비율을 90%까지 맞춘다. -3%가 떴기 때문에 이후에는 떨어질 때만 말뚝박기를 진행하면 된다.

총비율은 주식 10%, TLT 90%다.

날짜	종가	변동 %	비고
2020년 02월 25일	72.02	-3.39%	
2020년 02월 26일	73.16	1.59%	
2020년 02월 27일	68.38	-6.54%	-15% 이하 말뚝박기 주식 20% 매수. 총비율 : 주식 30%, TLT 70%

2020년 2월 27일, 애플이 전고점 대비 -15% 이하인 68.38달러까지 주저앉았다. 전고점 대비 -15%까지 떨어졌을 때 말뚝박기는 두 배인 30%다. 따라서 TLT를 20% 매도 후 주식을 20% 추가로 매수한다.

총비율은 주식 30%, TLT 70%다.

날짜	종가	변동 %	비고
2020년 02월 28일	68.34	-0.06%	
2020년 03월 02일	74.7	9.31%	
2020년 03월 03일	72.33	-3.18%	
2020년 03월 04일	75.68	4.64%	
2020년 03월 05일	73.23	-3.24%	
2020년 03월 06일	72.26	-1.33%	
2020년 03월 09일	66.54	-7.91%	
2020년 03월 10일	71.33	7.20%	
2020년 03월 11일	68.86	-3.47%	
2020년 03월 12일	62.06	-9.88%	-20% 이하 말뚝박기 주식 10% 매수. 총비율 : 주식 40%, TLT 60%

2020년 3월 12일, 애플 주가는 전고점 대비 -20% 이하인 62.06달러까지 떨어졌다. 말뚝박기 비율상 주식 40%를 가지고 있어야 하므로 TLT 10%를 팔고 주식을 10% 추가매수한다.

이 날 나스닥은 한 달 4번의 -3%를 기록하며 공황이 확정되었다. 따라서 나스닥 -3%가 끝나는 날은 ①마지막 -3%가 뜨고 두 달+1일 동안 더 이상 한 번도 -3%가 뜨지 않거나, ②나스닥 8거래일 연속 상승이 일어나면 공황이 끝난다.

총비율은 주식 40%, TLT 60%다.

날짜	종가	변동 %	비고
2020년 03월 13일	69.49	11.98%	
2020년 03월 16일	60.55	-12.86%	-25% 이하 말뚝박기 주식 10% 매수 연준 양적완화 시작 TLT매도 후 금매수, 총 비율 : 주식 50%, IAU 50%

2020년 3월 16일, 애플이 -25% 이하 구간인 60.55달러까지 굴러떨어지고 말았다. 말뚝박기 -50% 구간은 주식을 50% 가지고 있어야 한다. 따라서 주식을 10% 추가 매수해야 하기 때문에 TLT 10%를 매도하고 애플 주식을 10% 추가 매수한다.

그리고 이 날 연준에서 제로금리와 양적완화를 발표했기 때문에 나머지 50%의 TLT는 전량 매도 후 금 ETF인 IAU로 갈아탄다.

총비율은 주식 50%, IAU 50%로 전환된다.

날짜	종가	변동 %	비고
2020년 03월 17일	63.22	4.40%	
2020년 03월 18일	61.67	-2.45%	
2020년 03월 19일	61.19	-0.77%	
2020년 03월 20일	57.31	-6.35%	
2020년 03월 23일	56.09	-2.12%	-30% 이하 말뚝박기 주식 10% 매수. 비율 : 주식 60%, IAU 40%

2020년 3월 23일, 애플은 전고점 대비 -30% 이하 구간인 56.09달러까지 폭락한다. 이 가격이 코로나 위기 당시 애플의 최저점이었다. 따라서 말뚝박기 -30% 구간은 주식을 60% 가지고 있어야 한다. 그러니 금 ETF인 IAU를 10% 매도 후 애플 10%를 추가 매수한다.

총비율은 주식 60%, IAU 40%다.

날짜	종가	변동 %	비고
2020년 08월 12일	113.01	3.32%	6월11일 마지막 -3% 발생 후 두 달 +1일 이후인 8월 12일 공황 끝. IAU 40% 매도 후 주식 40% 매수 총비율 : 주식 100%

2020년 8월 12일 공황이 끝이 난다. 2월 24일에 -3%가 최초 발생한 이래 5개월 이상이 지났다. 6월 11일 나스닥 일간지수에 -3%가 뜨고 나서 두 달+1일의 기간 동안 더 이상 -3%가 뜨지 않았다. 따라서 두 달+1일 이후인 8월 12일이 공황이 끝나는 날이다. 따라서 금 ETF인 IAU 40%를 매도한 후 주식 40%를 매수한다.

총비율은 주식 100%다.

◈ 헤지수단의 성적표

이로써 공황이 끝나고 투자의 시계도 다시 제자리로 돌아왔다. 공황을 거치며 헤지수단으로 샀던 종목들은 어떤 성적표를 냈는지 살펴보자.

① TLT의 수익률

-3% 최초 발생일인 2020년 2월 25일부터 제로금리, 양적완화 시행일인 2020년 3월 16일까지 수익률은 9.09%이다. 같은 기간 동안 애플의 수익률은 -18.77%이다.

② IAU의 수익률

제로금리, 양적완화를 시작한 3월 17일부터 공황이 끝나는 8월 12일까지 금 ETF인 IAU의 수익률은 26.39%이다. 같은 기간 애플의 수익률은 86.63%이다.

③ 결론

TLT의 수익률은 업그레이드 -3%룰이 앞섰고, IAU의 수익률보다 애플의 수익률이 앞섰다. TLT를 가지고 있는 동안은 버티면서 주식을 팔지 않았던 경우보다 나은 성적표가 나왔다. IAU를 가지고 있는 동안에도 업그레이드 -3% 룰이라면 애플주식 60%를 가지고 있었으니 -3% 업그레이드 룰을 지킨다고 하더라도 손해는 아니었다.

④ TIP

매뉴얼로 본다면 주식 60%, IAU 40%를 유지하면서 8월 12일까지 기다리는 것이 맞다. 그러나 전고점을 돌파하며 주식의 상승세가 뚜렷하다면 IAU를 팔고 과감히 주식에 들어가 평단가를 낮추는 것이 핵심이다.

어느 시점 세계 1등을 사기로 했을 때, 매수 전략

◈ -3% 기간이 아닐 때

애플 -25% 리밸런싱		
	애플 주가	현금 비율
전고점 대비 하락률	143.16	
-2.5%	139.581	10%
-5.0%	136.002	20%
-7.5%	132.423	30%
-10.0%	128.844	40%
-12.5%	125.265	50%
-15.0%	121.686	60%
-17.5%	118.107	70%
-20.0%	114.528	80%
-22.5%	110.949	90%
-25.0%	107.37	100%

-3% 기간이 아닐 때는 가장 일반적이고 흔한 경우다. 증시 전체 기간으로 보았을 때 -3% 기간은 그리 길지 않다. -3%와 상관 없는 기간이 훨씬 길고 일반적이다. 그럼에도 -3% 구간에 주목하는 이유는 그 기

간 동안 충격파가 워낙 크기 때문에 아무것도 대처하지 않으면 오랫동안 쌓아왔던 공튼탑이 한순간에 무너질 수도 있기 때문이다. 또한 위기를 기회로 활용하고자 하는 측면도 강하다.

2021년 4월 20일 애플의 종가는 134.84달러다. 만약 이때 처음 사서 들어가야 한다면 어떻게 해야 할까? 리밸런싱 표를 보자. -5%인 136.423달러 바로 밑이다. -5% 구간은 전고점에서 20%를 팔아 현금을 만들고 주식은 80%를 들고 있어야 한다. 따라서 주식 80%, 현금 20%의 비율을 유지하다가 추가로 -2.5% 떨어질 때마다 10%씩 팔면서 리밸런싱하면 된다.

결론은 현금 20%, 주식 80%다.

◇ -3% 기간이며 제로금리 상황일 때

애플 -25% 말뚝박기		
	애플 주가	말뚝 비율
전고점 대비 하락률	143.16	
-2.5%	139.581	10%
-5.0%	136.002	20%
-7.5%	132.423	30%
-10.0%	128.844	40%
-12.5%	125.265	50%
-15.0%	121.686	60%
-17.5%	118.107	70%
-20.0%	114.528	80%
-22.5%	110.949	90%
-25.0%	107.37	100%

리밸런싱은 주식을 팔아 현금화하는 데 집중하는 비율이고, 말뚝박기는 팔았던 주식을 다시 사는 데 집중하는 비율이다. -3% 기간은 비웠던 주식을 다시 채워가는 시간이다.

제로금리 상황에서는 연준이 주가의 하방을 어느 정도 방어해 주는 기간이므로 최대 25%까지 떨어질 수 있다는 가정하에 투자한다. 말뚝을 박고 이후 2.5% 떨어질 때마다 10%씩 주식을 사면 된다.

결론은 주식 20%, 현금 80%다.

💎 -3% 기간이며 제로금리가 아닌 상황

애플 -50% 말뚝박기		
	애플 주가	말뚝박기 비율
전고점 대비 하락률	143.16	
-5%	136.002	10%
-10%	128.844	20%
-15%	121.686	30%
-20%	114.528	40%
-25%	107.37	50%
-30%	100.212	60%
-35%	93.054	70%
-40%	85.896	80%
-45%	78.738	90%
-50%	71.58	100%

제로금리가 아닐 때는 연준이 주가를 방어해 주지 않는 기간이므로 더 크게 떨어질 개연성이 있다. 따라서 -50% 말뚝박기 비율에 따라 말뚝

을 박고 5% 떨어질 때마다 10%씩 주식을 사면 된다.

결론은 주식 10%, 현금 90%다.

 **결론**

표에 맞게 주식과 현금 비율을 맞추면 된다. 위의 상황은 매뉴얼대로 한다면 그렇다는 이야기다. 상황에 따라 꼭 위의 표에 맞추려고 고군분투할 필요는 없다. 투자는 온전히 자신의 몫이라는 사실을 잊지 말아야 한다.

나아가 세계 1등 주식마저 이기기

어떤 포트폴리오, 즉 펀드를 평가하려면 그 펀드가 추종하는 벤치마크 (Benchmark; BM) 지수와 비교해서 얼마나 잘 운용했는지를 따져야 한다. 이때 많이 사용하는 척도로 알파와 베타가 있다.

벤치마크의 베타는 시장을 놓는다. 시장은 주로 지수인데 대표적으로는 다우존스지수, S&P500지수, 나스닥100지수 등이다. 그리고 알파는 해당 펀드를 놓는다.

펀드가 시장을 이겼다면 0보다 값이 크다. 그러면 펀드가 시장을 이겼다고 한다. 그렇다면 펀드가 시장을 이기기가 쉬울까? 어려울까? 어렵다가 답이다. 알파가 플러스가 나오는 것이 쉬울까? 마이너스가 나오는 것이 쉬울까? 마이너스가 나오기 쉽다.

『모든 주식을 소유하라』의 저자 존 보글은 이렇게 말했다.

"1970년 당시 존재한 355개의 펀드 중 2016년까지 S&P500지수를 1% 초과한 펀드는 10개밖에 되지 않는다. 35개는 시장 평균이었고 1% 이상 뒤진 펀드가 29개 그리고 나머지 281개는 사라졌다."

이외에도 워렌퍼핏과 헤지펀드의 내기가 있었다.

2008년 1월 1일 자로 시작된 내기는 뉴욕 증시 마지막 거래일이던 지난 12월 29일(현지시각) 버핏의 압승으로 마무리됐다. 버핏의 인덱스펀드는 연평균 7.1%에 달하는 높은 수익을 낸 데 반해 프로테제의 헤지펀드 수익률은 2.2%에 그쳤기 때문이다.

버핏은 최근 주가 급등으로 불어난 상금 전액 222만 달러(약 23억7000만 원)를 자선단체 '걸스 오브 오마하'에 전달할 예정이다.

2018년 1월 2일자 중앙일보

워런 버핏은 투자자들에게, 헤지펀드에 비싼 수수료를 내지 말고 차라리 인덱스 펀드(지수)에 돈을 걸라고 조언했다. 그러자 헤지펀드에서 워런 버핏에게 내기를 걸었고, 10년 후 결국 인덱스펀드가 7.1%, 헤지펀드가 2.2%로 인덱스펀드가 압도적인 승리를 거두었다. 전문가집단이라도 시장평균 수익률을 상회하기 힘들다는 사실이 이미 증명되었다.

헤지펀드도 이럴진대 일반인이 지수를 이긴다는 게 쉬울까? 쉽지 않다. 매우 어렵다. 하지만 시장이 시장을 이기는 비결이 있다. 바로 세계 1등 주식의 수익률이 시장을 이긴다(보다 자세한 내용은 '31장 1등만이 시장을 이긴다' 참조).

그렇다면 세계 1등이 시장 수익률에서 가장 좋다는 말인데, 이 1등조차 이기고 싶다면 어떻게 해야 하는가? 결론부터 얘기하면 업그레이드 -3%룰을 따르되 1등보다 평단가가 낮았을 때는 올인을 하면 된다(더 자세한 내용은 '85장 2020년 9월, 애플 리밸런싱+말뚝박기 사례분석 - 제2팬데믹' 참조).

이 사례 분석을 보면 결국 -3%룰을 따랐을 때 1등 주식보다 수익률이 더 좋았다.

애플	매수	주식수		합계	평단가	
전고점	134.18		1,000			
-2.5%	130.8255	10%				
-5.0%	127.471	20%				
-7.5%	124.1165	30%				
-10.0%	120.762	40%	400	48,305		120.762
-12.5%	117.4075	50%				
-15.0%	114.053	60%	200	22,811	71,115	118.526
-17.5%	110.6985	70%	100	11,070	82,185	117.408
-20.0%	107.344	80%	100	10,734	92,920	116.150
-22.5%	103.9895	90%				
-25.0%	100.635	100%				
업그레이드 -3%룰	119.05		200	23,810	116,730	116.730
-3% 룰	119.05		1,000	119,050	119,050	119.050
기존 -3% 대비 이익						1.988
버티기						120.880
버티기 대비 이익						3.556

업그레이드 -3%룰을 적용 시 애플의 평단가는 116.730달러다. 기존 -3% 대비 1.988% 이익이고, 안 팔고 버티기 대비 3.556% 이익이었다. 이는 앞서 살펴봤던 내용들이다.

그러나 이보다 수익률을 더욱 끌어올릴 수도 있었다. 왜냐하면 현금 20%는 -3%가 끝나는 날 119.05달러에 애플을 사는 것으로 계산했기 때문이다. 만약 그렇게 하지 않고 현금 20%를 80% 지점인 107.344에 올인했다면 수익률은 더 좋았을 것이다.

그런데 왜 그렇게 행동하지 못했을까? 더 떨어질 수도 있었기 때문이다. 103달러나 혹은 100달러 이하로 떨어질 수도 있지 않은가? 시간이 지나고 보니 그때가 최저점이었음을 알 수 있지 당시에는 여기가 최저점인지, 추가로 더 떨어질지 알 수가 없다.

◆ 세계 1등 주식의 수익률마저 이기고 싶다면

그때는 2.5% 떨어질 때마다 10%씩 팔면서 리밸런싱을 또 하면 된다.

비록 불확실성이 크긴 하지만 일단 이렇게 해야 1등의 수익률을 확실하고도 완전하게 이기기 때문이다. 우리의 목표는 시장수익률을 이긴 세계 1등 수익률을 또 이기는 것이다. 언제라도 더 나은 길이 있다면 그 길로 가지 않을 이유가 없다.

따라서 리밸런싱이나 말뚝박기 도중 세계 1등 주식의 평단가보다 더 낮게 내려갈 수 있다면 일단 과감히 남은 현금을 다 털어넣을 용기를 가져야 한다. 우리는 세계 1등 주식의 수익률만 이기면 된다.

앞서 다뤘던 '86장 2020년 3월, 애플 리밸런싱+말뚝박기 사례분석 - 코로나 위기 공황'의 마지막 결론 부분만 다시 보자.

① TLT의 수익률

-3% 최초 발생일인 2020년 2월 25일부터 제로금리, 양적완화 시행일인 2020년 3월 16일까지 수익률은 9.09%이다. 같은 기간 동안 애플의 수익률

은 -18.77%이다.

② IAU의 수익률

제로금리, 양적완화를 시작한 3월 17일부터 공황이 끝나는 8월 12일까지 금 ETF인 IAU의 수익률은 26.39%이다. 같은 기간 동안 애플의 수익률은 86.63%이다.

2020년 3월 16일까지는 확실하게 세계 1등 주식을 이겼다. 그런데 3월 17일부터 8월 12일까지의 수익률은 헤지한 금ETF인 IAU의 수익을 세계 1등 주식인 애플이 이겼다. 결과를 놓고 보면 3월 16일에 세계 1등 주식인 애플에 올인을 했어야 했다.

그러면 더 떨어지는 것은 어쩔 수 없는 부분이고, 세계 1등 주식의 수익률을 이겼다는 데에 만족하면 된다. 왜냐하면 세계 1등 주식의 수익률을 이기면 개인으로서는 가장 큰 수익률을 거둔다고 생각하기 때문이다. 아니 더 이상 바랄 게 없는 수준까지 오른 셈이다. 이후 더 떨어지건 말건 말이다. 왜냐하면 세계 1등 주식은 우상향하니 말이다. 그리고 2008년 이전의 연준이 아니기에 적극적으로 시장에 개입할 것이고 그로 인해 주가는 상승할 것을 믿기 때문이다.

물론 더 떨어진다면 2.5% 떨어질 때마다 10%씩 팔면서 리밸런싱하면 된다. 그래도 이렇게 하는 이유는 일단 세계 1등은 확실히 이겨놓는 방법이기 때문이다. 그러면 지수를 이긴 세계 1등의 수익률보다 나는 확실히 높은 알파값을 챙길 수 있다. 걷는 놈 위에 뛰는 놈, 뛰는 놈 위에 나는 놈의 지위가 가능하다.

그러나 언제 들어갈지에 대해서는 매뉴얼로 만들 수 없다. 철저히 개인의 판단이기 때문이다.

아리스토텔레스가 알렉산더에게 말했다.

"세상을 지배하는 자 누가 될 것인가?"

세상에는 3종류의 사람이 있다.

① 용기는 있는데 지혜가 없는 자. 전쟁이 나면 적진에 뛰어가다 죽는다.

② 지혜는 있는데 용기가 없는 자. 말만 많고 세상을 지배할 수 없다.

③ 지혜와 용기를 가지고 있는 자. 세상을 지배할 수 있다.

부자가 되려는 사람은 지혜도 있어야 하지만 반드시 용기도 있어야 한다.

⚖️ 결론

세계 1등의 평단가보다 더 낮게 들어갈 수 있는 기회가 있다면 과감히 행동하라. 세계 1등은 결국 우상향하게 되므로 과감한 행동이 결코 무모한 행동이 되지 않는다.

어떤 상황에서도 손실을 줄이고 수익을 극대화 해주는, '리밸런싱 전략'

리밸런싱 전략의 원칙은 간단하다. 앞서 여러 차례 설명한대로,

"1구간 떨어지면 10%씩 팔고 2구간 오르면 전량 매수한다."

리밸런싱은 현금화 전략이다. 가격이 하락하면 주식을 팔다가 일정 수준으로 주가가 갑자기 튀어 오르면 다시 매수한다. 나스닥 일간지수에 -3%가 뜨지 않는다는 조건하에 평소에는 전고점 대비 2.5% 떨어질 때마다 자산의 10%씩 판다. 전고점 대비 2.5% 떨어질 때마다 계속 팔다가 바닥에서 5% 오르면 다시 전량 매수한다. 간단한 전략이니 아무것도 하지 않는 것보다 평소에는 이 전략을 적극 활용하기 바란다.

리밸런싱에서 1구간은 2.5%다. 1구간 떨어질 때마다 팔고 2구간 올라오면 사면 된다. 그런데 왜 2.5% 떨어질 때마다 팔고 5% 오르면 살까?

주식시장에는 2가지 세력이 있다. 안정화 세력과 불안정화 세력이다. 안정화 세력은 소위 말하는 개인투자자들인 개미들이고, 특징은 가격이 오르면 사고 내리면 파는 행동을 보인다. 이들은 변동성을 줄이려는 쪽에 베팅한다.

불안정화 세력은 헤지펀드 등의 모멘텀 투자자라 할 수 있다. 특징은 가격이 오르면 꾸준히 사고 내리면 파는 것에 더해 공매도까지 감행하는 투자자라 할 수 있다. 이들은 시장의 변동성을 크게 늘리려는 쪽에 베팅한다.

주식은 오를 때는 천천히 움직인다. 안정화 세력은 오를 때 산다. 그리고 불안정화 세력은 사려고 마음 먹었다면 소리소문 없이 매입하기를 원한다. 따라서 목표금액이 될 때까지 천천히 산다. 때에 따라서는 나쁜 뉴스를 흘려 주가를 떨어뜨린 후 낮은 가격에 사기도 한다. 따라서 오를 때는 급격하게 오르는 경우가 많지 않다. 다만 공황과 같이 크게 폭락했다가 급하게 반등할 때는 속도감 있고 탄력적으로 오르기도 한다. 이런 특수 상황을 뺀 평상시에는 천천히 오른다.

주가가 오르는 기간 VIX지수는 15 이하로 떨어지면서 변동성이 크게 줄어든다. 나스닥지수가 1% 이상 오르거나 내리는 경우는 거의 발생하지 않는다. 주로 0%대로 서서히 움직이면서 마치 에스켈레이터처럼 오르는 것이다.

반면 떨어질 때는 폭포수다. 개미들은 패닉에 빠져 자신이 가진 물량을 던지고 헤지펀드는 파는 것에 더해 공매도까지 감행한다. 따라서 떨어질 때는 아주 가파르게 떨어진다. 대부분의 공황을 봐도 나스닥에 -3% 이상의 폭락이 뜨면서 VIX지수가 크게 올라가고 변동성이 커진다. 그래서 떨어질 때는 엘리베이터처럼 떨어지는 것이다.

리밸런싱은 평소에 쓰는 전략이다. 즉 천천히 떨어지는 기간에 활용한다. 공황이 발생하면 나스닥지수에 -3%가 뜨면서 급하게 떨어지니 떨어질 때만 매수하는 말뚝박기 전략으로 전환하면 된다.

주식은 한 번 방향을 잡으면 지속성을 띠는 경우가 많다. 오를 때도 떨어질 때도 마찬가지다. 따라서 리밸런싱으로 2.5% 떨어질 때마다 매도를 하면서 현금을 확보하고, 방향을 바꾸는 5%의 상승이 있다면 매수로 전환하면 된다. 그리고 나스닥 -3%가 뜨면 말뚝박기로 전환한다. 이렇듯 주식의 방향성을 믿고 투자하면 확률상 맞아떨어지는 경우가 많다.

 결론

1구간 떨어지면 10%씩 팔고 2구간 오르면 전량 매수한다.

구체적인 사례로 살펴보는 '리밸런싱 전략'의 탁월함

리밸런싱 전략의 원칙은 "1구간 떨어지면 10%씩 팔고 2구간 오르면 전량 매수한다"였다. 어느 경우에는 손실을 볼 수도 있다. 대표적으로 5% 떨어지고 5% 올라가는 횡보구간이 무한 반복되면 손실이 발생한다.

이번 장에서는 리밸런싱으로 투자하면 어느 경우에 손실이 발생할 수 있는지, 혹은 손해 볼 일이 없는지, 그리고 어떻게 극복하고 만회할 수 있는지 사례를 통해 살펴보고자 한다.

애플이 어닝시즌을 앞두고 상승했으나 게임스탑 사태와 맞물려 하락했다.

애플 -25% 리밸런싱표		
	애플 주가	리밸런싱 비율
전고점 대비 하락률	143.16	
-2.5%	139.58	10%
-5.0%	136.00	20%
-7.5%	132.42	30%
-10.0%	128.84	40%
-12.5%	125.27	50%
-15.0%	121.69	60%
-17.5%	118.11	70%
-20.0%	114.53	80%
-22.5%	110.95	90%
-25.0%	107.37	100%

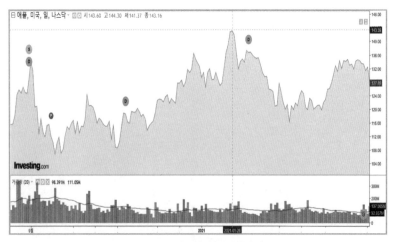

✪ 2021년 1월 26일 기준 애플 일봉

날짜	종가	변동 %	매도	비고
2021년 01월 26일	143.16	0.17%		
2021년 01월 27일	142.06	−0.77%		
2021년 01월 28일	137.09	−3.50%	−10%	
2021년 01월 29일	131.96	−3.74%	−20%	총 30% 매도
2021년 02월 01일	134.14	1.65%		
2021년 02월 02일	134.99	0.63%		
2021년 02월 03일	133.94	−0.78%		
2021년 02월 04일	137.39	2.58%		139.581달러가 2구간이므로 2구간 이상 올라오지 못했음
2021년 02월 05일	136.76	−0.46%		
2021년 02월 08일	136.91	0.11%		
2021년 02월 09일	136.01	−0.66%		
2021년 02월 10일	135.39	−0.46%		
2021년 02월 11일	135.13	−0.19%		
2021년 02월 12일	135.37	0.18%		
2021년 02월 16일	133.19	−1.61%		
2021년 02월 17일	130.84	−1.76%		
2021년 02월 18일	129.71	−0.86%		
2021년 02월 19일	129.87	0.12%		
2021년 02월 22일	126	−2.98%	−10%	총 40% 매도
2021년 02월 23일	125.86	−0.11%		
2021년 02월 24일	125.35	−0.41%		
2021년 02월 25일	120.99	−3.48%		나스닥 −3.52% 발생 이후 말뚝박기 진행

결론

나스닥 일간지수에 −3%가 떴을 당시 버티기로 일관하지 않고, 40%를 먼저 매도해서 현금확보를 했으므로 리밸런싱이 이득이다. 2구간 점프가 없었으므로 리밸런싱을 하면서 손해 볼 일은 없었다.

● TIP : 40% 하락했을 때 −30% 구간에 과감히 현금을 집어 넣어 평단가를 낮춘다면 1등의 평단가를 약 1.67% 이길 수 있었다.

애플이 액면분할 이후 상승했으나 아이폰12의 발표 이후 하락전환하였다.

애플 −25% 리밸런싱 표		
	애플 주가	리밸런싱 비율
전고점 대비 하락률	134.18	
−2.5%	130.83	10%
−5.0%	127.47	20%
−7.5%	124.12	30%
−10.0%	120.76	40%
−12.5%	117.41	50%
−15.0%	114.05	60%
−17.5%	110.70	70%
−20.0%	107.34	80%
−22.5%	103.99	90%
−25.0%	100.64	100%

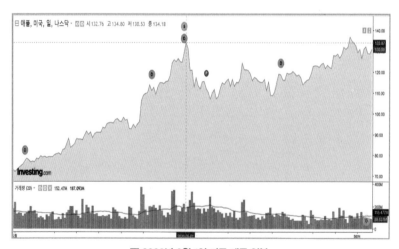

✿ 2020년 9월 1일 기준 애플 일봉

날짜	종가	변동 %	매도	비고
2020년 09월 01일	134.18	3.98%		
2020년 09월 02일	131.4	−2.07%		
2020년 09월 03일	120.88	−8.01%		나스닥지수에 −4.96%가 뜨면서 말뚝박기 시작

결론

리밸런싱을 할 여유도 없이 -3%가 떴으므로 곧바로 말뚝박기가 시작되었다. 2구간 점프가 없었으므로 리밸런싱을 하면서 손해 볼 일은 없었다.

사례 3

◈ 애플 2020년 2월 12일 – 코로나 위기

코로나 위기로 인해 나스닥이 전고점 대비 30% 폭락하였다.

애플 −25% 리밸런싱표		
	애플 주가	리밸런싱 비율
전고점 대비 하락률	81.80	
−2.5%	79.76	10%
−5.0%	77.71	20%
−7.5%	75.67	30%
−10.0%	73.62	40%
−12.5%	71.58	50%
−15.0%	69.53	60%
−17.5%	67.49	70%
−20.0%	65.44	80%
−22.5%	63.40	90%
−25.0%	61.35	100%

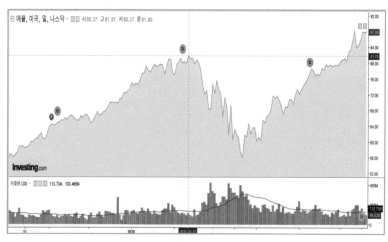

🔼 2020년 2월 12일 기준 애플 일봉

〔부의 체인저〕 바뀐 세상에서 어떻게 투자할 것인가?

날짜	종가	변동 %	매도	비고
2020년 02월 12일	81.8	2.37%		
2020년 02월 13일	81.22	-0.71%		
2020년 02월 14일	81.24	0.02%		
2020년 02월 18일	79.75	-1.83%	-10%	총 자산의 10% 매도
2020년 02월 19일	80.9	1.45%		
2020년 02월 20일	80.07	-1.03%		
2020년 02월 21일	78.26	-2.26%		
2020년 02월 24일	74.54	-4.75%		나스닥 -3.71% 발생, 말뚝박기 시작

결론

나스닥지수에 -3%가 뜨기 전에 10%를 먼저 현금화했으니 리밸런싱은 이익이다. 2구간 점프가 없었으므로 리밸런싱을 하면서 손해 볼 일은 없었다.

트럼프 전 대통령이 중국에 무역관세를 부과하자 중국이 보복관세로
응수하며 하락하였다.

애플 −25% 리밸런싱표		
	애플 주가	리밸런싱 비율
전고점 대비 하락률	52.94	
−2.5%	51.62	10%
−5.0%	50.29	20%
−7.5%	48.97	30%
−10.0%	47.65	40%
−12.5%	46.32	50%
−15.0%	45.00	60%
−17.5%	43.68	70%
−20.0%	42.35	80%
−22.5%	41.03	90%
−25.0%	39.71	100%

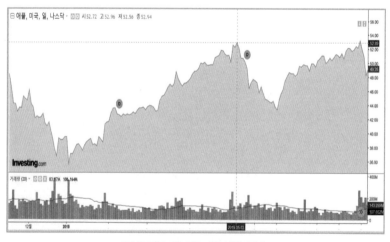

☗ 2019년 5월 3일 기준 애플 일봉

〈부의 체인저〉 바뀐 세상에서 어떻게 투자할 것인가?

날짜	종가	변동 %	매도	비고
2019년 05월 03일	52.94	1.24%		
2019년 05월 06일	52.12	−1.54%		
2019년 05월 07일	50.72	−2.70%	−10%	
2019년 05월 08일	50.72	0.02%		
2019년 05월 09일	50.18	−1.07%	−20%	
2019년 05월 10일	49.29	−1.76%		
2019년 05월 13일	46.43	−5.81%		나스닥 −3% 발생, 말뚝박기로 전환

 결론 _____

나스닥지수에 −3%가 뜨기 전에 20% 현금화를 했으니 리밸런싱은 이익
이다. 2구간 점프가 없었으므로 리밸런싱을 하면서 손해 볼 일은 없었다.

2019년 03월 21일, 전고점 48.77달러 – 2구간 점프

사례 5

애플 –25% 리밸런싱 표		
	애플 주가	리밸런싱 비율
2.5%	49.99	2구간 점프
전고점 대비 하락률	48.77	
–2.5%	47.55	10%
–5.0%	46.33	20%
–7.5%	45.11	30%
–10.0%	43.89	40%
–12.5%	42.67	50%
–15.0%	41.45	60%
–17.5%	40.24	70%
–20.0%	39.02	80%
–22.5%	37.80	90%
–25.0%	36.58	100%

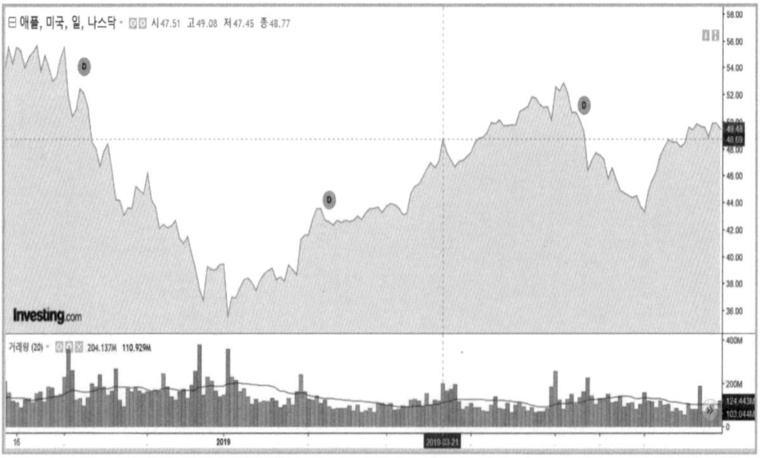

2019년 3월 21일 기준 애플 일봉

날짜	종가	변동 %	매도	비고
2019년 03월 21일	48.77	3.68%		
2019년 03월 22일	47.76	-2.07%		
2019년 03월 25일	47.19	-1.21%	-10%	
2019년 03월 26일	46.7	-1.03%		
2019년 03월 27일	47.12	0.90%		
2019년 03월 28일	47.18	0.13%		
2019년 03월 29일	47.49	0.65%		
2019년 04월 01일	47.81	0.68%		
2019년 04월 02일	48.51	1.45%		
2019년 04월 03일	48.84	0.69%		
2019년 04월 04일	48.92	0.17%		
2019년 04월 05일	49.25	0.67%		
2019년 04월 08일	50.03	1.57%		2구간 점프

결론

-2.5% 하락해서 10% 매도했으나 전고점을 돌파한 후 2.5% 더 올라가 2구간 점프가 나왔다. 2구간 점프가 일어났으므로 현금화했던 10%로 재매수한다. 예를 들어 1,000주가 있었다면 2구간 점프 후 리밸런싱으로 팔고사기를 실행하면 결국 995주가 된다. 따라서 총자산 대비 0.5% 손실이 발생했다.

연준의 파월 의장은 기준금리를 9월 2.5% 올리고, 이어서 12월에도 올리겠다고 발표하자 금리 발작이 일어나 나스닥지수가 전고점 대비 30% 하락하였다.

애플 −25% 리밸런싱표		
	애플 주가	리밸런싱 비율
전고점 대비 하락률	58.02	
−2.5%	56.57	10%
−5.0%	55.12	20%
−7.5%	53.67	30%
−10.0%	52.22	40%
−12.5%	50.77	50%
−15.0%	49.32	60%
−17.5%	47.87	70%
−20.0%	46.42	80%
−22.5%	44.97	90%
−25.0%	43.52	100%

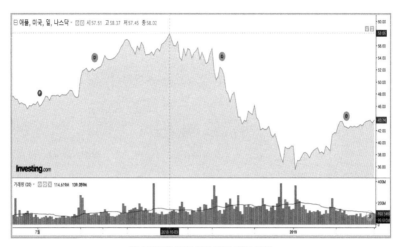

⬆ 2018년 10월 3일 기준 애플 일봉

날짜	종가	변동 %	매도	비고
2018년 10월 03일	58.02	1.22%		
2018년 10월 04일	57	-1.76%		
2018년 10월 05일	56.07	-1.63%	-10%	
2018년 10월 08일	55.94	-0.23%		
2018년 10월 09일	56.72	1.39%		
2018년 10월 10일	54.09	-4.64%		나스닥 -3% 발생, 말뚝박기로 전환

결론

나스닥지수에 -3%가 뜨기 전에 10% 현금화했으니 리밸런싱은 이익이다. 2구간 점프가 없었으므로 리밸런싱을 하면서 손해 볼 일은 없었다.

컴퓨터 이상으로 인한 대량 매도 발생으로 추정된다.

애플 −25% 리밸런싱표		
	애플 주가	리밸런싱 비율
전고점 대비 하락률	44.81	
−2.5%	43.69	10%
−5.0%	42.57	20%
−7.5%	41.45	30%
−10.0%	40.33	40%
−12.5%	39.21	50%
−15.0%	38.09	60%
−17.5%	36.97	70%
−20.0%	35.85	80%
−22.5%	34.73	90%
−25.0%	33.61	100%

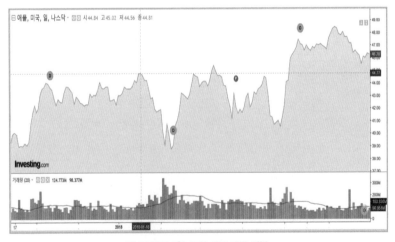

🔼 2018년 1월 18일 기준 애플 일봉

날짜	종가	변동 %	매도	비고
2018년 01월 18일	44.81	0.09%		
2018년 01월 19일	44.62	−0.42%		
2018년 01월 22일	44.25	−0.83%		
2018년 01월 23일	44.26	0.02%		
2018년 01월 24일	43.55	−1.60%	−10%	
2018년 01월 25일	42.78	−1.77%		
2018년 01월 26일	42.88	0.23%		
2018년 01월 29일	41.99	−2.08%	−20%	
2018년 01월 30일	41.74	−0.60%		
2018년 01월 31일	41.86	0.29%		
2018년 02월 01일	41.95	0.22%		
2018년 02월 02일	40.12	−4.36%	−30%	
2018년 02월 05일	39.12	−2.49%		나스닥 −3% 발생, 말뚝박기로 전환

 결론 _____

나스닥지수에 -3%가 뜨기 전에 30% 현금화했으니 리밸런싱은 이익이다. 2구간 점프가 없었으므로 리밸런싱을 하면서 손해 볼 일은 없었다.

애플 −25% 리밸런싱 표		
	애플 주가	리밸런싱 비율
전고점 대비 하락률	41.01	
−2.5%	39.98	10%
−5.0%	38.96	20%
−7.5%	37.93	30%
−10.0%	36.91	40%
−12.5%	35.88	50%
−15.0%	34.86	60%
−17.5%	33.83	70%
−20.0%	32.81	80%
−22.5%	31.78	90%
−25.0%	30.76	100%

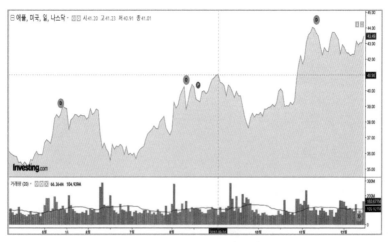

🔼 2017년 9월 1일 기준 애플 일봉

날짜	종가	변동 %	매도	비고
2017년 09월 01일	41.01	0.02%		
2017년 09월 05일	40.52	−1.19%		
2017년 09월 06일	40.48	−0.10%		
2017년 09월 07일	40.31	−0.42%		
2017년 09월 08일	39.66	−1.61%	−10%	
2017년 09월 11일	40.38	1.82%		
2017년 09월 12일	40.22	−0.40%		
2017년 09월 13일	39.91	−0.77%		
2017년 09월 14일	39.57	−0.85%		
2017년 09월 15일	39.97	1.01%		
2017년 09월 18일	39.67	−0.75%		
2017년 09월 19일	39.68	0.03%		
2017년 09월 20일	39.02	−1.66%		
2017년 09월 21일	38.35	−1.72%	−20%	
2017년 09월 22일	37.97	−0.99%		
2017년 09월 25일	37.64	−0.87%	−30%	
2017년 09월 26일	38.28	1.70%		
2017년 09월 27일	38.56	0.73%		
2017년 09월 28일	38.32	−0.62%		
2017년 09월 29일	38.53	0.55%		
2017년 10월 02일	38.45	−0.21%		
2017년 10월 03일	38.62	0.44%		
2017년 10월 04일	38.37	−0.65%		
2017년 10월 05일	38.85	1.25%		
2017년 10월 06일	38.83	−0.05%		
2017년 10월 09일	38.96	0.33%		
2017년 10월 10일	38.98	0.05%		
2017년 10월 11일	39.14	0.41%		
2017년 10월 12일	39	−0.36%		
2017년 10월 13일	39.25	0.64%		
2017년 10월 16일	39.97	1.83%		2구간 점프

🔨 결론

리밸런싱으로 30% 현금화를 했으나 나스닥지수에 -3%가 뜨지 않았고 다시 올라 2구간 점프가 있었고 이후 전고점을 돌파했다. 이럴 경우 총자산 대비 약 0.5% 이익이다. 1구간당 총자산 대비 약 0.5%로 보면 된다. 3구간 하락했으니 1.5% 이익, 2구간 점프했으니 1% 손해다. 결국 0.5% 이익이다.

- TIP : 30% 하락했을 때 과감히 현금을 -30% 구간에 집어 넣어 평단가를 낮춘다면 1등의 평단가를 0.81% 이길 수 있었다.

애플 −25% 리밸런싱표		
	애플 주가	리밸런싱 비율
전고점 대비 하락률	39.02	
−2.5%	38.04	10%
−5.0%	37.07	20%
−7.5%	36.09	30%
−10.0%	35.12	40%
−12.5%	34.14	50%
−15.0%	33.17	60%
−17.5%	32.19	70%
−20.0%	31.22	80%
−22.5%	30.24	90%
−25.0%	29.27	100%

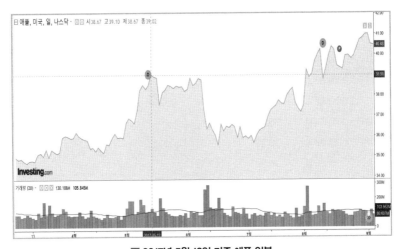

🔼 2017년 5월 12일 기준 애플 일봉

날짜	종가	변동 %	매도	비고
2017년 05월 12일	39.02	1.38%		
2017년 05월 15일	38.92	−0.26%		
2017년 05월 16일	38.87	−0.13%		
2017년 05월 17일	37.56	−3.37%	−10%	
2017년 05월 18일	38.13	1.52%		
2017년 05월 19일	38.27	0.37%		
2017년 05월 22일	38.5	0.60%		
2017년 05월 23일	38.45	−0.13%		
2017년 05월 24일	38.34	−0.29%		
2017년 05월 25일	38.47	0.34%		
2017년 05월 26일	38.4	−0.18%		
2017년 05월 30일	38.42	0.05%		
2017년 05월 31일	38.19	−0.60%		
2017년 06월 01일	38.3	0.29%		
2017년 06월 02일	38.86	1.46%		
2017년 06월 05일	38.48	−0.98%		
2017년 06월 06일	38.61	0.34%		
2017년 06월 07일	38.84	0.60%		
2017년 06월 08일	38.75	−0.23%		
2017년 06월 09일	37.24	−3.90%		
2017년 06월 12일	36.35	−2.39%	−20%	
2017년 06월 13일	36.65	0.83%		
2017년 06월 14일	36.29	−0.98%		
2017년 06월 15일	36.07	−0.61%		
2017년 06월 16일	35.57	−1.39%	−30%	
2017년 06월 19일	36.59	2.87%		
2017년 06월 20일	36.25	−0.93%		
2017년 06월 21일	36.47	0.61%		
2017년 06월 22일	36.41	−0.16%		
2017년 06월 23일	36.57	0.44%		
2017년 06월 26일	36.45	−0.33%		

2017년 06월 27일	35.93	−1.43%		
2017년 06월 28일	36.46	1.48%		
2017년 06월 29일	35.92	−1.48%		
2017년 06월 30일	36.01	0.25%		
2017년 07월 03일	35.88	−0.36%		
2017년 07월 05일	36.02	0.39%		
2017년 07월 06일	35.68	−0.94%		
2017년 07월 07일	36.05	1.04%		
2017년 07월 10일	36.27	0.61%		
2017년 07월 11일	36.38	0.30%		
2017년 07월 12일	36.44	0.16%		
2017년 07월 13일	36.94	1.37%		
2017년 07월 14일	37.26	0.87%		
2017년 07월 17일	37.39	0.35%		
2017년 07월 18일	37.52	0.35%		
2017년 07월 19일	37.76	0.64%		
2017년 07월 20일	37.59	−0.45%		
2017년 07월 21일	37.57	−0.05%		
2017년 07월 24일	38.02	1.20%		
2017년 07월 25일	38.19	0.45%		2구간 점프

⚖ 결론

리밸런싱으로 30% 현금화를 했으나 나스닥지수에 -3%가 뜨지 않았고 다시 올라 2구간 점프가 있었고 이후 전고점을 돌파했다. 이럴 경우 총자산 대비 약 0.5% 이익이다.

● TIP : 30% 하락했을 때 과감히 현금을 -30% 구간에 집어 넣어 평단가를 낮춘다면 1등의 평단가를 0.81% 이길 수 있었다.

애플에 어닝쇼크가 발생했다.

애플 −25% 리밸런싱 표		
	애플 주가	리밸런싱 비율
전고점 대비 하락률	29.56	
−2.5%	28.82	10%
−5.0%	28.08	20%
−7.5%	27.34	30%
−10.0%	26.60	40%
−12.5%	25.87	50%
−15.0%	25.13	60%
−17.5%	24.39	70%
−20.0%	23.65	80%
−22.5%	22.91	90%
−25.0%	22.17	100%

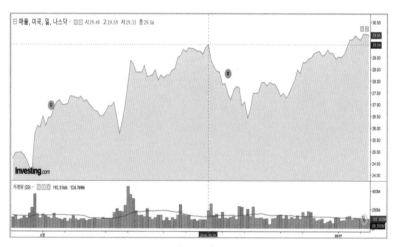

■ 2016년 10월 25일 기준 애플 일봉

날짜	종가	변동 %	매도	비고
2016년 10월 25일	29.56	0.51%		
2016년 10월 26일	28.9	-2.23%		
2016년 10월 27일	28.62	-0.97%	-10%	
2016년 10월 28일	28.43	-0.66%		
2016년 10월 31일	28.39	-0.14%		
2016년 11월 01일	27.87	-1.83%	-20%	
2016년 11월 02일	27.9	0.11%		
2016년 11월 03일	27.46	-1.58%		
2016년 11월 04일	27.21	-0.91%	-30%	
2016년 11월 07일	27.6	1.43%		
2016년 11월 08일	27.77	0.62%		
2016년 11월 09일	27.72	-0.18%		
2016년 11월 10일	26.95	-2.78%		
2016년 11월 11일	27.11	0.59%		
2016년 11월 14일	26.43	-2.51%	-40%	
2016년 11월 15일	26.78	1.32%		
2016년 11월 16일	27.5	2.69%		
2016년 11월 17일	27.49	-0.04%		
2016년 11월 18일	27.52	0.11%		
2016년 11월 21일	27.93	1.49%		2구간 점프

⚖️ 결론

리밸런싱으로 40% 현금화를 했으나 나스닥지수에 -3%가 뜨지 않았고 다시 올라 2구간 점프가 있었고 이후 2017년 1월 6일 전고점을 돌파했다. 이 경우 총자산 대비 약 1% 이익이다.

● TIP : 40% 하락했을 때 과감히 현금을 -40% 구간에 집어 넣어 평단가를 낮춘다면 1등의 평단가를 1.66% 이길 수 있었다. 어닝쇼크 때도 2.5% 떨어질 때마다 10%씩 현금화하는 것이 이익이다.

애플에 어닝쇼크가 발생했다.

애플 -25% 리밸런싱 표		
	애플 주가	리밸런싱 비율
전고점 대비 하락률	28.02	
-2.5%	27.32	10%
-5.0%	26.62	20%
-7.5%	25.92	30%
-10.0%	25.22	40%
-12.5%	24.52	50%
-15.0%	23.82	60%
-17.5%	23.12	70%
-20.0%	22.42	80%
-22.5%	21.72	90%
-25.0%	21.02	100%

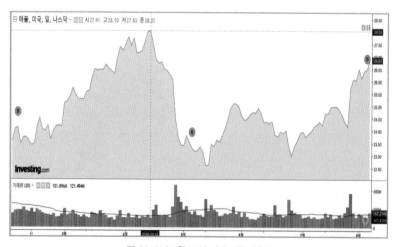

🔼 2016년 4월 14일 기준 애플 일봉

날짜	종가	변동 %	매도	비고
2016년 04월 14일	28.02	0.04%		
2016년 04월 15일	27.46	−2.00%		
2016년 04월 18일	26.87	−2.15%	−10%	
2016년 04월 19일	26.73	−0.52%		
2016년 04월 20일	26.78	0.19%		
2016년 04월 21일	26.49	−1.08%	−20%	
2016년 04월 22일	26.42	−0.26%		
2016년 04월 25일	26.27	−0.57%		
2016년 04월 26일	26.09	−0.69%		
2016년 04월 27일	24.45	−6.29%	−50%	
2016년 04월 28일	23.71	−3.03%	−60%	
2016년 04월 29일	23.43	−1.18%		
2016년 05월 02일	23.41	−0.09%		
2016년 05월 03일	23.8	1.67%		
2016년 05월 04일	23.55	−1.05%		
2016년 05월 05일	23.31	−1.02%		
2016년 05월 06일	23.18	−0.56%		
2016년 05월 09일	23.2	0.09%		
2016년 05월 10일	23.36	0.69%		
2016년 05월 11일	23.13	−0.98%		
2016년 05월 12일	22.59	−2.33%	−70%	
2016년 05월 13일	22.63	0.18%		
2016년 05월 16일	23.47	3.71%		
2016년 05월 17일	23.37	−0.43%		
2016년 05월 18일	23.64	1.16%		
2016년 05월 19일	23.55	−0.38%		
2016년 05월 20일	23.8	1.06%		
2016년 05월 23일	24.11	1.30%		
2016년 05월 24일	24.48	1.53%		
2016년 05월 25일	24.91	1.76%		2구간 점프

리밸런싱으로 무려 70% 현금화를 했으나 나스닥지수에 -3%가 뜨지 않았고 다시 올라 2구간 점프가 있었고 이후 2016년 9월 다음 어닝 기간이 되어서야 겨우 전고점을 돌파했다. 이 경우 총자산 대비 약 2.85% 이익이다.

- TIP : 70% 하락했을 때 과감히 현금을 -70% 구간에 집어 넣어 평단가를 낮춘다면 1등의 평단가를 6.36% 이길 수 있었다. 어닝쇼크 때도 2.5% 떨어질 때마다 10%씩 현금화하는 것이 정말 이익이다.

사례
12

이때도 애플이 어닝쇼크에 빠졌다.

애플 -25% 리밸런싱 표		
	애플 주가	리밸런싱 비율
전고점 대비 하락률	33.02	
-2.5%	32.19	10%
-5.0%	31.37	20%
-7.5%	30.54	30%
-10.0%	29.72	40%
-12.5%	28.89	50%
-15.0%	28.07	60%
-17.5%	27.24	70%
-20.0%	26.42	80%
-22.5%	25.59	90%
-25.0%	24.77	100%

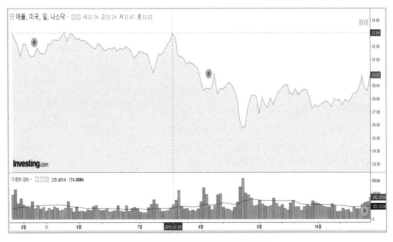

✿ 2015년 7월 20일 기준 애플 일봉

날짜	종가	변동 %	매도	비고
2015년 07월 20일	33.02	1.88%		
2015년 07월 21일	32.69	-1.00%		
2015년 07월 22일	31.3	-4.25%	-20%	
2015년 07월 23일	31.29	-0.03%		
2015년 07월 24일	31.12	-0.54%		
2015년 07월 27일	30.69	-1.38%		
2015년 07월 28일	30.84	0.49%		
2015년 07월 29일	30.75	-0.29%		
2015년 07월 30일	30.59	-0.52%		
2015년 07월 31일	30.32	-0.88%	-30%	
2015년 08월 03일	29.61	-2.34%	-40%	
2015년 08월 04일	28.66	-3.21%	-50%	
2015년 08월 05일	28.85	0.66%		
2015년 08월 06일	28.78	-0.24%		
2015년 08월 07일	28.88	0.35%		
2015년 08월 10일	29.93	3.64%		
2015년 08월 11일	28.37	-5.21%		
2015년 08월 12일	28.81	1.55%		
2015년 08월 13일	28.79	-0.07%		
2015년 08월 14일	28.99	0.69%		
2015년 08월 17일	29.29	1.03%		
2015년 08월 18일	29.12	-0.58%		
2015년 08월 19일	28.75	-1.27%		
2015년 08월 20일	28.16	-2.05%		
2015년 08월 21일	26.44	-6.11%		나스닥지수에 -3% 발생, 말뚝박기 진행

결론

리밸런싱으로 무려 50% 현금화한 상태에서 2구간 점프는 없었으며 나스닥 -3%가 뜨면서 말뚝박기가 진행되었다.

애플 데스밸리 시작

애플 −25% 리밸런싱 표		
	애플 주가	리밸런싱 비율
전고점 대비 하락률	25.07	
−2.5%	24.44	10%
−5.0%	23.82	20%
−7.5%	23.19	30%
−10.0%	22.56	40%
−12.5%	21.94	50%
−15.0%	21.31	60%
−17.5%	20.68	70%
−20.0%	20.06	80%
−22.5%	19.43	90%
−25.0%	18.80	100%
−27.5%	18.18	110%
−30.0%	17.55	120%
−32.5%	16.92	130%
−35.0%	16.30	140%
−37.5%	15.67	150%
−40.0%	15.04	160%
−42.5%	14.42	170%
−45.0%	13.79	180%

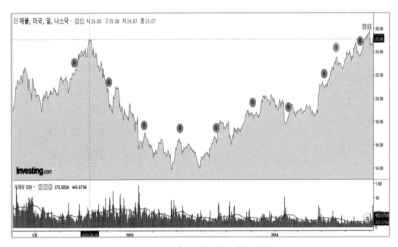

⬆ 2012년 9월 18일 기준 애플 일봉

날짜	종가	변동 %	매도	비고
2012년 09월 19일	25.07	0.00%		전고점 – 전고점 재돌파 2014년 8월 18일 – 2년
2012년 09월 20일	24.95	-0.48%		
2012년 09월 21일	25	0.20%		
2012년 09월 24일	24.67	-1.32%		
2012년 09월 25일	24.05	-2.51%	-10%	
2012년 09월 26일	23.76	-1.21%		
2012년 09월 27일	24.33	2.40%		
2012년 09월 28일	23.83	-2.06%		
2012년 10월 01일	23.55	-1.17%	-20%	
2012년 10월 02일	23.62	0.30%		
2012년 10월 03일	23.98	1.52%		
2012년 10월 04일	23.81	-0.71%		
2012년 10월 05일	23.31	-2.10%		
2012년 10월 08일	22.79	-2.23%	-30%	
2012년 10월 09일	22.71	-0.35%		
2012년 10월 10일	22.89	0.79%		
2012년 10월 11일	22.43	-2.01%		

2012년 10월 12일	22.49	0.27%		
2012년 10월 15일	22.67	0.80%		
2012년 10월 16일	23.21	2.38%		
2012년 10월 17일	23.02	−0.82%		
2012년 10월 18일	22.59	−1.87%		
2012년 10월 19일	21.78	−3.59%	−40%	
2012년 10월 22일	22.64	3.95%		
2012년 10월 23일	21.91	−3.22%	−50%	
2012년 10월 24일	22.03	0.55%		
2012년 10월 25일	21.77	−1.18%		
2012년 10월 26일	21.57	−0.92%		
2012년 10월 31일	21.26	−1.44%	−60%	
2012년 11월 01일	21.3	0.19%		
2012년 11월 02일	20.6	−3.29%	−70%	
2012년 11월 05일	20.88	1.36%		
2012년 11월 06일	20.82	−0.29%		
2012년 11월 07일	19.93	−4.27%	−80%	
2012년 11월 08일	19.21	−3.61%	−90%	
2012년 11월 09일	19.54	1.72%		
2012년 11월 12일	19.39	−0.77%		
2012년 11월 13일	19.39	0.00%		
2012년 11월 14일	19.17	−1.13%		
2012년 11월 15일	18.77	−2.09%	−100%	
2012년 11월 16일	18.85	0.43%		
2012년 11월 19일	20.2	7.16%		
2012년 11월 20일	20.03	−0.84%		
2012년 11월 21일	20.06	0.15%		2구간 점프 주식 전량매수
2012년 11월 23일	20.41	1.74%		
2012년 11월 26일	21.05	3.14%		
2012년 11월 27일	20.88	−0.81%		
2012년 11월 28일	20.82	−0.29%		
2012년 11월 29일	21.05	1.10%		
2012년 11월 30일	20.9	−0.71%		

2012년 12월 03일	20.94	0.19%	
2012년 12월 04일	20.57	−1.77%	
2012년 12월 05일	19.24	−6.47%	−10%
2012년 12월 06일	19.54	1.56%	
2012년 12월 07일	19.04	−2.56%	
2012년 12월 10일	18.92	−0.63%	
2012년 12월 11일	19.34	2.22%	
2012년 12월 12일	19.25	−0.47%	
2012년 12월 13일	18.92	−1.71%	
2012년 12월 14일	18.21	−3.75%	−20%
2012년 12월 17일	18.53	1.76%	
2012년 12월 18일	19.07	2.91%	
2012년 12월 19일	18.8	−1.42%	
2012년 12월 20일	18.63	−0.90%	
2012년 12월 21일	18.55	−0.43%	
2012년 12월 24일	18.58	0.16%	
2012년 12월 26일	18.32	−1.40%	
2012년 12월 27일	18.39	0.38%	
2012년 12월 28일	18.2	−1.03%	
2012년 12월 31일	19.01	4.45%	
2013년 01월 02일	19.61	3.16%	
2013년 01월 03일	19.36	−1.27%	
2013년 01월 04일	18.82	−2.79%	
2013년 01월 07일	18.71	−0.58%	
2013년 01월 08일	18.76	0.27%	
2013년 01월 09일	18.47	−1.55%	
2013년 01월 10일	18.7	1.25%	
2013년 01월 11일	18.58	−0.64%	
2013년 01월 14일	17.92	−3.55%	−30%
2013년 01월 15일	17.35	−3.18%	
2013년 01월 16일	18.07	4.15%	
2013년 01월 17일	17.95	−0.66%	
2013년 01월 18일	17.86	−0.50%	

2013년 01월 22일	18.03	0.95%		
2013년 01월 23일	18.36	1.83%		
2013년 01월 24일	16.09	−12.36%	−40%	
2013년 01월 25일	15.71	−2.36%		
2013년 01월 28일	16.07	2.29%		
2013년 01월 29일	16.37	1.87%		
2013년 01월 30일	16.32	−0.31%		
2013년 01월 31일	16.27	−0.31%		
2013년 02월 01일	16.2	−0.43%		
2013년 02월 04일	15.8	−2.47%		
2013년 02월 05일	16.35	3.48%		
2013년 02월 06일	16.33	−0.12%		
2013년 02월 07일	16.72	2.39%		
2013년 02월 08일	16.96	1.44%		
2013년 02월 11일	17.14	1.06%		
2013년 02월 12일	16.71	−2.51%		
2013년 02월 13일	16.68	−0.18%		
2013년 02월 14일	16.66	−0.12%		
2013년 02월 15일	16.43	−1.38%		
2013년 02월 19일	16.43	0.00%		
2013년 02월 20일	16.03	−2.43%		
2013년 02월 21일	15.93	−0.62%		
2013년 02월 22일	16.1	1.07%		
2013년 02월 25일	15.81	−1.80%		
2013년 02월 26일	16.03	1.39%		
2013년 02월 27일	15.88	−0.94%		
2013년 02월 28일	15.76	−0.76%		
2013년 03월 01일	15.37	−2.47%	−50%	
2013년 03월 04일	15	−2.41%	−60%	
2013년 03월 05일	15.4	2.67%		
2013년 03월 06일	15.2	−1.30%		
2013년 03월 07일	15.38	1.18%		
2013년 03월 08일	15.42	0.26%		

날짜	가격	변동률		비고
2013년 03월 11일	15.64	1.43%		
2013년 03월 12일	15.3	−2.17%		
2013년 03월 13일	15.3	0.00%		
2013년 03월 14일	15.45	0.98%		
2013년 03월 15일	15.84	2.52%		
2013년 03월 18일	16.28	2.78%		
2013년 03월 19일	16.23	−0.31%		
2013년 03월 20일	16.15	−0.49%		
2013년 03월 21일	16.17	0.12%		
2013년 03월 22일	16.5	2.04%		2구간 점프 주식 전량매수
2013년 03월 25일	16.56	0.36%		
2013년 03월 26일	16.47	−0.54%		
2013년 03월 27일	16.15	−1.94%	−10%	
2013년 03월 28일	15.81	−2.11%	−20%	
2013년 04월 01일	15.32	−3.10%		
2013년 04월 02일	15.35	0.20%		
2013년 04월 03일	15.43	0.52%		
2013년 04월 04일	15.28	−0.97%		
2013년 04월 05일	15.11	−1.11%		
2013년 04월 08일	15.22	0.73%		
2013년 04월 09일	15.25	0.20%		
2013년 04월 10일	15.56	2.03%		
2013년 04월 11일	15.51	−0.32%		
2013년 04월 12일	15.35	−1.03%		
2013년 04월 15일	14.99	−2.35%	−30%	
2013년 04월 16일	15.22	1.53%		
2013년 04월 17일	14.39	−5.45%	−40%	
2013년 04월 18일	14	−2.71%	−50%	
2013년 04월 19일	13.95	−0.36%		주식 최저점
2013년 04월 22일	14.24	2.08%		
2013년 04월 23일	14.5	1.83%		
2013년 04월 24일	14.48	−0.14%		
2013년 04월 25일	14.58	0.69%		

2013년 04월 26일	14.9	2.19%		
2013년 04월 29일	15.36	3.09%		
2013년 04월 30일	15.81	2.93%		2구간 점프, 주식 전량매수 – 이후 지속상승

분석

애플의 하락 이유는 스티브 잡스 사후 애플의 어닝쇼크가 겹쳤기 때문
이다. 전고점 대비 약 45% 하락했다. 그리고 다시 전고점을 돌파하는
데 무려 2년(2012년 9월 19일 ~ 2014년 8월 18일)이라는 시간이 소요되었다.
애플을 사서 버티기로 일관했다면 2년간 45% 빠졌을 뿐만 아니라, 본
전을 찾는 데도 2년이라는 시간이 걸렸을 것이다.

이 기간 나스닥지수에 –3%는 한 번도 뜨지 않았다. 애플의 위기였
지 나스닥의 위기는 아니었기 때문이다. 당시 애플과 2등의 시가총액
격차는 무려 32%였다. 애플의 주가가 이렇게 많이 떨어지는데도 불구
하고 2등과의 순위바꿈이 발생하지 않았다. 2등이 치고 올라왔다면 순
위 바꿈이 있었을 수도 있으나, 2등도 애플과 함께 시총이 축소되었기
때문에 역전을 하지 못했다.

⚖ 결론

리밸런싱을 했다면 상당히 평단가를 낮출 수 있었다(심리적으로 편안한
투자가 가능했다). 반대로 리밸런싱을 하지 않고 버텼다면 소위 망했다
는 표현이 맞다(심리적으로 쫓기는 투자를 했다). 따라서 버티기로 투자
한 투자자는 전고점 돌파 시 겨우 본전에 왔다는 생각에 전량 매도했을
가능성이 크다. 개인투자자들은 오랜 손실 구간을 견디다가 본전이 오면
일단 파는 경우가 많다. 1구간 하락 시 10%를 매도하고, 2구간 상승 시

전량 매수했다면 한 번도 손해가 발생하지 않았다.

💎 최종 정리

2012년 9월~2021년 4월 현재까지 애플이 세계 1등에 있는 기간을 분석한 결과,

① 5% 하락 5% 상승을 지속하며 수수료만 나가는 상황은 없었다.

② 2.5% 하락 5% 상승하는 경우는 한 번 있었으나 손실은 총자산 대비 0.5%에 불과했다.

③ 리밸런싱을 하지 않고 버티기를 했을 경우 2012년 9월 애플의 데스밸리를 만났을 때 재산상의 손실과 심리적 압박이 상당했을 것으로 보인다.

④ 1구간 하락 시 10% 매도를 하면서 리밸런싱을 하다가 2구간 상승하면 전량 매수하면 이익인 상황은 13번 중 12번이었다. 이로써 이익 확률은 92%. 대부분 리밸런싱이 이익이다.

⑤ 리밸런싱은 바닥을 잡는 좋은 방법이다.

⑥ 버티기보다는 리밸런싱이 대체적으로 이익임이 증명되었다.

리밸런싱에서 전고점 잡기

신고가를 기록하면 전고점 잡기가 쉽다.

신고가에는 2가지가 있다. 역사적 신고가와 52주 신고가다. 역사적 신고가란 지금까지 한 번도 올라보지 못했던 가장 높은 주가다. 52주 신고가란 말 그대로 최근 52주 동안 가장 높았던 주가를 말한다.

역사적 신고가를 찍고 떨어졌다면 역사적 신고가가 바로 전고점이 된다. 2021년 5월 1일 현재 애플의 역사적 신고가는 2021년 1월 26일 기록했던 143.16달러다. 따라서 역사적 신고가를 토대로 −25% 리밸런싱표를 만들면 된다.

전고점을 돌파하면 문제가 없다. 문제는 전고점을 돌파하지 못하고 다음 페이지 차트처럼 다시 꺾여서 더 내려갈 경우다. 어떻게 대응하면 될까?

당연히 떨어지는 주가를 넋놓고 지켜만 봐서는 안 된다. 리밸런싱의 가장 중요한 원칙은 "2.5% 떨어질 때마다 10%씩 판다"이다. 따라서 2.5% 떨어질 때마다 10%씩 팔아서 현금화 시켰다가 2구간(5%) 올라오면 다시 사면 된다.

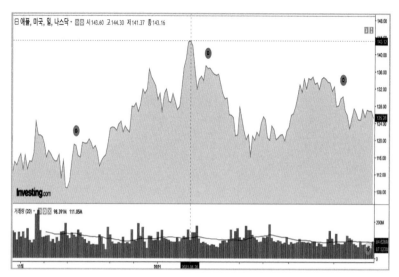

⬆ 가장 최근 애플의 역사적 신고가

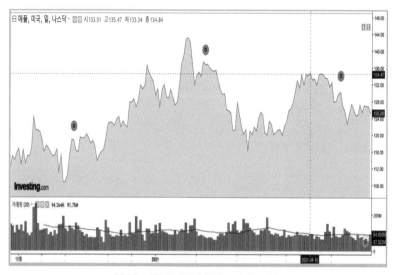

⬆ 신고가를 돌파하지 못하고 꺾이는 경우

〔부의 체인저〕 바뀐 세상에서 어떻게 투자할 것인가?

이때 전고점으로 잡을 기준점은 역사적 신고가인 143.16달러일까, 아니면 두 번째 봉우리 끝인 2021년 4월 26일의 134.72 달러일까?

전고점은 둘 다 잡아도 된다. 계산하기 편한대로 잡으면 될 일이다. 134.72달러가 편하면 이걸로 전고점을 잡는다.

일단 역사적 신고가인 143.16달러를 전고점으로 잡아 리밸런싱을 해보자.

애플, 역사적 신고가로 만든 −25% 리밸런싱 표−전고점 143.16달러		
	애플 주가	리밸런싱 비율
전고점 대비 하락률	143.16	
−2.5%	139.581	10%
−5.0%	136.002	20%
−7.5%	132.423	30%
−10.0%	128.844	40%
−12.5%	125.265	50%
−15.0%	121.686	60%
−17.5%	118.107	70%
−20.0%	114.528	80%
−22.5%	110.949	90%
−25.0%	107.37	100%

어디까지 올라갔나? 2021년 4월 25일 134.72 달러까지 갔다가 떨어지고 있는 중이니 전고점 대비 7.5% 떨어진 132.423달러다. 그러니 2.5% 떨어진다는 말은 128.844달러가 기준이다. 여기까지 떨어지면 10%를 팔면 된다. 역사적 신고가로 전고점을 잡으면 이와 같은 리밸런싱 대응법이 나온다.

그런데 2021년 4월 25일 134.72 달러까지 올라갔다가 빠지고 있으니 2.5% 빠지면 바로 10%씩 팔면서 대응한다고 마음 먹으면 어떤 대응이 나오는가?

애플의 지난 전고점으로 만든 −25% 리밸런싱 표−전고점 134.72달러		
	애플 주가	리밸런싱 비율
전고점 대비 하락률	134.72	
−2.5%	131.35	10%
−5.0%	127.98	20%
−7.5%	124.62	30%
−10.0%	121.25	40%
−12.5%	117.88	50%
−15.0%	114.51	60%
−17.5%	111.14	70%
−20.0%	107.78	80%
−22.5%	104.41	90%
−25.0%	101.04	100%

2.5% 떨어진 131.35달러가 되면 10%를 팔면서 리밸런싱 하면 된다. 이처럼 어느 지점을 전고점으로 잡아도 된다. 다만 현금화를 빨리 하고 싶다면 역사적 신고가가 아니라 최근 전고점인 134.72달러로 대응하면 된다.

⚖ 결론

핵심은 전고점이 아니라 2.5% 떨어질 때마다 총자산의 10%씩을 파는 리밸런싱 실행력이다. 역사적 전고점도 결국 128.844달러가 되면 총자산의 10%를 팔아야 한다. 투자자 자신의 선택 영역임을 기억하기 바란다.

말뚝박기에서 전고점 잡기

말뚝박기에서 전고점 잡기는 무척 쉽다. 역사적 신고가로 전고점을 잡으면 된다.

말뚝박기는 -3%가 뜨고 나서 강제로 주식을 사는 전략이다. 위기 상황에서 주식을 강제로 사는 전략이므로 보수적으로 잡는 것이 좋다. 왜냐하면 전고점 대비 25% 떨어진 상황(연준의 제로금리중일 때), -50% 떨어진 상황(연준의 제로금리가 아닐 때)은, 역사적 신고가 전고점 또는 52주 신고가 전고점에 대비해 떨어지는 데이터를 가지고 만들었기 때문이다.

예를 들어 애플이 역사적 신고가인 143.16달러를 찍고 떨어지는 와중에 131달러에서 -3%가 떴다면 주식은 30%를 사고 나머지는 현금화 시키면 된다. 그리고 2.5% 떨어질 때마다 10%씩 사면 된다. 단 -25% 말뚝박기표는 연준이 양적완화를 하는 기간에 쓰는 표이고, 만약 연준이 금리를 올리기 시작했다면 -50% 말뚝박기표를 써야 한다.

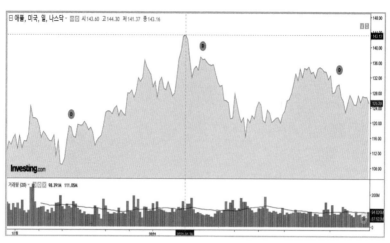

⬆ 역사적 신고가를 전고점으로 잡는다

애플, 역사적 신고가를 전고점으로 잡은 −25% 말뚝박기 표		
	애플 주가	**말뚝박기 비율**
전고점 대비 하락률	143.16	
−2.5%	139.581	10%
−5.0%	136.002	20%
−7.5%	132.423	30%
−10.0%	128.844	40%
−12.5%	125.265	50%
−15.0%	121.686	60%
−17.5%	118.107	70%
−20.0%	114.528	80%
−22.5%	110.949	90%
−25.0%	107.37	100%

 결론

말뚝박기의 전고점은 역사적 신고가로만 잡는다.

《부의 체인저》 바뀐 세상에서 어떻게 투자할 것인가?

마음 편한 투자가
결국 크게 이기는 길이다

당신은 어떤 투자를 하고 있는가? 마음 쫄깃한 투자를 하며 롤러코스터를 즐기는가? 아니면 마음 편한 투자를 즐기는가?

연애시절을 떠올려 보면, 처음에는 가슴이 뛰지만 시간이 지나면 뛰는 가슴이 진정되고, 무덤덤해지기까지 한다. 이유는 심장에 무리가 가기 때문이다. 6개월 이상 심장이 뛰고 나면 무리수가 따른다. 이처럼 심장이 천천히 뛰는 시간을 권태기라 한다.

원시인의 뇌를 가지고 살아가는 현대인은 원시인이 유산으로 남긴 뇌에 영향을 받는다. 행복은 오래가지 못한다. 적응하기 때문이다. 사냥으로 사슴고기를 잡아도 잡을 때는 기쁘지만 그 기쁨은 금방 사그러든다. 그래야만 또 다시 사냥을 나갈 수 있기 때문이기도 하다.

만약 행복이 지속된다면 사냥하지 않기 때문에 결국 굶어죽게 된다. 행복이 오래가지 못하는 이유가 바로 여기에 있다.

♦ 헤지의 중요성

개미와 기관의 차이는 헤지를 하고 안 하고의 차이다. 개미는 당연히 올인을 하고 헤지를 하지 않는다. 그러나 기관은 헤지를 한다. 환헤지와 공매도가 그 방식이다. 공매도는 숏, 가지고 가는 것은 롱이라 한다. 오를 것에 베팅하는 롱을 잡고 혹시 떨어지더라도 크게 손해를 보지 않는 숏포지션을 잡는다. 이를 헤지라 한다.

예를 들어 삼성전자와 같은 우량주에 투자했다면 오를 것에 투자한 것이고 이는 롱포지션이다. 그리고 등락이 심한 바이오에 공매도를 치면서 숏을 잡아 놓으면 크게 먹지는 못하더라도 크게 잃지는 않는다. 그러나 개미는 이렇게 헤지를 하지 않는다.

헤지가 좋은 이유는 마음 편한 투자가 가능해지기 때문이다. 주식이 부동산보다 불안한 이유는 높은 변동성에 원인이 있다. 따라서 오를 때 사고 떨어질 때 팔면 손실로 이어질 가능성이 높다. 평균 수익률을 보면 주식이 부동산을 이기는데, 이런 변동성을 이기지 못하기 때문에 개인들이 항상 주식에서 손해를 본다.

♦ 왜 마음 편한 투자를 해야 하는가?

길을 가다가 5만원을 주워 공돈이 생겼다. 무엇을 할 수 있을까? 딱히 생각나지 않는다. 그러나 5만원을 잃어버렸다면? 크나큰 고통이 있다. 이익의 즐거움보다 손실의 아픔이 10배는 크기 때문이다. 그런 면에서 마음 편한 투자야 말로 주식투자를 오래 즐기면서 하는 비책이다. 마음 편한 투자는 삶을 행복하게 만든다. 반면 마음 불편한 투자는 삶을 갉아먹는다.

주식투자의 궁극적인 목적은 좋은 삶이다. 돈은 수단이고 행복한 삶이 우리의 목적이다. 좋은 삶은 고통에 있지 않다. 따라서 투자를 하면서 스트레스를 받지 않아야 한다. 그러나 변동성이 크면 고통과 스트레스가 따른다. 고통과 스트레스는 좋은 삶을 꺾어놓는다.

이 책에서 제시하는 투자법은 헤지를 병행한다. 예를 들어 리밸런싱 투자법이다. 2.5% 떨어질 때마다 주식을 10%씩 판다. 5%가 떨어지면 그만큼 더 많이 20%를 판다. 그리고 만약 5%가 오르면 다시 산다.

그러나 5% 떨어졌다가 5% 오르면 손실이 발생한다. 이때 발생하는 손실은 0.8%다. 사고팔 때의 수수료(키움증권 : 0.075%)까지 감안하면 약 1% 손실이다.

리밸런싱은 1%를 던져주고 발 뻗고 편히 자는 비법이다. 떨어져도 마음이 편하다. 올라가더라도 어차피 80%는 주식으로 롱포지션을 잡고 있기 때문에 오르면 더 유리하다. 그러나 2.5% 빠질 때마다 10%씩 팔게 되니 평단가를 낮출 수 있다. 양쪽으로 어떤 상황이 벌어져도 편한 잠이 방해받지 않는다. 심장 바운스가 너무 심하면 명이 단축된다. 그래서 리밸런싱 투자법은 장수투자법이다.

수비수와 공격수 중 누가 스트레스가 높을까? 수비수다. 공격수는 자신이 생각하는대로 하면 된다. 그러나 수비수는 상대편 공격수의 방향을 예측하여 움직여야 한다. 따라서 스트레스가 쌓인다. 사람은 예측하지 못할 때 스트레스가 쌓인다. 숫자화되고 규정되지 못할 때 스트레스가 쌓인다.

리밸런싱을 하면 떨어지면 비율대로 팔면 되니 마음이 편하다. 올라가면 올라가는대로 마음이 편하다. 오르거나 떨어지거나 모두 대책이 있으니 마음이 편하다.

나스닥지수에 -3%가 떠서 말뚝을 박아야 할 상황이 와도, 떨어지면 말뚝을 박으면 되니 마음이 편하다. 급락기에도 전혀 마음에 흔들림이 없다. 오르더라도 상승을 즐기면 되니 마음이 편하다. 오르건 떨어지건 다 즐길 수 있다.

세계 1등주 투자는 떨어지더라도 마음이 편하다. 주식을 고르기 위해서 연구할 필요가 없으니 마음이 편하다. 그리고 우상향을 믿으니 리밸런싱 투자와 같이 물타기를 편하게 할 수 있다. 그러나 1등을 제외한 어떤 주식도 우상향을 담보할 수 없다. 물타기도 할 수 없고, 떨어지면 손절을 하니 반드시 손해가 난다. 그러나 1등주는 떨어지더라도 오르더라도 다 방법이 있으니 마음이 편하다.

-10% 투자법['67장 -10% 투자법(세계 1등 이외 주식에 투자하는 법)' 참조]으로 투자할 때 떨어지면 마음이 편하다. 자산의 5%만 투자를 하고 10% 떨어질 때마다 1%씩 투자를 하니 오히려 떨어지기를 바랄 때도 있다. 올라가면 상승을 즐기면 된다. 그러니 오르거나 떨어지거나 모두 마음이 편하다.

이 책의 투자법은 시장에 순응하는 투자법이다. 시장이 주는 힌트에 대응해서 투자한다. 결코 시장에 맞서지 않는다. 시장에 맞서 이길 수는 있지만 변동성에 멘탈이 흔들리고 언젠가 내고집대로 투자하다 크게 낭패를 당하고 공든탑이 와르르 무너지고 나면 재기마저 힘들 수 있다.

50% 이상 떨어지는 시장에서 버티다가 손절하고 나왔는데, 손절 후 거짓말처럼 오르는 주가를 망연자실 바라본 기억이 있는가? '죽고 싶다'가 이때의 마음이다. 혹은 3배 레버리지를 쓰다가 33% 이상 빠지면 빈털터리 깡통이 되는 곳이 시장이다.

🔨 결론

존버투자로 더 벌 수는 있지만 변동성이 커지면 마음이 편하지 않다. 그러나 오르거나 떨어질 때 모두 대책이 있다면 마음 편한 투자가 가능해진다.

TQQQ 투자법

TQQQ(ProShares UltraPro QQQ, NASDAQ)는 나스닥100지수를 추종하는 3배 레버리지 ETF다. 즉, 나스닥100지수가 1% 오르면 3% 오르고, 1% 떨어지면 3% 떨어진다. 나스닥100지수를 기준 삼아 3배 수로 움직인다.

TQQQ는 비트코인과 함께 레버리지를 많이 쓰는 개미들이 좋아하는 투자종목이다. 그런데 문제는 변동성이 너무 심하다는 데 있다. 변동성이 심할 경우 상승 시에는 좋지만 하락 시가 문제다. 급격히 떨어질 때 대응하지 못하면, 끝내 회복하지 못하고 전재산을 날릴 수도 있다.

예를 들어 지난 2020년 3월 코로나 위기 때, 나스닥이 전고점 대비 무려 30% 가까이 떨어졌다. 이때 TQQQ를 고점에서 샀다면 3배 레버리지이니 90%까지 떨어지게 되므로 본전이 되려면 10배가 올라야 한다. 투자자가 맨정신으로는 버티기 어려운 폭락률이다. 따라서 TQQQ의 경우 증시 상황에 따라 투자해야 할 때와 멈춰야 할 때를 반드시 구별해야 한다고 생각한다. 잘 드는 칼일수록 조심해야 함을 잊지 말자.

2010년~2021년 현재 나스닥과 TQQQ 그리고 VIX의 비교표											
	2010	2011	2012	2013	2014	2015	2016	2017	2018	2019	2020	2021
나스닥	16.91	-1.8	15.91	38.32	13.4	5.73	7.5	28.24	-3.88	35.23	43.64	4.52
TQQQ	77.01	-7.79	52.11	139.35	57.06	17.24	11.34	118.11	-19.9	133.64	110.08	6.11
VIX	22.55	24.2	17.8	14.23	14.18	16.67	15.83	11.09	16.64	15.37	29.18	21.48

위의 표에서 나스닥, TQQQ, VIX라는 3가지 지수를 확인할 수 있다. 먼저 나스닥과 TQQQ를 비교해 보자.

TQQQ는 나스닥 대비 약 3배 추종 상품이니만큼 2013년에는 139.35%, 2017년에는 118.11%, 2019년에는 133.64%가 올랐다. 오를 때는 좋다. 하지만 떨어질 때도 3배 수로 떨어진다. 2011년 나스닥이 1.8% 떨어졌으나 TQQQ는 7.79%가 떨어졌고, 2018년에는 3.88%가 떨어질 때 19.9%가 떨어졌다.

TQQQ를 좀 더 안전하게 투자할 수 있는 방법은 없을까 생각해 보았다. 그 결과 지수의 변동성을 나타내는 VIX지수와 연동하는 투자법을 설계해 보았다.

TQQQ와 VIX지수

VIX지수란 뉴욕주식시장의 변동성지수로 일명 공포지수라 한다. 오르내림 폭이 클때 변동성은 증가한다. 코로나 위기가 한창이던 2020년 3월 16일, VIX지수는 무려 80까지 올라가기도 했다. 평소 시장이 안정적일 때 VIX지수는 15 이하로 내려온다. VIX지수와 연동해

TQQQ 투자법은 다음처럼 간단하다.

TQQQ 투자법

- VIX지수가 15 미만일 때 투자한다.

- VIX지수가 15를 넘어가면 판다.

원칙은 비록 간단하지만, 유사 시 당신의 계좌를 보호하는 매우 중요한 원칙이므로 꼭 기억해야 한다. 이를 증명하기 위해 2010년부터 VIX 지수와 TQQQ를 연동하여 테스트를 해 보았다. 투자 시작 시점을 예시로 들어보자.

◈ 투자의 시작 시점

날짜	VIX
2013년 04월 18일	17.56
2013년 04월 19일	14.97
2013년 04월 22일	14.39
2013년 04월 23일	13.48
2013년 04월 24일	13.61

2013년 4월 18일, VIX지수가 17.56으로 15를 넘어간다. 투자를 멈춘다. 4월 19일에는 VIX지수가 14.97이다. 이날 종가에 들어가거나 놓쳤다면 다음날인 4월 22일 시초가에 들어간다. TQQQ 수익률은 4월 22일부터 계산이 시작된다.

◇ 투자의 종료 시점

	VIX	TQQQ
2013년 05월 28일	14.48	1.98%
2013년 05월 29일	14.83	-1.29%
2013년 05월 30일	14.53	1.64%
2013년 05월 31일	16.3	-2.90%

2013년 5월 30일 14.53에서 2013년 5월 31일 16.3이 되면서 VIX지수가 15 이상에서 끝이 났다. 15를 넘었으므로 TQQQ를 매도한다. 장중에라도 확실히 15를 넘었다고 판단되면 팔아도 된다.

2012년부터 2021년 5월까지, 내가 제시한 방법대로 TQQQ에 투자했을 경우, 수익률은 다음과 같다.

날짜	플러스	마이너스
2012년 8월	5.50%	
2012년 9월		-2.58%
2013년 1월~2월		-3.13%
2013년 3월~4월	4.45%	
2013년 4월~5월	21.91%	
2013년 7월~8월	11.24%	
2013년 9월	3.94%	
2013년 10월~12월	8.83%	
2013년 12월~1월	2.97%	
2014년 2월~3월	4.06%	
2014년 3월		-5.29%
2014년 4월		-10.13%
2014년 4월~7월	34.09%	
2014년 8월~9월	7.78%	

기간	상승률	하락률
2014년 10월~12월	9.65%	
2014년 12월	2.27%	
2015년 2월~3월		−2.93%
2015년 3월		−6.29%
2015년 4월~5월	4.60%	
2015년 5월~6월		−1.12%
2015년 6월		−4.90%
2015년 7월~8월	1.80%	
2015년 10월	8.58%	
2015년 10월29일		−1.77%
2015년 11월3일	0.97%	
2016년 3월		−0.45%
2016년 3월~4월	0.23%	
2016년 4월		−8.70%
2016년 5월		−1.53%
2016년 6월		1.31%
2016년 7월~9월	16.17%	
2016년 10월		−1.53%
2016년 10월20일		−1.33%
2016년 11월 ~2017년 4월	34.36%	
2017년 5월	10.36%	
2017년 5월~8월	8.64%	
2017년 8월		−5.47%
2017년 8월~2018년 2월	46.23%	
2018년 5월	7.12%	
2018년 6월		−1.87%
2018년 7월~10월	10.20%	
2019년 2월	2.95%	
2019년 2월~3월		−0.07%
2019년 3월	6.96%	
2019년 3월~5월	18.46%	
2019년 6월	2.24%	
2019년 7월	2.53%	
2019년 9월		−2.65%

2019년 10월~12월	15.31%	
2019년 12월	2.39%	
2019년 12월~1월	18.82%	
2020년 2월	0.51%	
합계	336.12%	−60.43%

조금 더 알기 쉽게 요약하면 다음과 같다.

	플러스	마이너스	합
TQQQ	34	19	53
확률	64.15094	35.84906	100
합산수익률	336.12%	−60.43%	
최대수익률	46.23%	−10.13%	

2012년~2021년 5월, 이 기간 동안 VIX지수가 15 이하로 내려가면서
투자가 가능했던 경우는 총 53번이었다. 그 중 플러스는 34번, 마이너
스는 19번이었다. 오를 확률은 약 64% 정도다. 최대 수익률은 2017년
8월~2018년 2월 구간으로 46.23%를 기록했다. 최대 손실률은 2014
년 4월 구간으로 −10.13%를 기록했다. 욕심이 앞서 15가 넘는 구간에
서도 TQQQ를 가지고 있었다면 2020년 3월, 2018년 10월 등과 같이
변동성이 큰 구간에 들어갔을 때 계좌가 녹아버린다. 반면 VIX지수가
15 이상일 때 손절을 해주면 최대 10% 이상의 손실은 거의 발생하지
않았다.

⚖️ 결론 ────────────────────────────

자산의 일정액을 TQQQ에 투자하는 것도 짧은 기간에 큰 수익을 내는
나쁘지 않은 선택이다.

주식, 언제 어떤 방식으로 사야 하나?

주식을 언제 어떤 방식으로 사는가는 정답이 없는 모호한 화두다. 그럼에도 최선의 길을 찾기 위해 노력은 해야 한다. 우선 주식 매수 유형을 나눠보면 아래와 같다.

① 적립식으로 투자하는 경우

예를 들어 월급을 20일날 타면 생활비를 먼저 떼고 나머지 25% 정도는 주식에 투자하는 경우다.

② 한꺼번에 목돈을 집어 넣는 경우

예를 들어 부동산 판 돈을 주식으로 전환하는 경우다.

③ 처음 주식에 입문하는 경우

종자돈으로 처음 주식을 사는 경우다.

💎 언제 사야 할까?

전문가들은 위험분산 차원에서 분할매수를 추천한다. 전문가의 말을 따라 10일 동안 분할매수를 했다. 그런데 11일째부터 주가가 떨어진다면? 참고 견디며 매수했던 자신이 미워진다.

자 그러면 과거 자료를 통해 실수와 실패를 줄이는 타이밍을 찾아보자. VIX지수와 나스닥 비교를 통해 매수 타이밍 추론이 가능하다.

나스닥과 VIX비교표.

	2010	2011	2012	2013	2014	2015	2016	2017	2018	2019	2020	2021
나스닥	16.91	-1.8	15.91	38.32	13.4	5.73	7.5	28.24	-3.88	35.23	43.64	4.52
VIX	22.55	24.2	17.8	14.23	14.18	16.67	15.83	11.09	16.64	15.37	29.18	21.48

위의 표는 연도별 수치다. 더 자세한 내용 확인을 위해 2010년부터 2021년까지 월별로 살펴보기로 하자. 나스닥이 10% 이상 하락한 경우를 잘 살펴봐야 한다.

2010년 VIX지수와 나스닥의 상관 관계

날짜	VIX	나스닥
2010년 12월	17.75	
2010년 11월	23.54	
2010년 10월	21.2	
2010년 9월	23.7	
2010년 8월	26.05	
2010년 7월	23.5	-14%
2010년 6월	34.54	-14%

2010년 5월	32.07	-14%
2010년 4월	22.05	-14%
2010년 3월	17.59	
2010년 2월	19.5	
2010년 1월	24.62	

2010년의 경우, 4월부터 7월까지 VIX지수가 20과 30을 오가면서 나스닥이 전고점 대비 14% 떨어졌다.

2011년 VIX지수와 나스닥의 상관 관계		
날짜	VIX	나스닥
2011년 12월	23.4	
2011년 11월	27.8	-13.03%
2011년 10월	29.96	-13.03%
2011년 9월	42.96	-13.03%
2011년 8월	31.62	-13.03%
2011년 7월	25.25	-13.03%
2011년 6월	16.52	
2011년 5월	15.45	
2011년 4월	14.75	
2011년 3월	17.74	
2011년 2월	18.35	
2011년 1월	19.53	

2011년 7월~11월까지 25를 넘어 42까지 치솟았고 나스닥은 전고점 대비 약 13% 떨어졌다. 미국의 신용등급 위기로 8월에 -3%가 4번 떴었다.

2012년 VIX지수와 나스닥의 상관 관계		
날짜	VIX	나스닥
2012년 12월	18.02	
2012년 11월	15.87	−10.86%
2012년 10월	18.6	−10.86%
2012년 9월	15.73	−10.86%
2012년 8월	17.47	
2012년 7월	18.93	
2012년 6월	17.08	−10.44%
2012년 5월	24.06	−10.44%
2012년 4월	17.15	−10.44%
2012년 3월	15.5	
2012년 2월	18.43	
2012년 1월	19.44	

2012년 4월~6월까지 VIX지수가 24까지 올라갔고 나스닥은 전고점 대비 약 10.44% 빠졌다. 그리고 9월~11월까지 VIX지수가 15~18사이를 오갔을 때 약 10.86% 떨어졌다.

2013년 VIX지수와 나스닥의 상관 관계		
날짜	VIX	나스닥
2013년 12월	13.72	
2013년 11월	13.7	
2013년 10월	13.75	
2013년 9월	16.6	
2013년 8월	17.01	
2013년 7월	13.45	
2013년 6월	16.86	

날짜	VIX	나스닥
2013년 5월	16.3	
2013년 4월	13.52	
2013년 3월	12.7	
2013년 2월	15.51	
2013년 1월	14.28	

2013년은 VIX지수가 17까지 올라가기는 했지만 나스닥이 전고점 대비 10% 이상 빠진 적은 한 번도 없었다.

2014년 VIX지수와 나스닥의 상관 관계		
날짜	VIX	나스닥
2014년 12월	19.2	
2014년 11월	13.33	
2014년 10월	14.03	
2014년 9월	16.31	
2014년 8월	11.98	
2014년 7월	16.95	
2014년 6월	11.57	
2014년 5월	11.4	
2014년 4월	13.41	
2014년 3월	13.88	
2014년 2월	14	
2014년 1월	18.41	

마찬가지로 2014년에도 전고점 대비 10% 떨어진 적은 없었다. VIX도 12월 19.2가 최고치였다.

2015년 VIX지수와 나스닥의 상관 관계		
날짜	VIX	나스닥
2015년 12월	18.21	
2015년 11월	16.13	
2015년 10월	15.07	
2015년 9월	24.5	
2015년 8월	28.43	−13.51%
2015년 7월	12.12	−13.51%
2015년 6월	18.23	
2015년 5월	13.84	
2015년 4월	14.55	
2015년 3월	15.29	
2015년 2월	13.34	
2015년 1월	20.97	

2015년에는 7월에 VIX지수가 12로 15이하였으나, 8월 들어 갑자기 28.43까지 뛰면서 나스닥이 전고점 대비 약 −13.51%까지 떨어졌다.

2016년 VIX지수와 나스닥의 상관 관계		
날짜	VIX	나스닥
2016년 12월	14.04	
2016년 11월	13.33	
2016년 10월	17.06	
2016년 9월	13.29	
2016년 8월	13.42	
2016년 7월	11.87	
2016년 6월	15.63	
2016년 5월	14.19	
2016년 4월	15.7	
2016년 3월	13.95	
2016년 2월	20.55	−15.32%
2016년 1월	20.2	−15.32%

2016년 1월, 2월에 20까지 올라갔고 나스닥은 전고점 대비 약 -15.32%까지 떨어졌다. 당시 중국에 대한 미국 헤지펀드의 환율 공격이 있었다.

2017년 VIX지수와 나스닥의 상관 관계		
날짜	VIX	나스닥
2017년 12월	11.04	
2017년 11월	11.28	
2017년 10월	10.18	
2017년 9월	9.51	
2017년 8월	10.59	
2017년 7월	10.26	
2017년 6월	11.18	
2017년 5월	10.41	
2017년 4월	10.82	
2017년 3월	12.37	
2017년 2월	12.92	
2017년 1월	11.99	

2017년은 한 번도 VIX지수가 15 이상으로 올라간 적이 없었고 나스닥도 -10% 이상 빠진 적이 없었다. 2017년 한 해 동안 나스닥은 무려 28.24% 올랐다.

2018년 VIX지수와 나스닥의 상관 관계		
날짜	VIX	나스닥
2018년 12월	25.42	-22.66%
2018년 11월	18.07	-22.66%
2018년 10월	21.23	-22.66%

〔부의 체인저〕 바뀐 세상에서 어떻게 투자할 것인가?

2018년 9월	12.12	
2018년 8월	12.86	
2018년 7월	12.83	
2018년 6월	16.09	
2018년 5월	15.43	
2018년 4월	15.93	
2018년 3월	19.97	
2018년 2월	19.85	
2018년 1월	13.54	

2018년 연준의 이자율 인상 이슈로 나스닥은 전고점 대비 약 22.66% 떨어졌다. 이때 VIX지수는 20을 넘어 12월에는 VIX 평균이 25.42까지 올랐다.

2019년 VIX지수와 나스닥의 상관 관계		
날짜	VIX	나스닥
2019년 12월	13.78	
2019년 11월	12.62	
2019년 10월	13.22	
2019년 9월	16.24	
2019년 8월	18.98	
2019년 7월	16.12	
2019년 6월	15.08	
2019년 5월	18.71	
2019년 4월	13.12	
2019년 3월	13.71	
2019년 2월	14.78	
2019년 1월	16.57	

2019년 나스닥은 한 번도 전고점 대비 10% 이상의 조정이 없었고 5% 내외의 약한 조정만 있었다. VIX도 안정적이었다.

2020년 VIX지수와 나스닥의 상관 관계		
날짜	VIX	나스닥
2020년 12월	22.75	
2020년 11월	20.57	
2020년 10월	38.02	
2020년 9월	26.37	−10.94%
2020년 8월	26.41	
2020년 7월	24.46	
2020년 6월	30.43	
2020년 5월	27.51	
2020년 4월	34.15	
2020년 3월	53.54	−29.51%
2020년 2월	40.11	−29.51%
2020년 1월	18.84	

2020년은 코로나 위기로 인해 2월과 3월에 VIX가 평균 40.11과 53.54를 기록했고, 나스닥은 전고점 대비 29.51% 폭락했다. 9월에 10%의 조정이 한 번 더 있었다.

2021년 VIX지수와 나스닥의 상관 관계		
날짜	VIX	나스닥
2021년 5월	16.73	
2021년 4월	18.61	
2021년 3월	19.4	
2021년 2월	27.95	−10.10%
2021년 1월	33.09	

2021년 2월에 VIX가 27.95까지 올라가며 나스닥은 전고점 대비 약 10.10% 빠졌다.

정리

① VIX가 15 이하면서 나스닥이 10% 이상 빠진 경우는 2015년 7월 이 유일하다.

② VIX가 15 이하에서 나스닥 10% 이상 하락은 매우 드물다. 예외조 항에 넣을 수 있을 정도다.

③ VIX가 20 이상이라면 나스닥도 10% 이상 조정 확률이 높아진다. VIX는 원인이 아니라 결과다. 어떤 면에서 큰 의미는 없다. 예를 들어 2015년 7월 VIX 평균이 12였으나 전고점 대비 10% 이상의 조정이 있었다는 사실은, 나스닥이 떨어지고 VIX가 치솟았다는 것 밖에는 설명이 되지 않는다. 그래도 분석하는 이유는 결론에 있다.

결론

① VIX가 15 이하에 있다면 나스닥도 조정 받을 확률이 떨어지니 아무 때나 들어가도 상관없다. 만약 -10% 이상의 조정이 온다면 -2.5% 떨 어질 때마다 10%씩 팔면서 리밸런싱하면 된다.

② VIX가 20 이상이라면 나스닥 조정이 올 확률이 높으니 조정을 기다 리다가 떨어질 때 한 번에 들어가야 한다. 예를 들어 오늘 돈이 생겼 으니 무작정 들어가는 것이 아니라 나스닥 -3%가 뜨거나 조정이 최 소 5% 이상 나오는 등 하락이 뚜렷할 때 분할로 사는 것이 좋다. 요 약하면, 떨어질 때를 기다려 떨어진 가격에 사도록 하자.

참고서적

- 『행복의 정복』, 버트런드 러셀(지은이), 이순희(옮긴이), 사회평론, 2005-01-05, 원제 : The Conquest of Happiness(1930년)
- 『부의 미래, 누가 주도할 것인가』 – 블록체인과 디지털 자산혁명
  인호,오준호(지은이), 미지biz, 2020-02-28
- 『인구 대역전』 – 인플레이션이 온다
  찰스 굿하트, 마노즈 프라단(지은이), 백우진(옮긴이), 생각의힘, 2021-04-22
- 『중국의 조용한 침공』 – 대학부터 정치, 기업까지 한 국가를 송두리째 흔들다
  클라이브 해밀턴(지은이), 김희주(옮긴이), 세종서적, 2021-06-04
- 『뉴 맵』 – 에너지·기후·지정학이 바꾸는 새로운 패권 지도
  대니얼 예긴(지은이), 우진하(옮긴이), 리더스북, 2021-05-17
- 『에디톨로지』(반양장) – 창조는 편집이다
  김정운(지은이), 21세기북스, 2014-10-24
- 『성공의 공식 포뮬러』
  앨버트 라슬로 바라바시(지은이), 한국경제신문, 2019-06-15
- 『내러티브 앤 넘버스』 – 숫자에 가치를 더하는 이야기의 힘
  애스워드 다모다란(지은이), 조성숙(옮긴이), 강병욱(감수), 한빛비즈, 2020-05-20
- 『지구를 위한다는 착각』 – 종말론적 환경주의는 어떻게 지구를 망치는가
  마이클 셸런버거(지은이), 노정태(옮긴이), 부키, 2021-04-27
- 『공간의 미래』 – 코로나가 가속화시킨 공간 변화
  유현준(지은이), 을유문화사, 2021-04-25
- 『나라가 빚을 져야 국민이 산다』 – 포스트 코로나 사회를 위한 경제학
  전용복(지은이), 진인진, 2020-08-25
- 『균형재정론은 틀렸다』 – 화폐의 비밀과 현대화페이론
  L. 랜덜 레이(지은이), 홍기빈(옮긴이), 책담, 2017-12-18
- 『부의 기원』 – 최첨단 경제학과 과학이론이 밝혀낸 부의 원천과 진화
  에릭 바인하커(지은이), 랜덤하우스코리아, 2007-08-27
- 『예정된 전쟁』 – 미국과 중국의 패권 경쟁, 그리고 한반도의 운명
  그레이엄 앨리슨(지은이), 정혜윤(옮긴이), 세종서적, 2018-01-22
- 『인플레이션 이야기』 – 인플레이션은 어떻게 우리의 돈을 훔쳐가는가

〔부의 체인저〕 바뀐 세상에서 어떻게 투자할 것인가?

신환종(지은이), 포레스트북스, 2021-03-30
- 『경제적 해자』 – 부자를 만드는 주식투자의 공식
  팻 도시(지은이), 전광수(옮긴이), 북스토리, 2021-03-22
- 『의지력의 재발견』 – 자기 절제와 인내심을 키우는 가장 확실한 방법
  로이 F. 바우마이스터, 존 티어니(지은이), 이덕임(옮긴이), 에코리브르, 2012-02-15
- 『과학을 아우르는 스토리텔링』
  랜디 올슨(지은이), 북스힐, 2020-09-25
- 『똑똑하게 생존하기』 – 거짓과 기만 속에서 살아가는 현대인을 위한 헛소리 까발리기의 기술
  칼 벅스트롬, 제빈 웨스트(지은이), 박선령(옮긴이), 안드로메디안, 2021-03-31
- 『그들은 왜 나보다 덜 내는가』 – 불공정한 시대의 부와 분배에 관하여
  이매뉴얼 사에즈, 게이브리얼 저크먼(지은이), 노정태(옮긴이), 부키, 2021-04-09
- 『성장의 종말』 – 정점에 다다른 세계 경제, 어떻게 돌파할 것인가
  디트리히 볼래스(지은이), 안기순(옮긴이), 더퀘스트, 2021-04-05
- 『게임 플랫폼과 콘텐츠 진화』
  한창완(지은이), 커뮤니케이션북스, 2015-05-20
- 『D2C 레볼루션』 – 스타트업부터 글로벌 기업까지, 마켓 체인저의 필수 전략
  로런스 인그래시아(지은이), 안기순(옮긴이), 부키, 2021-03-05
- 『적자의 본질』 – 재정 적자를 이해하는 새로운 패러다임
  스테파니 켈튼(지은이), 이가영(옮긴이), 비즈니스맵, 2021-02-22
- 『중국의 선택』 – 21세기 미중 신냉전 시대
  이철(지은이), 처음북스, 2021-02-08
- 『인스타 브레인』 – 몰입을 빼앗긴 시대, 똑똑한 뇌 사용법
  안데르스 한센(지은이), 동양북스(동양문고), 2020-05-15
- 『뭐든 다 배달합니다』
  김하영(지은이), 메디치미디어, 2020-11-26
- 『타이탄의 도구들』(리커버) – 정상의 자리에 오른 사람들의 61가지 성공 비밀
  팀 페리스(지은이), 박선령, 정지현(옮긴이), 토네이도, 2020-03-09, 원제 : Tools of titans(2017년)
- 『실리콘밸리 스토리』
  황장석(지은이), 어크로스, 2017-10-17
- 『실리콘밸리를 그리다』 – 일하는 사람이 행복한 회사는 뭐가 다를까?
  김혜진, 박정리, 송창걸, 유호현, 이종호(지은이), 스마트북스, 2018-08-20
- 『실리콘밸리 견문록』 – 창조와 혁신의 현장을 가다
  이동휘(지은이), 제이펍, 2015-04-10
- 『말문트인 과학자』 – 데이터 조각 따위는 흥미롭지 않아요. 특히 숫자!

랜디 올슨(지은이), 정은문고, 2011-04-21, 원제 : Don't Be Such a Scientist

- 『미국 자본주의의 역사』
  앨런 그린스펀, 에이드리언 울드리지(지은이), 세종서적, 2020-02-15, 원제 : Capitalism in America
- 『설득의 심리학 1』(리커버 에디션) – 사람의 마음을 사로잡는 6가지 불변의 법칙 l 설득의 심리학 시리즈 1
  로버트 치알디니,(지은이), 21세기북스, 2019-02-28, 원제 : Influence(2001년)
- 『오래된 비밀』 – 대한민국 상위 1%의 멘토가 말하는 운의 원리
  이서윤(지은이), 이다미디어, 2013-02-28
- 『우주를 향한 골드러시』 – 왜 세계 최고의 부자들은 우주로 향하는가
  페터 슈나이더(지은이), 한윤진(옮긴이), 쌤앤파커스, 2021-01-27, 원제 : Goldrausch im All
- 『미국 외교의 거대한 환상』 – 자유주의적 패권 정책에 대한 공격적 현실주의의 비판
  존 J. 미어샤이머(지은이), 이춘근(옮긴이), 김앤김북스, 2020-12-30, 원제 : The Great Delusion(2018년)
- 『금융시장으로 간 진화론』
  앤드류 로(지은이), 강대권(옮긴이), 부크온(부크홀릭), 2020-01-29, 원제 : Adaptive Markets(2017년)
- 『마이클 모부신 운과 실력의 성공 방정식』 – 주식 투자에서 메이저리그까지 승률을 극대화하는 전략
  마이클 J. 모부신(지은이), 이건, 박성진, 정채진(옮긴이), 신진오(감수), 에프엔미디어, 2019-09-20, 원제 : The Success Equation(2012년)
- 『당신이 몰랐으면 하는 석유의 진실』
  레오나르도 마우게리(지은이), 가람기획, 2008-08-01, 원제 : The Age of Oil
- 『바른 마음』 – 나의 옳음과 그들의 옳음은 왜 다른가
  조너선 하이트(지은이), 왕수민(옮긴이), 웅진지식하우스, 2014-04-21, 원제 : The Righteous Mind(2012년)
- 『슈독 : 나이키 창업자 필 나이트 자서전』
  필 나이트(지은이), 안세민(옮긴이), 사회평론, 2016-09-29, 원제 : Shoe Dog (2016년)
- 『제로 이코노미』
  조영무(지은이), 쌤앤파커스, 2020-12-16
- 『주식하는 마음』 – 주식투자의 운과 실력, 결국은 마음이다!
  홍진채(지은이), 유영, 2020-10-28
- 『미스터 마켓 2021』 – 삼프로TV와 함께하는 2021년 주식시장 전망과 투자 전략
  이한영, 김효진, 이다솔, 이효석, 염승환(지은이), 페이지2(page2), 2020-11-23

- 『부의 골든타임』 – 팬데믹 버블 속에서 부를 키우는 투자 전략
  박종훈(지은이), 인플루엔셜(주), 2020-10-26
- 『자본 없는 자본주의』
  조너선 해스컬, 스티언 웨스트레이크(지은이), 조미현(옮긴이), 김민주(감수), 에코리
  브르, 2018-06-25, 원제 : Capitalism Without Capital: The Rise of the Intangi-
  ble(2018년)
- 『부자들의 습관 버티는 기술』 – 3년만 버티면 부자가 된다!
  김광주(지은이), 솔로몬박스, 2020-07-15
- 『최고의 주식 최적의 타이밍』 – 개정판, 윌리엄 오닐의 실전 투자 전략
  윌리엄 J. 오닐(지은이), 박정태(옮긴이), 굿모닝북스, 2012-06-20, 원제 : How To
  Make Money In Stocks: A Winning System in Good Times or Bad, 4rd Edition
- 『열린 사회 프로젝트』
  조지 소로스(지은이), 홍익, 2002-11-04, 원제 : George Soros On Globalization
- 『선물』(스페셜 에디션) – 당신의 지금을 최고의 순간으로 만들어준 가슴 따뜻한 이야기
  스펜서 존슨(지은이), 형선호(옮긴이), 알에이치코리아(RHK), 2020-09-21, 원제 :
  The Present(2003년)
- 『스타트업 레볼루션』 – 세상을 바꾸는 스타트업 이야기
  손동원, 허원창, 임성훈(지은이), 팀움출판, 2018-10-31
- 『부의 골든타임』 – 팬데믹 버블 속에서 부를 키우는 투자 전략
  박종훈(지은이), 인플루엔셜(주), 2020-10-26
- 『부의 원칙』 – 투자의 신 래리 하이트의 추세추종 투자 전략
  래리 하이트(지은이), 노태복(옮긴이), 강병욱(감수), 한빛비즈, 2020-10-05, 원제
  : The Rule (2020년)
- 『잠들기 전 10분이 나의 내일을 결정한다』
  한근태(지은이), 랜덤하우스코리아, 2005-07-22
- 『리더의 언어』 – 조직을 죽이고 살리는
  한근태(지은이), 올림, 2006-12-01
- 『고슴도치와 여우』 – 톨스토이의 역사관에 대하여
  이사야 벌린(지은이), 비전비엔피(비전코리아, 애플북스), 2007-04-14, 원제 : The
  Hedgehog and The Fox : An essay on Tolstoy's view of history(1953년)
- 『주식시장 흐름 읽는 법』 – 종목선택과 매매 타이밍
  우라가미 구니오(지은이), 박승원(옮긴이), 한국경제신문, 1993-10-01
- 『시온의 칙훈서』 – [그림자 정부]가 시작된 비밀문서
  이리유카바 최(지은이), 해냄, 2006-11-27
- 『투자에 대한 생각』 – 월스트리트가 가장 신뢰한 하워드 막스의 20가지 투자 철학
  하워드 막스(지은이), 김경미(옮긴이), 비즈니스맵, 2012-09-21, 원제 : The Most

Important Thing(2011년)

- 『어디서 살 것인가』 – 우리가 살고 싶은 곳의 기준을 바꾸다
  유현준(지은이), 을유문화사, 2018-05-30
- 『공간이 만든 공간』 – 새로운 생각은 어떻게 만들어지는가
  유현준(지은이), 을유문화사, 2020-04-30
- 『그림자 정부』 – 경제편 – 세계 경제를 조종하는 | 그림자 정부 시리즈 1
  이리유카바 최(지은이), 해냄, 2008-04-20
- 『그림자 정부』 – 정치편 – 숨겨진 절대 권력자들의 세계 지배 음모, 개정판 | 그림자
  정부 시리즈 3
  이리유카바 최(지은이), 해냄, 2008-04-20
- 『도시는 무엇으로 사는가』 – 도시를 보는 열다섯 가지 인문적 시선
  유현준(지은이), 을유문화사, 2015-03-25
- 『금융투기의 역사』 – 계층 사다리를 잇는 부를 향한 로드맵, 개정판
  에드워드 챈슬러(지은이), 강남규(옮긴이), 국일증권경제연구소, 2020-08-25, 원
  제 : Devil Take the Hindmost
- 『불평등이 야기한 산업혁명, 그리고 스마트시티』
  손지우(지은이), 매일경제신문사, 2019-06-19
- 『세계를 뒤흔든 경제 대통령들』 – 역사를 만든 경제정책 결정자 18인의 영광과 좌절
  유재수(지은이), 삼성경제연구소, 2013-05-27
- 『부의 본능』 – 슈퍼리치가 되는 9가지 방법
  브라운스톤(지은이), 토트, 2018-08-14
- 『비이성적 과열』
  로버트 J. 실러(지은이), 이강국(옮긴이), 알에이치코리아(RHK), 2014-05-23, 원
  제 : Irrational Exuberance(2005년)
- 『왜 함께 일하는가』 – '일 잘하는 사람'에서 '영감을 주는 사람'으로
  사이먼 사이넥(지은이), 이선 앨드리지(그림), 홍승원(옮긴이), 살림, 2017-09-20,
  원제 : Together is Better(2016년)
- 『화폐혁명』 – 암호화폐가 불러올 금융빅뱅
  홍익희, 홍기대(지은이), 앳워크, 2018-05-30
- 『가치의 모든 것』 – 위기의 자본주의, 가치 논의로 다시 시작하는 경제학
  마리아나 맞추카토(지은이), 안진환(옮긴이), 민음사, 2020-07-20, 원제 : The
  Value of Everything
- 『나는 왜 이 일을 하는가?』 – 꿈꾸고 사랑하고 열렬히 행하고 성공하기 위하여
  사이먼 사이넥(지은이), 이영민(옮긴이), 타임비즈, 2013-01-29, 원제 : Start With
  Why(2009년)
- 『한 권으로 읽는 경제위기의 패턴』

《부의 체인저》 바뀐 세상에서 어떻게 투자할 것인가?

게랄트 브라운베르거, 베네딕트 페르(지은이), 웅진윙스, 2009-05-22

- 『마이너스 금리의 경고』 – 지금 세계는 한번도 가지 않은 길을 가고 있다
  도쿠가츠 레이코(지은이), 다온북스, 2016-06-10

- 『다모클레스의 칼』 – 금융위기: 탐욕, 망각 그리고 몰락의 역사
  유재수(지은이), 삼성경제연구소, 2015-01-30

- 『에너지 빅뱅』 – 에너지가 세상의 판을 바꾼다!
  이종헌(지은이), 프리이코노미북스, 2017-10-23

- 『돈은 어떻게 움직이는가?』 – 원화와 외화 그리고 금리와 환율의 긴밀한 연결고리
  임경(지은이), 생각비행, 2020-04-22

- 『살아 남아야 돈을 번다』 – 한국 금융시장 최고 트레이더들의 생존기
  장태민, 임승규(지은이), 스노우볼, 2013-11-20

- 『부의 대이동』 – 달러와 금의 흐름으로 읽는 미래 투자 전략
  오건영(지은이), 페이지2(page2), 2020-07-23

- 『수소전기차 시대가 온다』 – 세계가 주목하는 대한민국 수소전기차 기술 개발 풀 스토리
  권순우(지은이), 가나출판사, 2019-04-25

- 『마이너스 금리시대』 – 화폐전쟁의 또 다른 서막
  임승규, 문홍철(지은이), 리오북스, 2016-03-30

- 『달러 트랩』
  에스와르 S. 프라사드(지은이), 청림출판, 2015-11-11, 원제 : The Dollar Trap:
  How the U. S. dollar tightened its grip on global finance

- 『언택트 비즈니스』 – 100년의 비즈니스가 무너지다
  박경수(지은이), 포르체, 2020-07-03

- 『유튜버들』 – 온라인 '관종'은 어떻게 TV를 뒤흔들고 새로운 스타 계급이 되었나
  크리스 스토클-워커(지은이), 엄창호(옮긴이), 미래의창, 2020-07-07, 원제 : You-
  Tubers: How YouTube shook up TV and created a new generation of stars

- 『김밥 파는 CEO』 – 무일푼에서 700억 기업체를 키운 비즈니스 지혜!
  김승호(지은이), 황금사자, 2010-04-05

- 『생각의 비밀』 – 김밥 파는 CEO, 부자의 탄생을 말하다
  김승호(지은이), 황금사자, 2015-09-15

- 『알면서도 알지 못하는 것들』(친필 사인 리커버 에디션) – 인생의 가장 기본적인 소망에 대하여
  김승호(지은이), 권아리(그림), 스노우폭스북스, 2017-01-10

- 『자기경영 노트』 – 〈김밥 파는 CEO〉 김승호의
  김승호(지은이), 황금사자, 2010-01-10

- 『돼지가 과학에 빠진 날』

스티븐 로(지은이), 김영사, 2008-08-14, 원제 : The Philosophy Files Ⅱ
- 『달러의 부활』 - 역사상 가장 위대한 중앙은행장 '폴 볼커', 달러의 미래를 통찰하다!
폴 볼커, 교텐 토요오(지은이), 안근모(옮긴이), 어바웃어북, 2020-07-10, 원제 :
Changing Fortunes(1992년)
- 『머니랜드』 - 사악한 돈, 야비한 돈, 은밀한 돈이 모이는 곳
올리버 벌로(지은이), 박중서(옮긴이), 북트리거, 2020-07-06, 원제 : Moneyland:
Why Thieves And Crooks Now Rule The World And How To Take It Back
- 『로스』 - 투자에 실패하는 사람들의 심리
짐 폴, 브렌던 모이니핸(지은이), 신예경(옮긴이), 앳워크, 2018-09-13, 원제 :
What I Learned Losing a Million Dollars(2013년)
- 『피라미딩 전략』 - 제시 리버모어 매매기법 완벽 해설
제시 리버모어(지은이), 이은주(옮긴이), 리처드 스미튼(해설), 이레미디어, 2013-
08-05, 원제 : How to Trade in Stocks
- 『도시의 승리』 - 도시는 어떻게 인간을 더 풍요롭고 더 행복하게 만들었나?
에드워드 L. 글레이저(지은이), 해냄, 2011-06-27, 원제 : Triumph of the City
- 『나는 4시간만 일한다』(리커버 에디션) - 최소한만 일하고 원하는 대로 사는 법
팀 페리스(지은이), 최원형, 윤동준(옮긴이), 다른상상, 2017-10-20, 원제 : THE
4-Hour Workweek
- 『돈의 속성』 - 최상위 부자가 말하는 돈에 대한 모든 것
김승호(지은이), 스노우폭스북스, 2020-06-15
- 『모든 주식을 소유하라』 - 시장과 시간이 검증한 투자의 원칙
존 C. 보글(지은이), 이은주(옮긴이), 비즈니스맵, 2019-04-08, 원제 : The Little
Book of Common Sense Investing: The Only Way to Guarantee Your Fair Share
of Stock Market Returns(2017년)
- 『부자 되는 법을 가르쳐 드립니다』 - 죄책감도, 핑계도, 거짓도 없다. 정말로 효과 있
는 6주 프로그램
라밋 세티(지은이), 김태훈(옮긴이), 안드로메디안, 2019-12-25, 원제 : I Will
Teach You to Be Rich, Second Edition: No Guilt. No Excuses. No BS. Just a
6-Week Program That Works
- 『부의 인문학』 - 슈퍼리치의 서재에서 찾아낸 부자의 길
브라운스톤(지은이), 오픈마인드, 2019-10-04
- 『주식투자의 심리학』
김진영(지은이), 지식과감성, 2019-04-05
- 『구루들의 투자법』 - 대가들이 말하는 가치투자의 정석
찰리 티안(지은이), 조성숙(옮긴이), 이콘, 2020-05-12, 원제 : Invest Like a Guru
- 『개인의 이성이 어떻게 국가를 바꾸는가』 - REASON OF STATE

김용운(지은이), 맥스미디어, 2020-05-25

- 『코로나 투자 전쟁』 – 전 세계 금융 역사 이래 최대의 유동성
  정채진, 박석중, 이광수, 김한진, 김일구, 여의도클라스, 윤지호, 최준영(지은이), 페이지2(page2), 2020-05-25
- 『사소한 것들의 과학』 – 물건에 집착하는 한 남자의 일상 탐험 | 사소한 이야기
  마크 미오도닉(지은이), Mid(엠아이디), 2016-04-01, 원제 : Stuff Matters: Exploring the Marvelous Materials That Shape Our Man-Made World
- 『언컨택트 Uncontact』 – 더 많은 연결을 위한 새로운 시대 진화 코드
  김용섭(지은이), 퍼블리온, 2020-04-16
- 『경영의 실제』
  피터 드러커(지은이), 이재규(옮긴이), 한국경제신문, 2006-02-20, 원제 : The Practice of Management(1954년)
- 『일생에 한번은 고수를 만나라』 – 경지에 오른 사람들, 그들이 사는 법
  한근태(지은이), 미래의창, 2013-07-22
- 『디즈니만이 하는 것』(The Ride of a Lifetime) – CEO 밥 아이거가 직접 쓴 디즈니 제국의 비밀
  로버트 아이거(지은이), 안진환(옮긴이), 쌤앤파커스, 2020-05-04, 원제 : The Ride of a Lifetime: Lessons Learned from 15 Years as CEO of the Walt Disney Company(2019년)
- 『흐르는 것들의 과학』 – 물질에 집착하는 한 남자의 일상 여행
  마크 미오도닉(지은이), 변정현(옮긴이), Mid(엠아이디), 2020-04-28, 원제 : Liquid(2018년)
- 『디플레 전쟁』
  홍춘욱(지은이), 스마트북스, 2020-04-25
- 『샤워실의 바보들』 – 위기를 조장하는 이코노미스트들의 위험한 선택
  안근모(지은이), 어바웃어북, 2014-04-10
- 『프리드먼은 왜 헬리콥터로 돈을 뿌리자고 했을까』 – '모두'를 위한 양적 완화 옹호론
  프란시스 코폴라(지은이), 유승경(옮긴이), 최인호(감수), 미래를소유한사람들(MSD미디어), 2020-04-03, 원제 : The Case For People's Quantitative Easing(2019년)
- 『멀티팩터』 – 노력으로 성공했다는 거짓말
  김영준(지은이), 스마트북스, 2020-02-10
- 『돈을 배우다』 – 불확실성의 시대, 우리가 알아야할 새로운 돈의 프레임
  권오상(지은이), 오아시스, 2017-03-03
- 『엔지니어 히어로즈』 – 꿈을 성공으로 이끈 창의적인 엔지니어 스토리 | 헬로! 사이언스 시리즈 1

권오상(지은이), 청어람미디어, 2016-12-23

- 『오늘부터 제대로, 금융 공부』 – 똑똑한 경제생활을 위한 35가지 질문 | 창비청소년문고 28

  권오상(지은이), 창비, 2018-01-26

- 『파생금융 사용설명서』 – 선물·옵션에서 구조화금융까지 쉽게 설명한 파생금융의 모든 것 | 부키 경제.경영 라이브러리 11

  권오상(지은이), 부키, 2013-11-08

- 『인생의 특별한 관문』 – 아이비리그의 치열한 입시 전쟁과 미국사회의 교육 불평등 | 걸작 논픽션 20

  폴 터프(지은이), 강이수(옮긴이), 글항아리, 2020-03-27, 원제 : The Years That Matter Most: How College Makes or Breaks Us(2019년)

- 『벤 버냉키, 연방준비제도와 금융위기를 말하다』

  벤 S. 버냉키(지은이), 김홍범, 나원준(옮긴이), 미지북스, 2014-02-18, 원제 : The Federal Reserve And The Financial Crisis(2013년)

- 『하버드 상위 1퍼센트의 비밀』(리커버 에디션) – 신호를 차단하고 깊이 몰입하라

  정주영(지은이), 한국경제신문, 2018-10-17

- 『생각에 관한 생각』

  대니얼 카너먼(지은이), 이창신(옮긴이), 김영사, 2018-03-30, 원제 : Thinking, Fast And Slow(2011년)

- 『반도체 제국의 미래』 – 삼성전자, 인텔 그리고 새로운 승자들이 온다

  정인성(지은이), 이레미디어, 2019-10-15

- 『메이커스 앤드 테이커스』 – 경제를 성장시키는 자, 경제를 망가뜨리는 자

  라나 포루하(지은이), 부키, 2018-01-25, 원제 : Makers And Takers(2016년)

- 『석유는 어떻게 세계를 지배하는가』 – 1차 세계대전에서 금융 위기와 셰일 혁명까지, 석유가 결정한 국제정치. 세계경제의 33장면

  최지웅(지은이), 부키, 2019-08-20

- 『경제학자의 사생활』 – 우리의 24시간을 지배하는 모든 것의 경제학

  하노 벡(지은이), 박희라(옮긴이), 와이즈맵, 2017-10-30, 원제 : Der Alltagsokonom (2004년)

- 『대한민국 가계부채 보고서』 – 부동산시장, 금융시스템, 정부 정책에 감춰진 금융위기의 시그널과 진단, 그리고 대응 방안

  서영수(지은이), 에이지21, 2019-09-25

- 『이웃집 백만장자 변하지 않는 부의 법칙』 – 흔들리지 않는 부는 어떻게 축적되는가

  토머스 J. 스탠리, 세라 스탠리 팰로(지은이), 김미정(옮긴이), 비즈니스북스, 2019-12-18, 원제 : The Next Millionaire Next Door: Enduring Strategies for Building Wealth(2019년)

- 『중국발 세계 경제 위기가 시작됐다』 – 다가올 경제 위기를 현명하게 극복하는 법
  미야자키 마사히로, 다무라 히데오(지은이), 박재영(옮긴이), 안유화(감수), 센시오, 2020-02-07
- 『세습 중산층 사회』 – 90년대생이 경험하는 불평등은 어떻게 다른가
  조귀동(지은이), 생각의힘, 2020-01-20
- 『2020 한국경제』 – 미래학자 최윤식의 Futures Report
  최윤식(지은이), 지식노마드, 2019-12-26
- 『주식시장은 어떻게 반복되는가』 – 역사에서 배우는 켄 피셔의 백전불태 투자 전략
  켄 피셔, 라라 호프만스(지은이), 이건, 백우진(옮긴이), 에프엔미디어, 2019-06-10, 원제 : Markets Never Forget (But People Do) (2012년)
- 『100배 주식』 – 최고의 주식을 고르는 단 하나의 길
  크리스토퍼 마이어(지은이), 송선재(와이민)(옮긴이), 워터베어프레스, 2019-07-02, 원제 : 100 Baggers (2015년)
- 『노르웨이처럼 투자하라』 – 꾸준히, 조금씩, 착하게, 세계 최고의 부를 이룬 북유럽 투자의 롤모델
  클레멘스 봄스도르프(지은이), 김세나(옮긴이), 미래의창, 2019-02-01, 원제 : So werden Sie reich wie Norwegen
- 『달러 없는 세계』 – 21세기 지정학으로 본 화폐경제
  이하경(지은이), 바른북스, 2019-10-15

부의 체인저_2권
바뀐 세상에서 어떻게 투자할 것인가?(전2권)

1판 1쇄 발행 2021년 12월 20일
1판 5쇄 발행 2022년 01월 01일

지은이 조던 김장섭
펴낸이 박현

펴낸곳 트러스트북스
등록번호 제2014 - 000225호
등록일자 2013년 12월 3일
주소 서울시 마포구 성미산로1길 5 백옥빌딩 202호
전화 (02) 322 - 3409
팩스 (02) 6933 - 6505
이메일 trustbooks@naver.com

값 18,000원
ISBN 979-11-87993-95-7 03320

밑고 보는 책, 트러스트북스는 독자 여러분의 의견을 소중히 여기며,
출판에 뜻이 있는 분들의 원고를 기다리고 있습니다.